◎『苏州文化丛书』向世人展示苏州文化的综合实力，用以提高苏州人的文化素养，提高人的素质，用以吸引与沟通五湖四海的朋友。

——陆文夫

◇苏州文化丛书

苏州状元

李嘉球◇著

Suzhou Culture Series

Number One Scholars of Suzhou

苏州大学出版社
Soochow University Press

图书在版编目（CIP）数据

苏州状元 / 李嘉球著. -- 苏州 : 苏州大学出版社, 2025. 1. -- (苏州文化丛书). -- ISBN 978-7-5672-5131-1

Ⅰ. K820.853.3

中国国家版本馆CIP数据核字第2025NL9225号

书　　名	**苏州状元**　SUZHOU ZHUANGYUAN
著　　者	李嘉球
责任编辑	沈　琴
助理编辑	周　成
装帧设计	唐伟明
篆　　刻	王莉鸥
出版发行	苏州大学出版社（Soochow University Press）
社　　址	苏州市十梓街 1 号　**邮编**　215006
网　　址	http: //www. sudapress. com
邮　　箱	sdcbs@ suda. edu. cn
印　　装	苏州工业园区美柯乐制版印务有限责任公司
邮购热线	0512-67480030　**销售热线**　0512-67481020
网店地址	https: //szdxcbs. tmall. com（天猫旗舰店）
开　　本	890 mm × 1240 mm　1/32　**印张**　11
字　　数	262 千
版　　次	2025 年 1 月第 1 版
印　　次	2025 年 1 月第 1 次印刷
书　　号	ISBN 978-7-5672-5131-1
定　　价	95.00 元

凡购本社图书发现印装错误，请与本社联系调换。服务热线：0512-67481020

总　序

无论是从中国还是从世界来看，苏州都可以称得上是一座杰出的城市。先天的自然禀赋，后天的人文创造，造就了这么一颗美丽耀眼的东方明珠。

得山川之灵秀，收天地之精华，苏州颇获大自然的厚爱与垂青。自然向历史积淀，历史向文化生成。作为一个悠久的文化承载之地，苏州积淀了丰厚的文化底蕴，两千五百多年的历史风烟在这里凝聚成无尽的文化层积。说起苏州，人们不能不想到其园林胜迹、古桥小巷，不能不谈及其诗文画卷、评弹曲艺，不能不提到其丝绸刺绣、工艺珍品，如此等等。从物的层面上去看，园林美景、丝绸工艺、路桥街巷这些文化活化石，映显了苏州人丰硕的文化创造成果，生动地展示了其千年的辉煌。翻开苏州这本大书，首先跃入眼帘的就是这些物化的文化结晶体。外地人触摸苏州，大约更多的是从这一层面上去接受。这是一个当然的视角。再从人的层面上去看，赫赫有名的苏州状元，风流倜傥的苏州才子，儒雅淳厚的苏州宰相，巧夺天工的苏州匠人……在中国文化史上亦称得上是一大文化奇观。特别是在明清时代，其耀眼的光芒照亮了东南大地的星空，总为人们所津津乐道。从人到物，由物及人，这些厚厚实实的文化存在，就是人们在凝视苏州时所注目的两大焦点。当展读苏州这本大书时，那些活泼泼的文化人物与活生生的文化创造物，就流光溢彩般地凸显在眼前。作为在中国文化史上具有重大影响力的苏州地域文化，其文化的丰厚性不仅在于其（自然）文化生态的意义上，也不仅在于其具有诸如苏州园林、苏州刺绣这种物化形态的文化产品上，更在于其文化创造主体的庞大与文化创造精神的活跃，在于其文化性格的早熟与文化心理的厚重。自古以来，苏州就是一个文化重镇，散发与辐射出浓厚的文化气息。这里产生过、活动过、寄寓过数不清的文化名人，从文人学者到书家画士，从能工巧匠到医坛圣手……这里学宫书院林立，藏书楼阁遍布，到处都呈现出生生不息的文化创造与永不停顿的文化传播。这种文化承传与延递，从未湮灭或消沉过。

接近一座城市，就像是打开一本包罗万象的书；感受她是一种享受，而要内在地理解她，则又需要拥有健全的心智。读解一座城市，既是容易的，又是困难的，特别是在读解像苏州这样一座文化古城时，其情形就更是如此了。正是为了帮助读者去充分阅读与深入理解苏州这一文化存在，于是便有了这一套“苏州文化丛书”。

感谢丛书的作者们，他们辛勤的劳动，为我们提供了一套内容丰富的文本。之中，经过他们的爬梳与整理，捧献出大量的阅读资料，并且从其自身的特定视角出发，阐释了其对于苏州文化的认识与理解。作为对苏州文化事实知之不多或知之不深的外地读者来说，这等于提供了一个让其接近苏州文化母本的间接文本；对于熟知苏州文化的读者特别是本地读者来说，则是提供了一个“奇文共欣赏，疑义相与析”而便于展开共同讨论的文本。这对于扩大苏州文化的影响，对于深化关于苏州文化内涵的理解，都是甚有益处的。

有一千个读者，就会有一千个哈姆雷特。对于每一个文本的理解，都是一个独特的视角，都是一种个性化的文化理解方式。就“苏州文化丛书”而言，重要的不在于希望读者都能同意与接受作者们对于苏州文化的这种阐释，而在于希望他们能够从这些读解中受到某种启发，从而生发出对于苏州文化进一层的深入认识。正像有人所说的那样，你从这些资料中读出一二三四五，而他人则可能从中看出六七八九十。重要的不在于从这种读解中所得出来的结论，而在于对这种读解过程的积极参与，体现出对当下苏州文化的热爱。如果能在这种不断往复的文化探询中，达到某种程度上的视界融合，并对苏州现代化的伟大实践产生积极的推动作用，那么，这就正切合编辑出版这套“苏州文化丛书”的初衷与主旨了。

读解苏州，这是一项颇有意义的文化工作，既有其文化学上的意义，又有其重要的现实功能。读解苏州文化，并不仅仅在于发思古之幽情，更在于要在历史文化与现实发展之间寻找到一个连接点。纵观历史，苏州有着丰厚的文化底蕴；审视现实，苏州正率先进行着宏大的中国式现代化建设之实践。在这一历史与现实的衔接中，大力加强文化开发和文化建设，无论怎样评价其对于推动当下中国式现代化建设的重要意义都不会过高。而读解苏州文化，理解本地域文化的自身特点，正是建设文化大市的一项基础性的工程。文化苏州，文化兴市。文化——这是苏州的底蕴、源泉、特色和优势所在。中国早期资本主义的最初萌芽，为什么会萌发于明清时期的苏州一带？享誉中外的乡镇工业的“苏南模式”，为什么会出自苏锡常这一苏南地区？新加坡政府在反复的比较论证后，为什么会选择苏州作为其合作建立工业园区的场址？名闻遐迩的“张家港精神”“昆山之路”，为什么能产生于苏州地域？在这里，人们可以寻找出许多别的什么理由，但有一点是共同的，那就是苏州有着非同寻常的文化沃土。读解苏州，就是读解苏州文化，不仅注目于其物质文化的层面，更是要从读“物”的层面进入读“人”的层面，读解其内在的文化精神，并在这种文化传承中实现文化的大发展，创立体现当代精神文明水平之“苏州文化模式”，从而推进苏州现代化建设之伟大进程。

书有其自身的命运；书比人长寿。“苏州文化丛书”首次出版时，是以二十世纪末的视角对苏州文化的一种读解，在某种程度上代表了我们这一代人对苏州文化的当下理解和集体记忆。她是一群文化研究工作者在世纪之交对苏州文化的整理和总结，当然也带有对二十一世纪苏州文化的展望与畅想。读解苏州，是读解一种文化存在，读解一种文化精神，而其“读解”之自身亦体现为一种文化创新活动。只要人们的文化创造活动没有停止，那么，这种读解工作就不会有止境。我们热切地期待着人们对她的热情关注、充分参与与积极回应。

值此“苏州文化丛书”修订出版之际，我们还要向丛书初版的组织者、主持者高福民先生和高敏女士，向支持与关怀丛书初版的梁保华先生和陆文夫先生，致以我们深深的敬意！他们所做的惠及后人的工作，为这套丛书打下了良好的基础，从而使这次进一步的修订完善成为可能。

陈长荣

（苏州大学出版社编审）

2024 年初夏

目录

contents

引　言 …………………………………………………… 1

人间天堂　文物之邦

——苏州状元产生的背景 ………………………… 11

书香门第　富贵人家

——苏州状元的家庭及其社会关系 ……………… 53

十年寒窗　一朝成名

——苏州状元在科场 ……………………………… 90

饱学之士　多才多艺

——苏州状元的文化艺术成就 ………………… 140

风云变幻　宦海沉浮

——苏州状元在官场 …………………………… 193

青史留名　风流长弘

——苏州状元的品行 …………………………… 238

民间珍闻　茶余谈资

——苏州状元的逸事 …………………………… 284

苏州状元名录 …………………………………………… 326
主要参考文献 …………………………………………… 329
后记一 …………………………………………………… 334
后记二 …………………………………………………… 337

◎ 引　言 ◎

苏 州 状 元 > > >

俗话说“一方水土养一方人”。在苏州这块风水宝地上，曾经孕育出一批才华横溢、卓有成就的骄子——状元，这是值得苏州人引以为豪的人物。

话说清康熙十八年（1679）三月的一天，京城翰林院里那帮文人聚在一起闲聊谈天，聊着谈着，话题自然而然地转到了各自家乡的土特产上，大家争先恐后，兴高采烈地夸耀着。

“我们广东出产象牙犀角。”广东人首先开口。

“我们陕西有狐裘毛罽。”陕西人紧随其后说道。

“我们湖北盛产优质木材。”湖北人毫不示弱。

“我们山东盛产麋丝海错。”山东人应声接过话题。

……

此时此刻，这帮平日里文绉绉的翰林们群情兴奋，一个个都显得十分亢奋，唯独苏州的汪琬冷静旁观，一言不发。于是，翰林们带有几分讥笑逗乐的口气问道：

“苏州自古号称名郡，钝翁先生你是苏州人，怎么会不知晓苏州的土特产呢？莫非苏州是徒有虚名，真的是个‘苏空头’。”

汪琬十分平静地回答道：“苏州是鱼米之乡，人杰地灵，人间天堂，当然有土特产。不过，苏州的土特产很少，只有两样而已。”

话音刚落，众人便急忙问道：“两样什么东西？请钝翁先生说来听听。”

汪琬一字一顿、一板一眼地说道：“一是梨园子弟。”

“好!”众人听了个个拍手称是,“可以算,可以算。”

又急忙追问道:“还有一样是什么?”

汪琬故意不说,但越是这样众人越是问得急。最后,在大家的一再追问之下,汪琬才提高嗓门,慢吞吞地说道:

“状元也!”

这三字仿佛是速冻剂,室内的热烈气氛骤然下降,瞬间好像从赤道来到了南极,翰林们个个面面相觑,结舌而散。

这个故事绝非杜撰,它记载在清康熙年间(1662—1722)吴江人钮琇的《觚剩续编》卷四里,故事名字就叫《苏州土产》,其真实性应该毋庸置疑。

汪琬(1624—1691),字苕文,号钝翁、尧峰等,长洲(今属苏州市)人,清顺治十二年(1655)进士;清康熙十八年(1679),由左都御史宋德宜、翰林掌院学士陈敬廷推荐,参加“特科”博学鸿词科,名列一等,授翰林院编修,纂修《明史》。他与侯方域、魏禧齐名,并称清初“古文三大家”。

汪琬像

根据《登科记考》《宋历科状元录》《文献通考》《明清进士题名碑录索引》《太平天国科举考试纪略》等文献资料统计,从隋炀帝大业年间(605—616)开科举取士,至清德宗光绪三十一年(1905)废止科举的约1300年间,全国共出文武状元约800名。但是,隋代还没有

“状元”之名，关于进士各种资料亦记载甚少。唐代始有“状元”之称。有人做过统计，自唐至清末（包括五代十国、辽金、太平天国），全国共出文状元 596 名；自宋至清末，共出武状元 115 名（萧源锦《状元史话》）。苏州一地（按苏州市现辖区，历史上有吴县、长洲、元和、常熟、昭文、昆山、新阳、吴江、震泽、太仓、镇洋）共出文状元 46 名、武状元 5 名，分别约占全国文状元总数的 7. 72%和武状元总数的 4. 35%。

据《明清进士题名碑录索引》记载，自明洪武四年（1371）至明崇祯十六年（1643）的 273 年间，全国录取进士 24 866 人，其中状元 90 名，苏州府出状元 8 名，占全国状元总数的 8. 89%。自清顺治三年（1646）至清光绪三十一年（1905）的 260 年间，全国录取进士 26 815人，其中状元 114 名。按照省份状元人数多少计算，依次为江苏 49 名，浙江 20 名，安徽 9 名，山东 6 名，广西 4 名，直隶、江西、湖北、福建、广东各 3 名，湖南、贵州、满洲各 2 名，顺天、河南、陕西、四川、蒙古各 1 名（商衍鎏《清代科举考试述录》），而苏州府在清代共出状元 26 名，占清代全国状元总数的 22. 81%，占江苏全省状元总数的 53. 06%。无论是平均数还是绝对数，苏州均为全国第一，是名副其实的“状元之乡”！

当然，汪琬是不可能知道这个数字的。他在翰林院的时间很短，“在史馆六十日，撰史稿百七十有五篇，杜门称疾”（李元度《国朝先正事略》卷三十七），不久即以病乞归，离京回乡。因此，他所知道的至多是王士禛《池北偶谈》中说的数字：从清顺治十五年（1658）至清康熙二十四年（1685）短短 27 年间，苏州府所属各县刚刚才出 6 名会元、7 名状元。如果天假以年，他知道苏州在有清一代能出 26 名状元，在回答翰林们时或许会更加理直气壮！而要是当年那帮翰林们地下有知，他们的感受不知又将如何？

除了状元，明清两朝同榜“三鼎甲”，苏州占二鼎的就有好几例，明嘉靖四十一年（1562）壬戌科，状元是长洲申时行，榜眼是太仓王锡爵；明天启二年（1622）壬戌科，状元是长洲文震孟，探花是长洲陈仁锡；清顺治十六年（1659）己亥科，状元是昆山徐元文，探花是昆山叶方蔼；清康熙十二年（1673）癸丑科，状元是长洲韩菼，探花是昆山徐秉义；清康熙十五年（1676）丙辰科，状元是长洲彭定求，探花是常熟翁叔元；清康熙五十一年（1712）壬辰科，状元是长洲王世琛，探花是长洲徐葆光；清康熙五十四年（1715）乙未科，会元是长洲李锦，状元是长洲徐陶璋，榜眼是吴县缪曰藻；清乾隆四十六年（1781）辛丑科状元是长洲钱棨，探花是太仓汪学金；清嘉庆十六年（1811）辛未科，榜眼是吴县王毓吴（后复姓吴，改名毓英），探花是吴县吴廷珍，传胪是长洲毛鼎亨；清咸丰二年（1852）壬子恩科，榜眼是常熟杨泗孙，探花是吴县潘祖荫。

此外，明正统四年（1439）己未科，一甲第一名状元是吴县施槃，二甲第一名传胪是昆山张和，三甲第一名是吴江莫震，苏州包揽一、二、三甲的第一名；清道光十二年（1832）壬辰恩科，状元吴县吴钟骏，会元吴县马学易，解元昆山潘钟（此时已迁居苏州城），囊括殿试、会试、乡试第一名，均堪称科举传奇佳话。

著名历史学家顾颉刚在《苏州史志笔记》中谈及苏州文化时，讲述了他早年在北京曾经目睹的一则趣事：辛亥革命后，他初到北京寄住在前门外延寿寺街的吴县会馆里，会馆正厅“敬止堂”四面屋椽下挂满了刻有状元、榜眼、探花以及一般进士的各种匾额。状元五六个

"状元"匾额

人合一块匾，榜眼、探花十多个人合一块匾，一般进士则数十个人合一块匾。状元匾上的字稍大些，姓名、年份都一一可见；榜眼、探花匾上的字较小，但是还可以“望而知之”；进士匾上的字则很小，立在匾下“不能审其名”。再跑到其他省县会馆一看，让他很是惊讶，得了一个进士，便觉得是了不起的大事，十分自豪，刻成一块巨匾，竖立在沿街的大门内，街上行人“举首即见者”。

世人赞誉“姑苏文盛出状元”。综观苏州古代科举及状元，可以概括其特点为“三多”。

其一，会、状连元多。据史料统计，中国历代连中会元、状元的“两元”共有 45 名，苏州占 8 名，他们分别是宋代阮登炳，明代吴宽，清代韩菼、彭定求、陆肯堂、彭启丰、钱棨、吴廷琛。清代“两元”共有 13 名，而苏州则有 6 名，差点占据“半壁江山”。其中钱棨还是位“三元”。科举自唐至清 1300 多年间，全国共出“三元”14 名；清代只有两个“三元”，第一个是钱棨，另一个是清嘉庆二十五年（1820）庚辰科的陈继昌。而钱棨则是继明正统十年（1445）乙丑科“三元”商辂后336年、大清开国140年以来的第一位“三元”，其意义非同一般。

其二，状元蝉联多。除皇帝大寿、登基增设的“恩科”外，状元一般三年出一名，而苏州人能多科蝉联。明弘治六年（1493）癸丑科、弘治九年（1496）丙辰科的状元，分别为昆山毛澄、朱希周蝉联。清顺治十五年（1658）戊戌科、顺治十六年（1659）己亥科的状元，分别为常熟孙承恩、昆山徐元文蝉联；清康熙十二年（1673）癸丑科、康熙十五年（1676）丙辰科、康熙十八年（1679）己未科的状元，分别为长洲韩菼、彭定求和常熟归允肃所蝉联；康熙五十一年（1712）壬辰科、康熙五十四年（1715）乙未科、康熙五十七年

苏州状元博物馆

（1718）戊戌科的状元，分别为长洲王世琛、徐陶璋和常熟汪应铨所蝉联；清乾隆三十一年（1766）丙戌科、乾隆三十四年（1769）己丑科状元，分别为吴县张书勋、元和陈初哲夺得；乾隆五十五年（1790）庚戌科、乾隆五十八年（1793）癸丑科状元，又分别被吴县石韫玉、潘世恩摘冠。

其三，状元中亲属关系多。苏州状元大多出身书香门第、富贵人家，或父子、或兄弟、或祖孙、或叔侄，牵亲带眷，荣宗光祖。父子状元，有唐代长洲归仁泽与归黯。兄弟状元，有唐代归仁绍与归仁泽，归佾与归系。叔侄状元，清嘉庆七年（1802）壬戌科状元元和吴廷琛与清道光十二年（1832）壬辰恩科状元吴钟骏，清咸丰六年（1856）丙辰科状元常熟翁同龢与清同治二年（1863）癸亥恩科状元翁曾源。祖孙状元，有清康熙十五年（1676）丙辰科状元长洲彭定求与清雍正五年（1727）丁未科状元彭启丰；清同治十三年（1874）甲戌科状元元和陆润庠是清康熙二十四年（1685）乙丑科状元陆肯堂的七世孙。还有同胞三鼎甲、一门两鼎甲，昆山徐元文状元的两个哥哥徐乾学、徐秉义都是探花；吴县缪彤状元的儿子缪曰藻是榜眼，长洲彭定求状元的堂弟彭宁求是探花，吴县潘世恩状元的堂兄潘世璜是探花，潘世恩孙子潘祖荫也是探花。另有明代太仓王锡爵、王衡是父子榜眼；清代镇洋汪廷屿、汪学金是父子探花。

苏州还有一个奇特现象，即状元比榜眼、探花多得多。照例，每科状元、榜眼、探花都是一名，其数量是等同的。然而，明清两代苏州的状元数，比榜眼、探花两者相加总和还要多，状元是 35 名，而榜眼是 13 名、探花是 21 名。此外，苏州还有传胪 8 名、会元 26 名、解元 52 名（包括寄籍考取外省的解元）。不禁让人感叹：苏州人“争第一”的意识与能力太强了，苏州的实力太强了！

苏州科举鼎盛，状元辈出，让人荣耀。状元多得让其它地方的人嫉妒，多得令朝廷不安，以至清光绪间朝廷开始要矫正此风，下令担任考官的廷臣选取状元必须在苏州人之外（顾颉刚《苏州史志笔记》八）。梁绍壬《两般秋雨盦随笔》中记载这样一个故事：一次，有个苏州人在大庭广众之下大夸苏州出状元，大概是有点过分夸耀，引起其他人的不满。座中有一人冷语相讥道：“这有什么了不起？苏州出状元，就像河间（今河北省河间市）出太监，绍兴出惰民，江西出剃头师，句容出剔脚匠。物以类聚，没有什么值得大惊小怪的！”将状元与太监、惰民、剃头师、剔脚匠相提并论，可谓是刁钻刻薄，自然引得哄堂大笑，但此人对“苏州出状元”一说未加否认，说明它的确反映了当时人的共识和事实。

“万般皆下品，唯有读书高。”在中国传统社会里，读书—科举—功名，成为读书人的普遍选择和人们心目中的正途，而科举之巅的状元，更是无上荣光，万人仰慕。北宋大臣尹洙曾有个形象生动的比喻：“状元登第，虽将兵数十万，恢复幽蓟，逐强敌于穷漠，凯歌劳还，献捷太庙，其荣亦不可及也！”（田况《儒林公议》）而对家庭与家族而言，一旦有人金榜题名，蟾宫折桂，便是祖上积德所致，更是光宗耀祖之盛事。

苏州状元固然值得苏州人荣耀骄傲，但毕竟已经成为历史。今天，人们更关心的或许是：苏州这块土地为什么会出这么多的状元？他们出生在怎样的家庭？他们是怎样考中状元的？他们到底有哪些成就和贡献？……这些就是本书将要回答并力求回答清楚的事。

人间天堂　文物之邦

——苏州状元产生的背景

苏州能出如此多的状元，得益于浸润了吴地灿烂文明的丰富滋养，散发着吴地经济富庶的历史光芒。

苏州犹如一颗璀璨夺目的明珠，镶嵌在长江三角洲东南部，夙称隩壤，享有“人间天堂”美称。历史上，苏州曾经“是与长安、洛阳、北平并驾齐驱，互争光彩”（顾颉刚语）的地方。清代学者张大纯在《吴中风俗论》中说道：“吴俗之称于天下者三，曰赋税甲天下也，科第冠海内也，服食器用兼四方之珍奇而极一时之华侈也。”苏州自古有“吴中人文甲于天下”（清乾隆《元和县志》卷十）之说。

一

苏州拥有得天独厚的地理位置与自然条件。在以农业文明为主体的中国，苏州的确可称得上是一块风水宝地。古代交通往来主要在水上，苏州有贴身而过的长江，有敞开的东海大门，有贯通南北的黄金水道——京杭大运河，更有包孕吴越的浩瀚太湖和万顷碧波的阳澄湖、淀山湖、昆承湖、独墅湖，以及四通八达的河网，交通便捷，水利发达。

优越的自然环境条件，使苏州如聚宝盆一般拥有丰厚的物产资源：境西连绵起伏的低山丘陵，蕴藏着数十个品种的中小型矿藏，其中唐代就已开采的高岭土矿产量约占全国总产量的20%，质量居全国之首；山上茂密的树林花木，出产数十个品种的珍异花果；而山上的动物多达数百种，植物更是多达千余种；占总面积三分之一的水域湖荡中，拥有150多个水产品种；膏腴的田地上长着茂盛的庄稼与桑树；优质稻米与蚕桑、苏式丝绸、洞庭红橘、碧螺春茶、太湖莼鲈、“太湖三宝”（银鱼、白虾、梅鲚鱼）、阳澄湖大闸蟹、太湖石、金山石……都是苏州商业、手工业发达的基础。

苏州山川明丽，物产富沃，对人才的熏陶、成长有着相当大的作用。唐代皇甫湜在《唐故著作左郎顾况集序》中写道：

> 吴中山泉气状，英淑怪丽，太湖异石，洞庭朱实，华亭清唳，与虎丘、天竺诸佛寺，钩号秀绝。君出其中间，翕轻清以为性，结泠汰以为质，煦鲜荣以为词。偏于逸歌长句，骏发踔厉，往往若穿天心，出月胁，意外惊人语，非寻常所能及，最为快也。李白、杜甫已死，非君将谁与哉？

在充分利用优越的自然条件和对多层次文明的创造过程中，苏州人的智慧得到了极大的开发，苏州人形成了令世人敬佩的思路开阔、开放包容、崇文睿智、机敏善思、锐意进取、创新争先等优秀品质。

考古资料证明，太湖流域是我国古文化发达的地区之一，太湖文化是中华文化重要的有机组成部分。太湖三山岛（今属苏州市吴中区东山镇）旧石器时代晚期遗址，清晰地表明一万年前吴地先民在此繁衍生息、劳作活动。从唯亭草鞋山（今属苏州工业园区）、昆山绰墩、吴江梅堰、张家港东山村等新石器时代遗址可以清楚地看到，距今7000至6000年前，苏州地区的先民们已经掌握种植水稻的技术，能够制作纺织品（葛布）、雕镂精美绝伦的玉器。彼时苏州已经出现中心聚落群，尤其是东山村特大型墓葬的出现标志着太湖流域已进入“古国时代”（张敏《俯瞰太湖：太湖北部文明化进程的宏观研究》）。苏州东部的澄湖曾经出土过一件良渚文化时期的黑陶罐，罐上刻有四个文字，著名学者李学勤解释为“巫戌五俞”，这是目前太湖流域发现最早的文字。

春秋后期，吴王阖闾在此建都，经过阖闾、楚春申君、越王、西汉吴王刘濞的经营，已有盐铜之饶、三江五湖之利。至西汉武帝时期（前140—前87），苏州已经成为江东的政治、经济中心，著名历史学家顾颉刚曾云：“吴县在西汉时，以鱼、盐、铜、金为江东一都会。”当时的“吴县”，包括今天的苏州市区、常熟、吴江等地。三国时，孙吴招引流亡屯垦，劝导农桑；两晋时，北方士族、百姓避乱南迁，中原的财货、文化、技术大量输入，推动了苏州的农桑、手工业的发展，使其成为东南名郡。著名文学家陆机的《吴趋行》以诗歌形式记述了当时的情况，诗云：

楚妃且勿叹，齐娥且莫讴。
四坐并清听，听我歌吴趋。
吴趋自有始，请从阊门起。
阊门何峨峨，飞阁跨通波。
重栾承游极，回轩启曲阿。

蔼蔼庆云被，泠泠祥风过。
山泽多藏育，土风清且嘉。
泰伯导仁风，仲雍扬其波。
穆穆延陵子，灼灼光诸华。
王迹隤阳九，帝功兴四遐。
大皇自富春，矫手顿世罗。
邦彦应运兴，粲若春林葩。
属城咸有士，吴邑最为多。
八族未足侈，四姓实名家。
文德熙淳懿，武功侔山河。
礼让何济济，流化自滂沱。
淑美难穷纪，商榷为此歌。

从巍峨阊门到清嘉风土，叙述吴地的环境；从泰伯到孙权，讲述吴地历史；从应运而兴的俊杰到顾、陆、朱、张“四大家族”，诉说苏州人物辈出之兴盛；从文德武力到礼仪诗书，揭示苏州人才产生的文化；真可谓是“山泽藏育，土风清嘉，文德礼让，多士济济”（清乾隆《长洲县志》卷十一）。

隋炀帝开通江南大运河，沟通黄河、淮河、长江、钱塘江（之江）四大水系，大运河横贯苏州全境，苏州郡城则成为东南沿海沟通内外的水陆交通枢纽。大运河的开通促成了太湖以东地区淤积成陆，扩大了苏州的空间，加速了苏州的人口增长，加快了苏州经济的发展，使得全国经济重心由黄河流域向长江流域南移。在此过程中，苏州日渐成为全国财货集散、转运和信息交汇的中心。

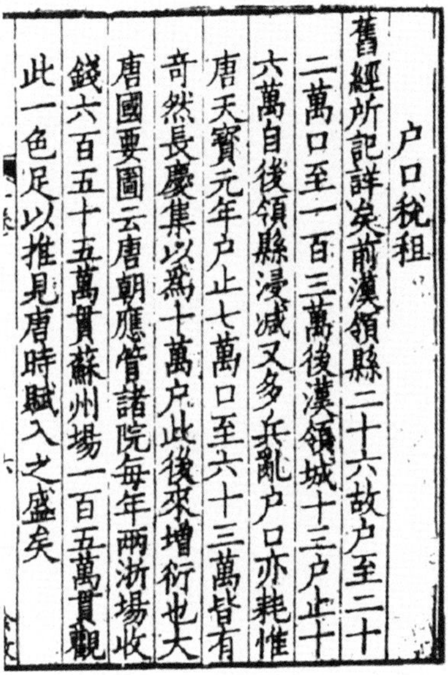

户口税租

舊經所記詳吳前漢領縣二十六故户至二十二萬口至一百三萬後漢領城十三户止十六萬自後領縣浸減又多兵亂户口亦耗惟唐天寶元年户止七萬口至六十三萬皆有奇然長慶集以為十萬户此後來增衍也大唐國要圖云唐朝應管諸院每年兩浙場收錢六百五十五萬貫蘇州場一百五萬貫覩此一色足以推見唐時賦入之盛矣

《吴郡志》书影

隋唐300余年间，江南社会比较安定，北方人口再次南迁，苏州的农业、手工业均有很大的发展，商业尤为兴盛。据史志记载，至唐代中叶，苏州阊门至枫桥一带行商云集，帆樯林立，十分繁华。据范成大《吴郡志》卷一载，唐天宝元年（742），苏州“户止七万，口至六十三万，皆有奇。然《长庆集》以为十万户”。唐大历十三年（778），苏州由望州升为雄州，是唐代江南唯一升为雄州的州郡，领吴县、长洲、嘉兴、海盐、常熟、昆山、华亭七县。唐元和年间（806—820），苏州的户数增加到“十万零八百（零）八”户，经济日益发达繁荣，所辖七县岁贡105万贯，占两浙十三州岁贡总数的六分之一。

唐宝历元年（825），诗人白居易来到苏州出任刺史。他在《苏州刺史谢上表》中说：“当今国用，多出江南，江南诸州，苏最为大，兵数不少，税额至多。”当时，苏州究竟有多大？有多少人口？白居易《自到郡斋仅经旬日方专公务未及宴游偷闲走笔题二十四韵》云：“甲郡标天下，环封极海滨。版图十万户，兵籍五千人。”他又有《登阊门闲望》诗云：

阊门四望郁苍苍，始觉州雄土俗强。
十万夫家供课税，五千子弟守封疆。
阖闾城碧铺秋草，乌鹊桥红带夕阳。
处处楼前飘管吹，家家门外泊舟航。
云埋虎寺山藏色，月耀娃宫水放光。
曾赏钱唐嫌茂苑，今来未敢苦夸张。

白居易还用对比的方法进一步说明苏州的富庶和繁荣，“霅溪（湖州别称）殊冷僻，茂苑（苏州别称）太繁雄”“杭州丽且康，苏民富而庶”；其繁荣仅次于首都长安，而胜过唐人称艳的扬州，“人稠过扬府，坊闹半长安”。其时“苏之繁雄，固为浙右第一矣”（范成大《吴郡志》卷五十）。唐代，苏州作为东南沿海的大都会，与国外的贸易和文化往来已很密切，海运船队可经吴淞江直达城下，高僧鉴真和尚第六次东渡日本即由苏州的黄泗浦（今属苏州张家港市）启航。对外出口的商品以丝绸和工艺品为主，通商的国家有大食（阿拉伯）、波斯（伊朗）、新罗（朝鲜）等国家和地区。后人曾经评论道：“姑苏自刘、白、韦为太守时，风物雄丽，为东南之冠。”（龚明之《中吴纪闻》卷六）

五代及两宋时期，太湖流域战乱较少，数百年无战事，苏州社会安定，经济发展。吴越王钱元璙“以俭约慎静镇之者三十年，与江南李氏接境，而能保全屏蔽者，元璙之功也”（朱长文《吴郡图经续记》卷上）。吴越王重视水利建设，兴筑海塘，垦殖土地，开挖河道，“或五里七里而为一纵浦，又七里或十里而为一横塘。因塘浦之土以为堤岸，使塘浦阔深而堤岸高厚。塘浦阔深则水通流，而不能为田之害也。堤岸高厚则田自固，而水可拥而必趋于江也……使水不入于城，是虽有大水不能为苏州之患也”。水利建设保障了农业生产的发展，促进了粮食的增收、经济的繁荣。

北宋时期，苏州城市的规模、繁荣程度超过唐朝，“舟航往来，北自京国，南达海徼，衣冠之所萃聚，食货之所丛集，乃江外之一都会也”（朱长文《吴郡图经续记》卷上）。宋元丰三年（1080），苏州有“户十九万九千，口三十七万九千，皆有奇，号为甚盛”（范成大《吴郡志》卷一，下同）。至宋宣和年间（1119—1125），苏州“户至四十三万”。朱长文《吴郡图经续记》“城邑”云：

> 自钱俶纳土至于今元丰七年，百有七年矣。当此百年之间，井邑之富，过于唐世。郛郭填溢，楼阁相望，飞杠如虹，栉比棋布；近郊隘巷，悉甃以甓。冠盖之多，人物之盛，为东南冠，实太平盛事也。

又《吴郡图经续记》“风俗”记载：

> 自本朝承平，民被德泽，垂髫之儿皆知翰墨，戴白之老不识戈矛。所利必兴，所害必去。原田腴沃，常获丰穰；泽地沮洳，浸以耕稼。境无剧盗，里无奸凶，可谓天下之乐土也。

吴昌绶《吴郡通典》亦有相似的叙述：“赵宋承平，民安作息，垂髫之儿皆知翰墨，戴白之老不识戈矛。原田腴沃，常获丰穰，泽地沮洳，浸以耕稼，冠盖之多，人物之盛，实天下之乐土也。”（顾颉刚

《苏州史志笔记》九)

宋政和三年（1113）正月，苏州作为帝节镇，被敕升为平江府，故苏州城又称平江城。平江府的管辖范围，相当今苏州市区所属姑苏区、虎丘区、工业园区、吴中区、相城区、吴江区及张家港、太仓、常熟、昆山和上海的嘉定、宝山等区。北宋末，苏州的户口鼎甲全国。宋宣和年间（1119—1125），“户至四十三万”（范成大《吴郡志》卷一)。按照平均每户 5 人计算，人口 215 万。南宋杭州虽为都城，户籍也只有“三十八万一千余”。顾颉刚因此说道：“盖虽建都而始终未能超过北宋苏州一市也”(顾颉刚《苏州史志笔记》五)。

南宋建炎年间（1127—1130)，平江城遭兵燹。宋高宗将驻跸平江城，先命漕臣营造宫室。宋绍兴四年（1134)，高宗正式驻跸平江，至绍兴七年（1137）才去临安（今杭州市)。三四年间，苏州城大兴土木，建官署堂宇、亭榭楼馆 30 余所。在这种特殊机遇的催化下，平江城迅速得到了恢复，重展雄姿，其市政号称天下第一。

宋绍定二年（1229)，由知府李寿朋主持绘制，吕梃、张允成、张允迪勒石，制成高 2. 76 米、宽 1. 38 米的《平江图》碑，直观地反映了当时平江城的城市面貌。平江城内主要河流有 20 条，交叉纵横，其中纵贯南北的有 6 条，横越东西的有 14 条。据图估测，河道总长度约 82 千米。与此相应，城内有大街 20 条，在骨干陆道上有众多的坊、巷和里弄，全城计有坊 65 个、巷 264 条、里弄 24 条。由于河道众多，桥梁也就特别多，仅图上绘制的有名称的桥梁就有 314 座，呈现出一派“前街后河”“小桥流水人家”的水城风貌。城内商业繁荣，有很多以手工业和商行名称命名的街、坊、桥、巷，如米行桥、果子桥、鱼行桥、丝行桥、醋坊桥、药市桥、谷市街、皮市街、豆粉巷、大酒巷、油巷、绣线巷、毡巷、幛子巷、巾子巷……一条街或一条巷成为同一行业手工业者和商人的聚居地，从而形成很多固定的专业市场，足以看出平江城手工业和商业的发达。位于市中心的乐桥一带是当时繁华的商业区，各种商店、酒楼鳞次栉比。

繁华的商业是经济繁荣的具体体现，南宋著名文人、大臣范成大曾经说道："吴自置守以来，仍古大国，世为名郡。又当东南水会，外暨百粤，中属之江淮。四方宾客行李之往来，毕上谒戏下，愿见东道主，城门之轨深焉。稻田膏沃，民生其间实繁，井邑如云烟，物夥事穰……以视列城，其雄剧如此。"（范成大《吴郡志》卷六）曾当过平江府知府的户部尚书孙觌则说："时浙西七州，盗残者五，惟苏湖独存；群盗相传，号平江府为'金扑满'。"（李心传《建炎以来系年要录》卷二十二）形象地反映了当时这个地区经济繁荣、富商众多的真实情况，由是便有了"上有天堂，下有苏杭"的美誉，而苏州则以风物雄丽成为东南之冠。

元初朝代更替之际，苏州免遭破坏，"略定平江，不劳兵力，重阛洞达，掩帜迎降"，多么难得的平安交替。《马可波罗游记》记述了元代初期的苏州情况：

> 苏州城漂亮得惊人，方圆有三十二公里。居民生产大量的生丝制成的绸缎，不仅供给自己消费，使人人都穿上绸缎，而且还行销其他市场。他们之中，有些人已成为富商大贾。这里人口众多，稠密得令人吃惊。然而，民性善良怯懦，他们只从事工商业，在这方面的确显得相当能干。

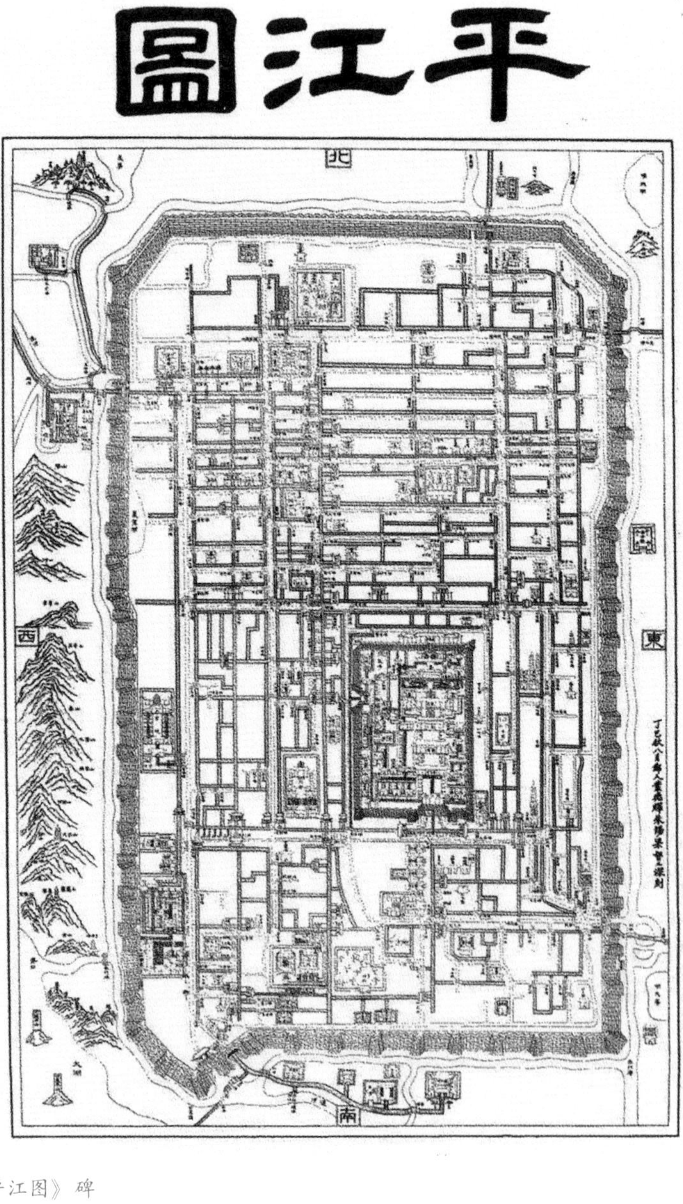

《平江图》碑

可见，当时苏州的手工业、商业十分发达，苏州人更是聪明能干。元末，吴王张士诚举兵抗元，割据苏州十几年，兴修水利，鼓励垦殖，提倡蚕桑，兴办手工业与纺织业，还采矿冶炼……社会安定，经济发展，百姓受益。因此，苏州人对张士诚念念不忘，每年农历七月三十日其生诞日（一说忌亡日），家家户户焚香祭祀。

二

明代开国之初，平江府恢复为苏州府，属江南行中书省；后撤销中书省，直隶属中央六部。苏州府辖吴县、长洲、昆山、常熟、吴江、嘉定、崇明七县；明洪武九年（1376），七县有“五十万九千五百四十三户、三百一十六万四百六十三口”。著名文学家宋濂在明洪武初年卢熊《苏州府志》序中写道：“吴在周末为江南小国，秦属会稽郡，及汉中世，人物、财赋为东南最盛；历唐越宋以至于今，遂称天下大郡。”莫旦《苏州赋》亦云：“文物萃东南之佳丽，诗书衍邹鲁之源流，实江南之大郡，信天下之无旮以言。”明弘治十年（1497），割昆山、常熟、嘉定三县地置太仓州（领嘉定、崇明、宝山），苏州府辖七县一州。

设置太仓州是苏州发展历史上的一件大事，它反映了苏州以及太仓的经济地位日益重要。太仓的通商和航运等各业兴于元代。元帝忽必烈创漕运，辟通海之道，将江南的粮食海运到大都（今北京），因此在太仓设置海运码头。从元至元十九年（1282）起，大批的江南粮食从刘家港（今浏河口）启航出海，运往北方。同时，太仓又是海外各国通商的港口。当时，刘家港“运艘盈万，番舶云集”，成为我国东南著名的港口码头，号称“第一码头”和“六国码头”。陈伸《太仓事迹序》中曾经有描写：

> 官第甲于东南，税家漕户，番商贾客，云集阛阓；粮艘商舶，高樯大桅，集如林木；琳宫梵宇，朱门大宅，不可胜记。四方谓之“天下第一马（码）头”。

我们可以通过这段文字，完全想象出当年的盛况风貌。元末明初，太仓设有一系列对外贸易的机构，诸如今日海关等。朝廷在太仓驻有重兵，明初即设太仓卫，明洪武十二年（1379）分设太仓卫、镇海卫，屯兵于城内和长江口。

明永乐三年（1405），明成祖命三保太监郑和与王景弘等统率官兵 2.7 万余人，驾海船 208 艘，出海下西洋。至明宣德五年（1430），郑和七次下西洋，都从刘家港启航。大学士王鏊在《新建太仓州城楼记》中写道：“夫太仓，古娄县之惠安乡耳。至元朱清、张瑄创海运于此，而诸藩辏集为市。国初由此而漕定辽，由此而使西洋，遂为东南巨州。”《太仓州志》卷一载：

> 元至元十九年，宣慰朱清、张瑄自崇明徙居太仓，创开海道漕运，而海外诸番因得于此交通市易，是以四关居民闾阎相接，粮艘海舶、蛮高夷贾，辐凑而云集，当时谓之“六国马头”。

太仓州地理优越，“带江控海，商贾之区，漕州之津，或以海邦乐土称之……实为吴中之雄镇”（明弘治《太仓州志》卷一）。太仓州的建立，为苏州经济的发展开拓了广阔的新路，海上贸易使得“鱼

《姑苏繁华图》“繁忙的水运”

米之乡”苏州的手工业、商业更加兴旺发达，巨富汇聚，冠盖云集。

明初，苏州因是吴王张士诚老巢而受到严重破坏，但其本身经济基础雄厚，因此恢复较快，这一点能从苏州府交纳的赋税得以印证。据陆深《俨山纂录》记载，明初“总计天下税粮共二千九百四十三万余石。浙江一布政司二百七十五万二千余石，苏州一府二百八十万九千余石（其时太仓州未分）”（钱思元《吴门补乘》卷一，下同）。史学家谈迁在《国榷》中亦有相同的记载。苏州一府缴纳的漕粮竟然超过浙江一个省，相当于全国的十分之一。能够承受“天下最重”的赋税，说到底关键还是依靠苏州经济实力的支撑。

至明成化年间（1465—1487），苏州经济社会已经得以完全恢复。王锜《寓圃杂记》叙写了这一由衰至兴的历史变化过程：

吴中素号繁华，自张（士诚）氏之据，天兵所临，虽不被屠戮，人民迁徙实三都、戍远方者相继，至营籍亦隶教坊。邑里潇然，生计鲜薄，过者增感。正统、天顺间，余尝入城，咸谓稍复其旧，然犹未盛也。迨成化间，余恒三四年一入，则见其迥若异境，以至于今，愈益繁盛，闾檐辐辏，万瓦甃鳞，城隅濠股，亭馆布列，略无隙地。舆马从盖，壶觞罍盒，交驰于通衢。水巷中，光彩耀目，游山之舫，载妓之舟，鱼贯于绿波朱阁之间，丝竹讴舞与市声相杂。凡上供锦绮、文具、花果、珍馐奇异之物，岁有所增，若刻（缂）丝、累漆之属，自浙宋以来，其艺久废，今皆精妙，人性益巧而物产益多。

明代，全国各地的商贾冲着苏州作为商业中心的优势云集而来，纷纷在苏州建立会馆，以联络乡谊和定居经商。见之于现存明清碑刻资料的会馆就有 28 所，它们都有一个巨大的网络，如三山会馆碑刻记载的福建籍在苏商号有 110 家之多，全晋会馆碑刻记载的山西籍在苏银钱业户有 81 家，东齐会馆碑刻记载山东籍在苏商号竟达 290 家，浙江人也在苏州建有钱江会馆。而为官绅商贾服务的茶馆酒楼，客舍市肆，栉比鳞次，人称："吴阊到枫桥，列肆二十里。"（《松江府志》卷五十四）唐寅《姑苏杂咏四首》（其二）诗云：

长洲茂苑占通津，风土清嘉百姓驯。
小巷十家三酒店，豪门五日一尝新。
市河到处堪摇橹，街巷通宵不绝人。
四百万粮充岁办，供输何处似吴民。

又有《阊门即事》诗云：

世间乐土是吴中，中有阊门更擅雄。
翠袖三千楼上下，黄金百万水西东。
五更市买何曾绝，四远方言总不同。
若使画师描作画，画师应道画难工。

这是15世纪苏州大都市五方杂处、商市繁荣的真实写照。明代文学家莫旦的《苏州赋》描写了苏州的繁华富丽：

苏州拱京师以直隶，据江浙之上游，擅田土之膏腴，饶户口之富稠；文物萃东南之佳丽，诗书衍邹鲁之源流，实东南之大郡……至于治雄三寝，城连万雉，列巷通衢，华区锦肆，坊市棋列，桥梁栉比，梵宫莲宇，高门甲第，货财所居，珍异所聚，歌台舞榭，春船夜市；远士巨商，它方流妓，千金一笑，万钱一箸。所谓海内繁华，江南佳丽者。

苏州的繁荣曾令外国人刮目相看，朝鲜人崔溥在《漂海录》中写道：

苏州，古称吴会，东濒于海，控三江，带五湖，沃野千里，士夫渊薮。海陆珍宝，若纱罗绫段（缎），金银珠玉，百工技艺，富商大贾，皆萃于此。自古天下以江南为佳丽地，而江南之中以苏、杭为第一州，此城尤最……阊门码头之间，楚商闽舶，辐辏云集。又湖山明媚，景致万状。

至此，发达的商业、手工业使苏州成为东南经济的中心。苏州每年向

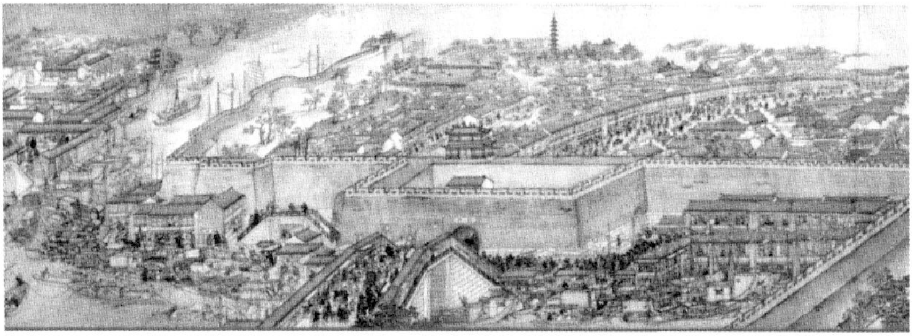

《姑苏繁华图》“繁华的阊门”

朝廷缴纳的巨额赋税更能证明这一点，明代官员、学者魏校曾云：“吾苏蕞尔，地不能方二百里，而财赋当天下少半。郡城繁华，四方商旅辐辏，过者啧啧羡富饶。”（魏校《庄渠遗书》卷八）明嘉靖十七年（1538），状元出身的大学士顾鼎臣在一份奏疏中以量化的数字谈到家乡苏州的经济情况，他说：“直隶苏州府所属一州七县，实东南财赋渊薮，每岁供亿糙白粮米、金花银、绢布及课办料解等项，通计三百八十余万。府州县仓库收贮、转缴钱粮，动以百十万计。”（顾鼎臣《筑造城垣保安地方疏》）设立在苏州西北边的大运河重镇浒墅关，直属朝廷户部，其关税在明万历二十七年（1599）至明天启五年（1625）期间几乎翻一番，其中明万历四十一年（1613），“浒墅关本色钞五百八十六万余贯，钱一千一百七十三万余文，折色船料正余银三万九千九百余两”（清道光《浒墅关志》卷四）。后来，每当朝廷有财政困难便临时增加浒墅关税。明崇祯七年（1634），浒墅关缴纳“银共一十七万九千八百九十三两七钱五分”。因此，苏州被称为“天下第一富郡”。

自明嘉靖年间（1522—1566）起，应天巡抚署移驻苏州城，从此苏州成为江苏的省会城市，直至清末。清雍正二年（1724），朝廷鉴于苏州经济发达，分析长洲县，增置元和县；分析昆山县，增置新阳县；分析常熟县，增置昭文县；分析吴江县，增置震泽县，均与原来的县同城而治，衙门都设在同一个县城里。管辖范围基本上与现苏州市辖区范围相同。苏州城作为省、府及三县（吴县、长洲、元和）的驻地，人口数一度达百万以上，“堪称彼时全世界最大的城市之一”（刘石吉《明清时代江南市镇研究》）。历史把苏州推到了东南政治、经济、商业、文化的中心地位。

明代后期，苏州阊门、枫桥一带景象十分繁荣，时人王心一说：“出阊市，见错绣连云，肩摩毂击。枫江之舳舻衔尾，南濠之货物如山，则谓此亦江南一都会矣。”明清时期，苏州有全国最大的米市——枫桥米市，边远地区到此采购粮米，每年都以百万石计。至清雍正十二年（1734），由川、鄂、湘来米，经此转销闽浙、辽东、两广的就有近1000万石（一石约为59.2千克），约占当时全国远距离运销商品粮总数的三分之一。枫桥米市的斗斛，称之为“枫斛”，被公认为标准计量器。明万历二十三年（1595），来苏任吴县令的袁宏道在给舅父龚惟学的信里写道：“若夫山川之秀丽，人物之色泽，歌喉之宛转，海错之珍异，百巧之川凑，高士之云集，虽京都亦难之。今吴已饶之矣，洋洋乎固大国之风哉！”（袁宏道《袁中郎全集》卷二十）赞美之情溢于言表。清康熙间，苏州“阊门内外，居货山积，行人水流，列肆招牌，灿若云锦，语其繁华，都门不逮”。小说家曹雪芹称苏州阊门一带“最是红尘中一二等富贵风流之地”。

三

仓廪实而知礼节，衣食足而知荣辱。繁荣而雄厚的经济为上层建筑尤其是文化艺术的发展提供了坚实而丰厚的物质基础。

然而，文化的提高尤其是人群整体文化素质的提高并不可能一蹴而就，它需要经过一个相当长时间的循序渐进的过程。苏州人文化素质的提高同样经过了一个由“好剑尚武”“轻死易发”到“习儒尚礼”的漫长过程。

苏州人爱把自己的文化源头追溯到春秋吴国，把南奔“荆蛮”而建立“句吴”的泰伯、仲雍认作苏州吴文化的发端者，把孔子的南方弟子言偃（今属常熟人）奉为文学礼仪之先贤，“文开吴会，道启东南”，尊其为“言子”。晚清重臣李鸿章曾云：“吴中自言子以文学肇启风气，汉晋以来，代有闻人，声明文物，照耀江左。”（李鸿章《重建苏州试院记》）

言子像

尽管如此，当时的吴国人与后世的苏州人毕竟大相径庭，今人也许很难想象，吴侬软语、温文尔雅的苏州人，其祖先曾是好勇习武之辈。《汉书·地理志》记载：“吴、粤之君皆好勇，故其民至今好用剑，轻死，易发。”

从历史地理及有关文献资料来看，古代吴人居住在三江五湖的水乡泽国之中，居住、耕种、渔猎、往来、交流都与水紧密相连，是一个“陆事寡而水事众”的水上部落。有人曾把苏州文化说成是水文化，从这个意义上来说不无一定的道理。三江五湖常有惊涛骇浪，稍一疏忽或力怯，就会使得船只樯倾楫摧，人葬身鱼腹。吴人在这样的环境中生活，既需要机智敏捷，更需要力量与勇气。加之春秋战国时期，整个社会处于纷争和动荡之中。正是这样的自然环境和社会环境，培育了吴人好勇尚武的性格与风尚——“轻死易发”“好相攻击”。因而，吴国不乏专诸、要离之类的勇士侠客，又有“文治邦国，武定天下”的伍子胥、“兵圣”孙武之类的将帅，更有像阖闾这样雄才大略的君王。当时，吴国还以其精良的青铜兵器而显名列国，连楚国诗人屈原在《国殇》中也有“操吴戈兮披犀甲”的诗句，而干将、莫邪所铸的宝剑更是驰名中外，闻名至今。

秦汉时期，吴地人仍延续尚武古风。秦汉之际，项梁、项羽于苏州起兵，率江东八千弟子挥师北上，破釜沉舟，大败秦军，奠定了灭亡秦朝的基础；楚汉之争最后失败时，江东弟子又都以古老而传统的方式自刭。“吴会轻悍”难治，曾令汉代统治者忧虑重重。西晋左思《吴都赋》中仍有“士有陷坚之锐”的描写，《郡国志》说：“吴俗好用剑，轻死。又六朝时多斗将战士。”《隋书·地理志》谈到江南风俗时也说：“人性并躁动，风气果决，包藏祸害，视死如归，战而贵诈，此则其旧风也。”“其人本并习战，号为天下精兵。俗以五月五日为斗力之戏，各料强弱相敌，事类讲武。”由此可见，六朝时期苏州地区还盛行果决、好战、好斗之风。

隋平陈之后，吴地风气逐渐变化，人们在行为方式上“率渐于礼”。唐宋以来，随着北方人口的大量南移，农田水利的大规模兴修，苏州的人口和耕地数量激增，社会经济迅速兴盛。苏州偏处江南，远离政治、军事冲突的中心，社会安定。宋代龚明之《中吴纪闻》卷六云："自长庆以来，更七代三百年，吴人老死不见兵革。"长庆是唐穆宗的年号，时间为公元821年至824年。由此向后推300年，即是北宋末期的宋徽宗宣和年间（1119—1125）。在如此长的时间内苏州均无战事，太平安宁，百姓安居乐业，富裕小康，苏州因之成为人间天堂。正是在这种安逸富裕的条件下，时人普遍喜好读书习文，荣耀门楣，即使是仅有几亩薄田的平民之家，也勉力让子孙入泮求学，当地逐渐形成了"家家礼乐，人人诗书"的社会风尚。宋末王极《吴县重修学记》中就说过"岁大比，民登贡籍者，率为六邑最"的话。虽然宋代苏州还出过朱起宗、林嵘、周虎、刘必成等武状元，明代出过武状元陈大猷，清代出过武会元于国柱以及武解元胡芳世、沈成炎，但是不可否认，苏州整个地区的人群个性变得柔软而睿智，整个社会以尚礼重文之风取代尚武之风，苏州人完全变得文质彬彬，儒雅大方。

当然，苏州在明清以前并不乏烜赫流芳的名卿俊杰，也有不少笃学爱古的饱学之士，诸如严忌、严助、朱买臣、顾野王、陆机、陆云、陆龟蒙、范仲淹、范成大等文学名士，甚至有人认为"吴地文章之始，实开于严（助）朱（买臣）"。但是，他们只能是各个朝代的个体代表，点缀而已，尚未在苏州形成一种文学风尚，那种领导一方文学潮流、执掌文坛的"领袖式"人物尚未出现。

明清两代文学、书画大家辈出，如高启、徐祯卿、徐有贞、吴宽、王鏊、祝允明、沈周、文徵明、唐寅、蔡羽、王宠、王世贞、归有光、张溥、吴伟业、钱谦益、金圣叹、冯梦龙、李玉……，他们或以诗歌、或以文章、或以书画、或以戏剧传奇，称誉全国，冠绝一时，蔚为一代文学、书画宗主。诚如清乾隆《元和县志》所言："自明三百年来，先后诗文宗匠，蔚然代兴。"在苏州文坛书坛画坛，卓然成家、名重一时者，指不胜屈，这些名家名士造成了一种特殊而浓郁的氛围，以致在他们的引领之下，苏州地区诵习诗词文赋，蔚然成风。

洪武初，高杨四隽领袖文苑；永宣间，王陈诸公矩镬词林。至于英孝之际，徐武功、吴文定、王文恪三公者出，任当钧冶，主握文柄。天下操觚之士，向风景服，靡然而从之。时则有若李太仆贞伯、沈处士启南、祝通判希哲、杨仪制君谦、都少卿玄敬、文待诏徵明、唐解元伯虎、徐博士昌国、蔡孔目九逵，先后继起，声景比附，名实彰流，金玉相宣，黼黻并丽。吴下文献，于斯为盛，彬彬乎不可尚已。（陆师道《袁永之集序》）

明代中叶，进士徐有贞（官至大学士）、状元吴宽（官至尚书）、探花王鏊（官至大学士）激扬起苏州文坛的繁荣。三个人"两个半宰相"（吴宽本有望当宰相），其领袖和示范作用之巨大，自不待言。文学名士辈出，苏州"恬雅整饬""清婉婉约""思致密瞻""华丽清新"的文学风格也随之形成。清代沈德潜在《重修长元学记》中说道："嘉靖以还，人文蔚兴，以三不朽传者，甲于吴郡。"《长洲县志》亦称："吴中山水清嘉，人文荟萃，自八族四姓显名汉晋，文德武功，忠臣烈士，代不乏人。"（清乾隆《长洲县志》卷二十二）

从"好剑尚武""轻死易发"到"习儒尚礼"，这是一个质的变化，是苏州盛出状元的根本原因之一。促使这一重大质变的关键因素，则是苏州发达的教育。

四

苏州人很早就懂得办学教育的重要性，“化民成俗，以学为本”（范成大《吴郡志》卷四）。隋唐开创科举制度之后，在苏州的官吏名儒、有识之士，为兴办学校尽心尽力。唐大历三年至六年（768—771），李栖筠（宰相李吉甫之父）担任苏州刺史兼御史中丞、浙西都团练观察使时，在府治之南增饬学庐，聘请褚冲、吴何员等宿儒为教师，并亲自“执经问义，远迩趋慕，至徒数百人”（明正德《姑苏志》卷三十八）。唐大历九年（774），王纲以大理司直来苏担任昆山县令，政务化民，在县治东文宣王庙旁创建县学，“聚五经于其间”（梁肃《昆山县学记》，下同），特聘经学名宿沈嗣宗为博士，教训生徒，“于是遐迩学徒，或童或冠，不召而至，如归市焉”。在其影响下，“父笃其子，兄勉其弟，有不被儒服而行，莫不耻焉”，整个社会民风因而发生了深刻变化。

北宋景祐二年（1035），范仲淹在家乡苏州城南捐地创建府学（又称郡学、州学），延聘名家胡瑗主持，开东南兴学之风，并影响全国。元代郑元祐《学门铭》云：“天下郡县学莫盛于宋，然其始亦由于中吴。盖范文正以宅建学，延胡安定为师，文教自此兴焉。”（清道光《苏州府志》卷二十五）景祐初年，范仲淹还奏建吴县县学，吴县县学成为全国最早的县学。榜眼出身的冯桂芬在《重修吴县学记》中写道：“天下各县之有学，自吴始。迤逦宋末二百年而学遍天下，吴学实得风气之先。”此后，长洲、常熟、昆山、吴江等地县学次第兴建，规模不断扩大，设备不断完备，成为训练科举的专门场所。数百年间，苏州之学名扬四海。

宋代，苏州人已经充分认识到办学校的重要性与必要性。范仲淹认为："善国者，莫先育材，育材之方，莫先劝学"；而要实现天下之治，"必先崇学校，立师资，聚郡材，陈正道，使其服礼乐之文，游名教之地，精治人之术，蕴致君之方"（范仲淹《范文正公集》卷八），他将兴办学校提高到善治国家的高度。朱长文则认为："礼义不可一日忘，故学校不可一日废也。昔唐虞三代之盛，未尝不以建学、严师为先务。"（范成大《吴郡志》卷四）从礼义的高度强调学校的重要性，其认知是空前的。

苏州文庙

在府学、县学得以创办的同时，苏州的书院也随之陆续诞生。书院是我国封建社会特有的一种教育组织形式，最初是官家藏书、校书之所，其后为学者私人讲学、读书的场所，后来成为封建教育的重要机构。苏州最早的书院是创办于南宋端平二年（1235）的和靖书院和创建于端平三年（1236）的鹤山书院（宋理宗亲书匾额）。据不完全统计，吴县、长洲、元和三县历史上共有书院 17 所，常熟、昭文两县有书院 13 所（一说 20 所），昆山、新阳两县有书院 11 所，吴江、震泽两县有书院 9 所，太仓、镇洋两县有书院 6 所。书院的掌院山长绝大多数是科举出身的进士，更有素孚众望的博学鸿儒，韩菼、沈德潜、彭启丰、石韫玉、吴廷琛、钱大昕、翁心存、冯桂芬、邹福保等苏州名人都曾经任过山长。

许多苏州人都将办学校作为己任，慷慨捐资赠田，这种做法亦逐渐发展成为吴地风俗。宋代，范仲淹在城区护龙街（今人民路）的南头（原五代钱璙南园）买了块地，准备修建住宅。那里“高木清流，交荫环疈”，景致秀美。有位风水先生对范仲淹说，这是块风水宝地，如果在这里修造家宅，将来必定子孙兴旺，世代出公卿。范仲淹听罢却坦然说道：“吾家有其贵，孰若天下之士咸教育于此，贵将无已焉。”（《范文正公集》附《年谱》）于是，他慨然献地建学，并捐田五顷（1 顷约为 66 666. 6 平方米）作为办学经费。这种兴学“义举”，吴地旧方志中俯首可拾。元元统二年（1334），陆德原（唐陆龟蒙九世孙）“愤甫里之学不传”，在当年陆龟蒙隐居处（今甪直镇保圣寺西）创办甫里书院，建有夫子殿、明伦堂等，“屋以间计者，凡三十有奇”（戴良《九灵山房集》卷一，下同），聘请陆文圭、龚璛、柳贯等彼时名儒担任教师，并割良田四顷作为书院经费保障。元至元三年（1337），陆德原见长洲县学宫地势低洼，狭小简陋，且靠近喧哗市场，不利学子专心读书，便不惜倾尽全部家产重建学宫，“更营亢爽之地，徙置而增广之”（清乾隆《元和县志》卷五）。元至正三年（1343），他置田千亩（1 亩约为666.6 平方米）以给府学。元至正二十四年（1364），县尹杨彝修吴县县学时，范仲淹九世孙范廷珍等人捐“缗钱合五千有奇”；木渎灵岩寺住持净标等人亦输若干缗钱作为修学之资；连吴江农民奚士龙也“割私田九十亩有奇归学，以继廪儒行者”（民国《吴县志》卷二十六）。明万历二十五年（1597），长洲知县江盈科曾“买田一百十亩入于学”（清乾隆《元和县志》卷五，下同）。清康熙年间（1662—1722），状元彭定求、缪彤等人多次捐资或劝募以修学宫。清康熙四十四年（1705），彭定求曾经“导善士马俊捐金一千七百两，建（府学）尊经阁五楹，拟置经籍藏其中”。状元吴廷琛的家庭并不富裕，但是他总是十分慷慨为公益慈善事业捐赠，曾为义仓等捐田 400 多亩。苏州人热心办学，蔚然成风。

范仲淹像

宋代起，苏州不仅科举教育有了很大发展，而且初等教育也日益为人们所重视。范仲淹首创义庄，并附设义学，亲自拟定《义庄规矩》，其中有一条就是鼓励科举，如果族内子弟获得大比（乡试）资格，可领钱10贯，第二次参加大比考试则减半，若无故不去赴试，已领钱要被追回。苏州吴氏设义田600亩，其中100亩是劝学田，专门资助、奖励家族人员读书科举。据地方志记载，元至正九年（1349），各界曾大力兴办村社学校，在吴县、长洲设立社学130余所。明洪武八年（1375），吴县、长洲两县共有社学737所。清康熙初年，江苏巡抚汤斌到苏时曾颁发《抚吴告谕》，对办社学的范围、学员年龄、学员经费以及师资的选拔都十分重视，并有明确的规定。其"告谕"云：

> 化民成俗，莫先于兴学育材。合行出示，将本城内外及乡区村镇大约二百家以上者，设社学一处。查本乡子弟年八岁以上、二十岁以下若干人，除能自备束脩外，如果家贫无资者，该府、州、县量为设处廪谷，本院亦捐俸相助，再行儒学。教官通查该学诸生中，学问纯正、品行端谨者，开送聘为师。当此任者须要端肃谨慎，为后生模楷……社学为教习学业，专以养尊育德。其行为不端及出入衙门、嘱托公事、不能安贫守道者，虽文辞优长，教官不得开报。

在汤斌的积极倡导和鼓励下，苏州的教育事业有了很大发展，官办和民办的社学、义学发展到乡村。清乾隆八年（1743），阊门、胥门、盘门、齐门、娄门、葑门等地均建有义学；清同治七年（1868），官方在木渎、横泾、光福、湘城、黄埭、陆慕、甪直、练塘、周庄等地均建立了义塾。同时，民间也兴办了轮香、芹香、桂香、甫里等义塾。

苏州从官方到民间都重视办学，有了为数众多的义塾、社学、书院、县学、府学等多层次的教育机构及场所，使受教育者日益增多，其结果必然是苏州整体文化水平提高，人才辈出。明代胡俨称赞说："姑苏，东吴大郡也，学宫又东吴之冠也。"（胡俨《苏州府重修儒学记》）大学士徐有贞更是不无自豪地说道："吾苏也，郡甲天下之郡，学甲天下之学，人才甲天下之人才，伟哉！其有文献之足证也。"（徐有贞《苏郡儒学兴修记》）著名文人王锜在《寓圃杂记》中盛赞"苏学之盛"，其云：

> 吾苏学宫，制度宏壮，为天下第一。人材辈出，岁夺魁首。近来尤尚古文，非他郡可及。自范文正公建学，将五百年，其气愈盛，岂文正相地之术得其妙欤！

自古以来，苏州有尊师重教的风俗，懂得"古之学者必有师，师者所以传道授业解惑"的道理，更懂得教师引导人们由愚昧走向聪睿的作用。当年，范仲淹在家乡创办府学，特聘请名师大儒胡瑗。胡瑗教学，学规纪律十分严格，许多学生不能适应，不能完全遵守，范仲淹便让自己儿子范纯佑入学，为学生们做表率。范纯佑当时不过10来岁，是数十名学生中年龄最小的一位，但他遵照父亲的教导，在学校里尊师好学，"尽行其规，诸生随之，遂不敢犯"。此后府学越办越好，一直名冠东南。在胡瑗20余年的教学生涯中，范仲淹一直与他保持着密切联系，除聘请他教授家乡府学外，又推荐他做秘书省校书郎，在太学中推行胡瑗的"苏湖教学"法。两人经常书信往来，讨论学术，研究教育。胡瑗能成为卓有名望的教育家，与范仲淹对他的大力支持与帮助分不开。

胡瑗“解经至有要义，恳恳为诸生言，其所以治己而后治乎人者，学徒千数，日月刮劘，为文章皆传经谊，必以理胜”（明洪武《苏州府志》卷二十六）。在苏州创立了分斋教授法，设立经义斋和治事斋。经义斋以学习六经经文为主，治事斋又分为治民、讲武、堰水和算历等科，学生各因其才，分别入斋。“经义则选择其心性疏通、有器局、可任大事者，使之讲明六经。治事则一人各治一事，又兼摄一事，如治民以安其生，讲武以御其寇，堰水以利田，算历以明数是也。”主修一科，兼修一科，以培养一专多能人才。清康熙年间（1662—1722），江苏巡抚、著名经学家宋荦在《重修苏州府学碑记》中亦专门讲到此事，云：“安定独教以经义及时务，曰经义斋者，择士疏通有器识者居之；曰治事斋者，人各治一事又兼一事，如边防、水利之类。其弟子出而筮仕，往往适于世，用于虖。”（清道光《苏州府志》卷一百三十四）他因材施教，改变过去教育内容空疏的流弊，于是一时英才杂沓，自远而至。这为后来苏州的教育奠定了基础，起了很好的示范作用。

苏州人重视教育，爱好读书。在洞庭东山上湾村有座明代富商宅第“明善堂”（现为全国重点文物保护单位），雕梁画栋，富丽豪华，大堂楹联云：“积金积玉不如积书教子，宽田宽地不若宽厚待人。”商人尚且如此。正是这种普遍的社会价值观，形成了苏州浓浓的读书风尚，“诵读声比屋相闻，胶庠士恒满五六百”“民有子弟率教之诵读，弗纵之遨于外，每有司较童子试，辄及千人”（清康熙《重修常熟县志》卷九）。苏州人普遍尊敬老师，称之为“先生”；又好为人师，许多人都把自己能当“先生”为人师表，看作是莫大的荣光。由是，他们选择老师十分严格，甚至相当苛刻。例如，挑选书院掌教，一定要德才兼备、素孚众望的博学鸿儒，才有资格担任掌院。据民国《吴县志》记载，创办于清康熙五十二年（1713）的紫阳书院，历届掌院山长共 27 人，个个都是进士出身，其中有状元 2 人，榜眼 1 人，会元 1 人；正谊书院历代掌院 17 人，除 1 人为举人外，其余都是进士，其中状元 1 人，榜眼 1 人。他们都是品行端正、学富五车之士。

状元石韫玉在清嘉庆二十一年（1816）回到家乡后，即受聘于苏州紫阳书院长达 22 年。他尽心教育，培育弟子众多，为吴地的文化教育事业作出了很大的贡献。清道光年间（1821—1850），江苏巡抚林则徐特赠以“陶熔梓里三千士，领袖蓬山二十科”之联，称赞石韫玉的教育成就。状元吴廷琛刚回家不久，巡抚就上门聘请他出任正谊书院山长。吴廷琛久经科场，对“制义”致力尤深，“气体宽博而风骨正极，峻洁学熊而得其精简，亦出入他家”（吴思树《棣华公行述》，下同）。担任主讲以后，“体裁一宗，先正诸生作有未合法”，他经常自己出题目，亲自撰写八股文，为诸生示范。他严格管理，严格课程，每月都要举行闭卷“模拟考试”，使吴中学子逐渐形成“淬厉自奋”的良好学风。

缪彤状元的老师宋实颖是个饱学之士，“淹贯经史，诗文典雅，为词坛名宿”（清道光《苏州府志》卷一百，下同），曾被荐举参加博学宏词，做过兴化教谕，“课士尚经术，斥浮夸”。缪彤“少从受经其学，得于实颖者为多”。吴县人张鹏，善属文，以时文教授，许多人都拜他为师，曾培养出钱棨、陈初哲 2 名状元，还有会元严福以及近 20 名进士。郡守重其名，延请他主掌平江书院。钱棨的另一位老师陆桂森，幼有“神童”之称，14岁入邑庠，是清乾隆七年（1742）壬戌科进士，“登科第声名籍甚，后生执经受业者数百人”。钱棨的另一位老师是会元、乾隆皇帝“目中状元”蒋元益。

清康熙年间（1662—1722），长洲人张映葵，教学有方，师德高尚，堪称一代名师。他弱冠补诸生，曾师从彭珑、吴愉，“好学能文，敦行不怠，赖砚田尽心教诲，贫无修脯者，无异视也。从学五百余人，成进士者济济。”（钱泳《履园丛话》卷十三）清康熙二十四年（1685）拔贡，张映葵被选为安徽天长县教谕，“训诸生以读书敦行，旬课月试，次第甲乙，历寒暑无间，一时来学者甚众”（清道光《苏州府志》卷八十五，下同）。后曾摄县篆，做代理知县，有廉政声，“以赈荒积劳成疾”，卒于任。落葬时，天长县门生“有徒步数百里来（苏）会葬者”。状元徐陶璋为他撰写传记。

清乾隆年间（1736—1795），吴县人顾礼琥“时文誉满东南，学使试四冠其曹，从游者百数十人”（清道光《苏州府志》卷一百二）。陈康祺称他是“以举业雄吴中，从游常百十人”（陈康祺《郎潜纪闻初笔》卷十四，下同）。顾礼琥培养出潘世恩、吴廷琛两名状元，“其所授业生二人，以为吴门双璧，后起之隽”。清末，苏州创办江苏师范学堂，聘请著名学者罗振玉为学堂监督（校长），学堂总教习则为著名学者滕田丰八和王国维。

苏州人尊师重教，千百年来还形成了不少特殊的风俗。例如，小孩初入学时，娘舅家一定要置办书包等学习文具用品；娘舅、舅妈还要“办盘”送外甥上学堂；没有娘舅的，由叔伯或长辈置办。著名作家包天笑在《钏影楼回忆录》中记载自己“上学之始”的情形，写道：

> 我上学的仪式，颇为隆重。大概那是正月二十日吧，先已通知了外祖家，外祖家的男佣人沈寿，到了那天的清早，便挑了一担东西来。一头是一只小书箱，一部四书，一匣方块字，还有文房四宝、笔筒、笔架、墨床、水盂，一应俱全……那一头是一盘定胜糕和一盘粽子。上学时送糕粽，谐音是“高中”，那都是科举时代的吉语。而且这一盘粽子很特别，里面有一只粽子，裹得四方形的，名为“印粽”；有两只粽子，裹成笔管型的，名为“笔粽”，谐音是“必中”。苏州的糕饼店，他们早有此种技巧咧。停一刻儿，我的母舅坐轿子来了，他是来送学堂的……母舅一来，送入书房，便要行拜师礼了。佣人们在书房正中，点上红烛，母舅拈了香，然后教我朝上拜了四拜，这是先拜至圣先师的孔子。然后在正中摆上一张椅子，地上铺下红毡单，请先生坐在椅子上，受学生拜师之礼……

包先生外祖家送的书包也大为考究：“书包是绿绸面子的，桃红细布的夹里，面子上还绣了一位红袍纱帽的状元及第，骑着一匹白马，书包角上还有一条红丝带，系上一个铜钱。”娘舅家送书包、送上学的习俗，至今仍保留延续着。

旧时，苏州人请先生，对先生的膳食特别优待，以示崇敬，完全合乎《论语》上所说的“有酒食，先生馔”。开学时，请先生的人家要用轿子去接先生，还要准备丰盛的一席菜。尽管有学生的长辈陪同，但不管先生如何年轻，都要让其坐首席，平时供应老师的饭菜也十分讲究。“苏俗敬师，家有宴会，老师总是坐首席。”对先生如同父母，民间亦有“一日为师，终身为父”之说。

五

古代苏州文化发达，人文荟萃，曾是全国著名的刻书业的中心，藏书家尤多。自古以来，苏州人读书、著书、刻书、藏书，蔚然成风。

据文献记载，唐代苏州已经有刻印业，元稹、白居易的诗文曾在苏州多次刊刻，宋洪适《跋元微之集》云："元、白才名相埒，乐天守吴才岁余，吴郡屡刊其文。"当时苏州已经有书坊，元稹《白氏长庆集序》云："至于缮写模勒，炫卖于市井，或持之以交酒茗者，处处皆是。"宋元以后，苏州各级地方官府及郡学、书院以及寺庙相继刻书，坊刻、私刻也不断增多，至明代苏州成为全国刻印书的中心地区之一，"吴会、金陵，各擅文献，刻本至多，巨帙类书，咸荟萃焉"(胡应麟《少室山房笔丛》卷四，下同)，而苏州的刻书数量、质量为全国第一。苏州因此成为全国四大书市之一，"今海内书，凡聚之地有四，燕市也，金陵也，阊阖也，临安也"。"海内商贾所资，二方十七，闽中十三，燕、越弗与也。然自本方所梓外，他省至者绝寡，虽连楹丽栋，搜其奇秘，百不二三，盖书之所出而非所聚也。至荐绅博雅、胜士韵流，好古之称藉藉海内。"

明万历年间（1573—1619），吴县东山席氏在苏州创建刻书坊——扫叶山房，世代相承，至清代扫叶山房发展成为全国最著名的以出版古籍为主的民间出版机构之一，共有五个分号，并在苏州阊门、松江、上海开设书坊，后来发展为清代上海最大的书店。明末清初常熟刻书巨擘毛晋，刻印书籍 40 余年，刊书 600 余种，尤为人称道。著名历史学家顾颉刚在《苏州的文化》一文说道：

从前的出版事业，以苏州为中心。明朝的书籍，差不多十分之七八皆刻在苏州；顶出名的为常熟毛晋所刻的十三经、十七史等等，几乎所有有价值的书籍，都由他一家刻尽了。全国销得最多的书，如冯梦龙编的小说，金圣叹批的小说，沈德潜批的古诗文，都是苏州的出品。

伴随着刻书业的发展，苏州的藏书也日益兴盛，府学、县学、书院都建有藏经阁楼，收藏大量的儒家经典书籍。与此同时，社会上涌现出不少藏书家。宋元两代，苏州有史可查的藏书家就有 13 人，著名文学家朱长文藏书 2 万余卷，而著名文人叶梦得藏书多达 10 万卷。从此，藏书逐渐成为苏州的一种特有风俗。

虽寒俭之家，亦往往有数拾百册；至于富裕之家，更是连椟充栋，琳琅满目。故大江以南，藏书之富，首推苏州。溯自元明以迄清末叶，藏书之家，指不胜屈。拥有数千百卷之图籍者，多不胜举。居民中藏有一二十箱线装书的，并不为奇”。

苏州藏书数量之丰富、藏书家之众多，在全国首屈一指。据不完全统计，明代苏州藏书家达 66 人。蒋镜寰的《吴中藏书先哲考略》共收吴中藏书家 140 余人，流寓吴中的藏书家 10 余人。又据《历代藏书家辞典》载，苏州藏书家多达 576 人。明代，以长洲顾元庆“大石山房”和常熟毛晋“汲古阁”最负盛名；清代，以长洲黄丕烈“士礼居”、昆山徐乾学“传是楼”、常熟钱谦益“绛云楼”、常熟钱曾“述古堂”和瞿绍基“铁琴铜剑楼”藏书最多。发达的刻印业，丰富的藏书，为苏州读书人提供了无比优越的条件。状元汪绎的外祖父即藏书家钱曾，其藏书近 5000 种，数十万卷；汪绎从小深得外祖父喜欢，外祖父对他开放全部藏书，汪绎由是得以阅读别人无法见到的各种珍贵书籍文献。

明清时期，苏州城里各色各样的大小书店遍布，成为苏州城市文化一道独特风景。据资料记载，“苏州在明代有书坊七十多家；清初有二十八家，至乾隆、嘉庆年间（1736—1820）有三十六家，坊肆林立，估人麇集”（王稼句《苏州书坊旧观》）。清末至民国，苏州书店盛况空前，尤其是卧龙街（一作护龙街，即今人民路）察院场至乐桥路段及其周边附近，集中了大量的书店。有人统计，当时苏州城内书店叫得上名号的有松石斋、存古斋、来青阁、适存庐、觉民书店、艺芸阁、宝古斋、灵芬阁、集成、勤益、琳琅阁、振古斋、欣赏斋等近五十家（夏淡人《姑苏书肆忆旧》）。著名历史学家钱穆在《师友杂忆》中讲到过他到学校附近旧书店买书的故事；郑振铎、阿英、顾颉刚、谢国桢、黄裳等众多名家，也都曾有过在苏州书肆访书、买书的故事。

苏州还有个好风气，前辈喜欢汲引后进，后辈尊重前辈先达，蔚然成俗。明代何良俊《四友斋丛说》卷十六曾云：

> 吾松江与苏州连壤，其人才亦不大相远。但苏州士风，大率前辈喜汲引后进，而后辈亦皆推重先达，有一善则褒崇赞述无不备至，故其文献足征。

张瀚《松窗梦语》也有相似的记述。前辈晚辈、先达后进彼此相援，相互提携，祝允明曾云：“吴中自昔多儒家，不特一时师友游会之盛，往往父子昆季交承绍袭，引之不替，斯风至美。”（祝允明《怀星堂集》卷二十九）经前辈的推荐拔萃，后辈士人的才名自然更容易彰显；而一旦士人夺魁摘冠，入朝为官，高官厚禄，立功扬名，则又激励家乡后学，士益向风，争相磨濯，攘袂而起。这些在科举中获得成功的文人被授职晋爵后，往往又都以培养家乡才俊之士为己任，竭力扶助后进。诚如《长洲县志》卷十一“风俗”所云：“缙绅之在籍者无不杜门扫轨，著书作文，以勤课子弟务。”

清初，范必英是宋代名臣范仲淹后裔，范允临之子，喜汲后进。清顺治十四年（1657），考中顺天府丁酉乡试举人；康熙十八年（1679），选取博学宏词科，授翰林院检讨，纂修《明史》。分纂事毕，即谢病归乡。家有“万卷楼”，藏书甚富，日诵读其间；能诗善文，诗古文词，绮丽雅驯。晚年，他“汲引后进，游者二百余人”，亲手编写课程讲稿，分为甲乙二等，讲解不倦，直至去世。

清康熙年间（1662—1722）长洲状元韩菼，曾以清真雅正之文开启一代文风，乾隆皇帝称之“足为艺林楷则”，但韩状元成名之前，所作的文章因不合时俗而被视作“劣文”。韩菼应童子试时，为考官所斥黜，并将其文章贴在学府墙上“示众”，弄得他十分狼狈。此时，昆山徐乾学正好有事回乡来到苏州，许多人在徐乾学面前朗读韩菼的文章，徐乾学听了击节称赏，立即派人将韩菼请到住处，二人促膝交谈，大有相见恨晚之感。徐乾学当场将韩菼收为门生，荐引入京，悉加指导。不久，韩菼以国子监生参加顺天乡试，主考官就是徐乾学；评卷时，徐乾学又从落卷中批阅到韩菼之卷。韩菼终于在坎坷数年后乡试中式，并在清康熙十二年（1673）癸丑科会试、殿试中连捷会元、状元。要是没有徐乾学这位同乡伯乐，韩菼这匹千里马也许会终身埋没于科场，老死于马厩里。这种不遗余力提携乡里子弟的风尚，为苏州举子营造了良好的成才环境。

苏州“自古为衣冠之薮”（范成大《吴郡志》卷四），人文荟萃，人才辈出。我们不妨从以下几项统计数据窥豹一斑：钱谦益《列朝诗集小传》著录1700人，其中苏州府267人，注明吴、吴郡、吴县、长洲、洞庭山的有165人。沈德潜《国朝诗别裁集》共收录诗人993人，其中江苏有519人；苏州府则有242人，占总人数的24.37%，占江苏人数的46.63%。张维屏《国朝诗人征略初编》《国朝诗人征略二编》共收录诗人1139人，其中江苏有331人；苏州府则有123人，占总人数的10.8%，占江苏人数的37.16%。彭蕴璨《画史汇传》记载，苏州府历代画家中唐代7人、宋代17人、元代20人、明代288人。盛叔清《清代画史》记载，清代画家5969人，其中苏州府有1119人，占总数的18.75%。群星璀璨，必然形成众星捧月之势，苏州状元为何特多，其原因亦就不难理解了。

六

顾颉刚曾云：“苏州地主家庭训练子弟适应科举制度之才能，其技术性在全国为最高。”（顾颉刚《苏州史志笔记》八）苏州人科举之所以技术性高，是因为有一批掌握八股文技能的高手名家，能教练举士熟练掌握科举应试技巧。

众所周知，八股文（又称制义、制艺、时文、时艺等）是科举的“敲门砖”，童试（包括县、府）、院试、乡试、会试的第一场考试的内容都是一篇八股文，八股文的好坏直接决定考生命运。

明代“时文四大家”中，就有王鏊、瞿景淳两个苏州人。王鏊

(1450—1524)，字济之，号守溪，故人称王守溪，苏州吴县洞庭东山人。科场高手，曾连中解元、会元，殿试屈居一甲第三名探花，官至大学士。王鏊被誉为八股文的开山之祖。八股文滥觞于北宋，明洪武元年（1368），朱元璋诏令科举取士，规定考试内容专取四书五经命题试士，文体上，则规定“略仿宋经义，然代古人语气为之，体用排偶，谓之八股，

王鏊像

通谓之制义”。但是，八股文章到底怎么写？衡量标准是什么？大家还是一头雾水。经过明洪武、永乐、洪熙、宣德、正统、景泰、天顺上百年间（1368—1464）无数举子文人的苦苦探索，直至明成化年间(1465—1487) 王鏊横空出世，才使得众多在黑暗中摸索前行的举子有了照亮前进方向的“灯塔”。清末探花商衍鎏曾说道：“成化、弘治间，无不极力推崇王鏊……谓前此风会未开，守溪无所不有；后此时流屡变，守溪无所不包。”

王鏊“博学有识鉴，文章尔雅，议论明畅……少善制举义，后数典乡试，程文魁一代。取士尚经术，险诡者一切屏去。弘（治）、正（德）间，文体为一变”（《明史》卷六十九）。他的八股文体制质朴，气象阔大，书理纯密，言辞渊雅整饬，命义正大弘远，破题简洁明了，议论平缓不迫，层层展开，结构紧凑，对偶工整。商衍鎏评说其

八股文“理至守溪而实，气至守溪而舒，神至守溪而定，法至守溪而备，称为时文正宗”。王鏊的八股文不仅在形式上完成了体裁的定型，更重要的是在理、气、神、法诸方面达到了臻善完美的境地，众法皆备，因而备受时人推崇。清代俞长城曾评论道：“制义之有王守溪，犹史之有龙门，诗之有少陵，书法之有右军。”将王鏊比作史学家司马迁、“诗圣”杜甫、“书圣”王羲之，甚至称王鏊的八股文是“更百世而莫出者”，达到空前绝后的境地。王鏊的八股文对后世产生了极其深远的影响，其八股文集《守溪文稿》成为读书人必备之书，读书人无不奉之为圭臬。吴敬梓《儒林外史》第十一回“鲁小姐制义难新郎”开头就曾专门讲到王鏊的八股文，先把一部王守溪的稿子读得滚瓜烂熟，教他做破题、破承、起讲、题比、中比成篇，自然能写出一手好文章。

瞿景淳（1507—1569），字师道，号昆湖，常熟五渠人。八岁能属文，明嘉靖二十三年（1544）会元，殿试一甲第二名进士及第（榜眼）。不事生产，“惟下帷攻制科之业”（清康熙《常熟县志》卷之十八，下同），精通制义，“自以为天下莫能当”，有《制科集》传世。卒后谥“文懿”。“国朝举业，独公与王文恪、唐顺之鼎立，称大家”（明崇祯《常熟县志》卷八）。除了王鏊、瞿景淳，明代苏州还有吴宽、唐寅、顾鼎臣、顾天竣、归有光、王锡爵、文震孟、杨廷枢、顾锡畴等一批八股文名家高手。

清乾隆五十六年（1791），兵部侍郎舒赫德上疏奏请废除制义，皇帝批转礼部讨论。时任礼部尚书的鄂尔泰议驳，专门讲到明代制义四大家，云：

明之大家如王鏊、唐顺之、瞿景淳、薛应旂等，以及国初诸名人，皆寝食经书，冥搜幽讨，殚智毕精。殆于圣贤之义理，心领神会，融洽贯通，然后参之经、史、子、集，以发其光华；范之规矩准绳，以密其法律，而后可称为文。虽曰小技，而文武干济、英伟特达之才，未尝不出于其中。

清代，苏州还出了个“特工制举文”的韩菼，位居顺治、康熙年间（1644—1722）制义“四大家”（韩菼、刘子壮、熊伯龙、李光地）之首。清初，八股文承袭明季余习，繁缛罗苏，后又降为空疏浮滑。而韩菼早年“读书不屑为章句剽窃之学”，所写八股文继承古代六经传统，又汲取诸子百家、史学之精华，别具一格，既在经学上根底深厚，又在文辞上清真雅正，“自菼出而文风翕然一变”（清道光《苏州府志》卷七十五），被视为“艺林楷则”。郑方坤《国朝名家诗钞小传》云：

其举子业，以古文为时文，大则鲸鱼碧海，细亦翡翠兰苕，铨材小生率瞠目不解为何语。及掇取大魁以去，文名震一时……残膏剩馥，沾丐后人，起衰之功，直比昌黎、山斗矣。

康熙皇帝评价韩菼“精研经史，贯穿百家”“学问优长，文章大雅，前代所仅有也”（《清史列传》卷九，下同）。乾隆皇帝谕称“其所撰制义，清真雅正，实开风气之先，足为艺林楷则”，为“昭代第一人”。韩菼“负文章名，而立朝树风概”，其制义“本朝推为大家，操觚之士，至今家置一编”（王应奎《柳南随笔》卷二），传诵朝野，以致“十室之邑，三家之村，经生塾师，无不奉为圭臬”（朱尊彝

《礼部尚书兼翰林院学士长洲韩公墓碑》），三尺孩童无不知晓韩慕庐，享有“国朝制艺，自以韩慕庐宗伯为第一”之誉。

当时苏州与韩菼齐名的另一位八股文高手——常熟翁叔元，为康熙十五年（1676）丙辰科殿试一甲第三名进士（探花），文望甚著，天下传诵其文，学者并称“韩、翁”。此外，还有尤侗、彭定求、汪份、陶元淳、陈预、何焯、缪慧远、许虬、赵炳、周永年、周日藻、严福、范汝桢、顾元熙、蔡云、李福、李锐等一批八股文能手。陈预“刻其稿以行世”（清道光《苏州府志》卷八十七，下同）；何焯与汪份选录明朝以来的制义辑为《行远集》，名重一时，“为学者所宗”；许虬“制义文稿，家弦户诵”；赵炳“所选制义名曰《清音》，风行海内”；周日藻挑选制义《清华集》，“先正矩矱，藉以不坠”；李锐“工制义，从学者多登第”；蔡云“最工制义，岁、科试及书院课，屡冠其曹，门下多知名士”（清同治《苏州府志》卷九十）；李福“为诸生，以科举文教授里中，及门多登第”（清同治《苏州府志》卷八十四）。清道光年间（1821—1850）榜眼冯桂芬《显志堂稿》收录制义 54 篇，可见其八股功底及智巧程度。

“天堂”苏州，钟灵毓秀，经济富庶，社会稳定，为读书人提供了安心研习科举的优越基础与条件；书香门第，家学渊源，发达的教育，良好而严格的家教，再加上丰富的藏书和较高的应试技能，使得读书人在科举场上连连闯关，屡屡夺魁摘冠。同时，苏州还哺育出了众多彪炳史册的思想家、政治家、经学家、史学家、文学家、书画家、医学家、科学家……人文荟萃，群星璀璨。明代文学家归有光在《送王汝康会试序》中说：“吴为人材渊薮，文字之盛，甲于天下。其人耻为他业，自髫龀以上皆能诵习，举子应主司之试，居庠校中有白首不自已者。”（归有光《震川文集》卷九）人们耻为他业，读书科举孜孜不倦，至白首不已。南宋时期，苏州吴江有个名叫杨滨的人，一生好读书，且有奇才。然而，就是考不中进士，“七试不遇，呕血而死”。临死之前，他将自己一生所读的书焚烧精光，并自撰墓志铭曰：“生于书，长于书，死于书，今生不遇，来世有余。呜呼哀哉！”（清乾隆《吴江县志》卷五十六）苏州读书求科举功名之风，由此可见一斑。即便是苏州偏僻的乡村，百姓也都懂得读书的重要性，前面提到的东山镇上湾村“明善堂”的楹联，就是最好的例子。

《清嘉录》《吴郡岁华纪丽》等古籍中还记载了一个特殊的苏州风俗——状元筹。状元筹，又称彩局、状元局，这种风俗是以游戏形式进行的，取科目名色，制成彩筹，作为“戏局”，绯绿兼行，输赢计筹。每年春节里，“新年酒阑，亲朋团聚，以六骰掷之，暖阁重帘，藉消春昼。云以试年庚，得状元者，取及第争先之谶”（袁景澜《吴郡岁华纪丽》卷一）。有《状元筹乐府》诗云：“升官图里夸捷径，科甲丛中更争胜。献岁惊闻笑口开，果然夺得状元回。举人进士唾手得，何物秀才不出色。博取功名只如此，安用六经廿一史。一筹莫展者谁子，那不呼卢喝为雉。”诗人郭麟的《状元筹》详细地描写了这一风俗游戏的过程，诗云：

屠苏饮后明灯灿，夜永宵寒人意倦。
长筵试展红氍毹，男女分曹卜如愿。
牙筹一握长短排，上有细字书官阶。
玲珑骰子数用六，纷纷五色迷人目。
就中状元贵无比，入手争看色为喜。

无心一掷竟全红，失意终朝或三褫。
其余琐细但中程，千佛亦足称名经。
只有秀才众所易，了无宠辱关重轻。
平生不识樗蒲齿，作戏时时亦聊尔。
绕床脱帽或狂呼，当日童心正如此。
人间贵贱会适时，柳州序棋言可思。
一朝得失异愁喜，朝士未遽贤群儿。
而今懒惰厌闻聒，回首年光真电抹。
酒醒空目已曈昽，笑语儿曹莫争夺。

这种风俗游戏普及城乡，参加人数很多，男女老少齐上阵，十分热烈。在玩游戏中，潜移默化地培养了苏州人争做状元的意识。

风俗是人类社会生活、文化的反映，一个地区的风俗是一个地区人们文化活动、精神生活的积淀，而反过来风俗又能熏陶与改变人们。苏州这种“状元筹”之类的“状元文化”，对千家万户的激励作用不可小看，它对整个苏州举子考状元的影响也不可小觑！“争做第一”的意识，深深扎根于苏州整个社会以及广大民众心中。正是在这种勇于争先、敢于争先的社会风尚的影响下，苏州出了近3000名进士，其中更有一部分人脱颖而出，成为万众瞩目的状元公。

苏州状元辈出，是苏州政治、经济、社会、文化、风俗诸方面的“结晶”，也是苏州综合实力的反映！由此，苏州成为“人文渊薮，千百年来人材辈出，文章事业，震耀前后”的文化高地（清乾隆《元和县志》卷二十），状元则成为苏州文化的重要标志，被人誉为苏州最具特色的“土产”。

书香门第　富贵人家

——苏州状元的家庭及其社会关系

苏州状元辈出，从地缘角度分析，是苏州区域经济繁荣、文化发达、群体人文素养高的必然结果。然而，祖孙状元、父子状元、兄弟状元、亲眷状元的联袂而出，以及众多科甲世家的涌现，则涉及家庭与家族，反映出这一人群特殊的血缘关系，体现了他们的家世背景，同时也折射出苏州社会、文化的另一面。

一

人们常常在旧小说、旧戏文中读到一些出身贫贱卑微的文人，经过发奋苦读而一举夺魁的故事，甚至还有“落难公子中状元”的传说。其实，细细查阅一下历代状元的家世便能发现，虽然不能说所有的状元都出身于书香门第、簪缨世家，但是，至少绝大多数状元出身于富庶的小康之家，真正出自贫寒人家的是极少数。因为科举需要一笔很可观的经费，尽管赴省城、京师应试赶考有公费补贴，但是除了平时拜师、交友、购书的费用之外，考生还需要自付不少费用，这绝不是一般平民百姓人家所能负担得起。单是供其十年寒窗读书这一项，就不是小户人家可以承受的。清代叶梦珠《阅世编》中曾经谈到这方面的内容：要训练子弟应试赴考，首先得不惜出钱延师入馆，而塾师之费只是最初的投资，仅是接受启蒙教育而已；之后，要为生员、太学、岁贡捐纳，虽然“行情”时高时低，没有统一的收费标准，却大致需要一二百两银子，高的多达五百余两。如童生府考，必求缙绅担保荐引，每位“酬金”自然是不可少的，也是三四十两至百两不等。每次童试要交纳卷费二百余文。即便是殷实人家也有因为子孙久困科场而落得屋庐倾倒、篱落破漏、犹如逃亡人家的情况，更何况普通人家。

苏州状元绝大多数出身于书香门第，富贵人家。享有“天下状元第一家”美称的唐代长洲归家，自唐咸通十年（869）至唐天祐二年（905），短短36年间接连出了归仁绍、归仁泽、归黯、归佾、归系5名状元，占全兄弟、父子、祖孙状元。这归氏便是苏州名门望族、书香门第。归仁绍的曾祖父归崇敬，从小学习勤奋，“治礼家学，多识容典，擢明经……调国子直讲。天宝中，举博通坟典科，对策第一，迁四门博士。有诏举才可宰百里者，复策高等”（《新唐书》卷八十九，下同），并以文章著名于时，历任左拾遗、赞

归崇敬像

善大夫、史馆修撰、集贤殿校理、翰林学士、光禄大夫，官至工部尚书。唐代宗李豫巡幸陕西，召问得失，归崇敬极陈民生疲敝、百姓疾苦，劝代宗当以节俭风化天下，最后以兵部尚书致仕，封余姚郡公，卒赠尚书左仆射。归崇敬博学多识，曾主修《通志》《礼仪志》等书，有《归崇敬集》传世。

归黯像

归崇敬之子归登，雅实弘厚，事继母笃孝。唐大历七年（772），举孝廉高第，补四门助教。唐贞元初，又登贤良科，历任右拾遗、史馆修撰、皇子侍读、工部侍郎、左散骑常侍、兵部侍郎兼判国子监祭酒事，官至工部尚书，累封长洲县男。归登有文学，工草隶，宽博容物。他以文得官，为官亦大多为文职官，卒赠太子少师。归登儿子归融，唐元和年间（806—820）中进士及第，历任左拾遗、翰林学士、御史中丞、户部侍、山南西道节度使，官至兵部尚书，累封晋陵郡公。史称唐会昌年间（841—846）以后，“儒臣少，朝廷礼典多本融议……以太子少傅分司东都”。可见，他是当时朝廷的主要文官，执掌文柄。卒后，赠尚书左仆射。归融之子归仁泽，为唐咸通十五年（874）状元。归仁泽之子归黯，唐景福元年（892）中壬子科状元；翌年，归黯之弟归蔼中癸丑科进士。归黯的两个儿子归佾、归系又都中状元。

归氏三代十进士、五状元，兄弟、父子与祖孙均中状元，是中国科举史上绝无仅有的盛事。这全都得益于归氏书香门第的家学传承，这一家族的影响一直到明清时期还在持续，明代著名散文家归有光、清代状元归允肃都是归氏后裔。

唐开成五年（840）的状元陆器，出身官宦人家，祖先陆贽是中唐时期的著名大臣，唐德宗朝曾经担任宰相。唐光启二年（886）丙午科吴县状元陆扆，也是名相陆贽的后裔。曾祖陆澧，官至殿中侍御史；祖父陆师德，官至淮南观察支使；父亲陆鄯，曾任陕州法曹参军。陆扆随父寓居陕州，所以不少书上称作“陕州人”，实误。《旧唐书·陆扆传》清楚写明“陆扆，字祥文，本名允迪，吴郡人”。

宋代，苏州第一个状元吴县（或作长洲）黄由（1150—1225），字子由，号盘野居士。其父亲黄云，精通经术，为乡里教授，后官淮西总所酒官，专门负责酒业，这可是个肥缺美差；昆山卫泾（1159—1226），“先五世俱第进士”（叶绍翁《四朝闻见录》卷一），祖父卫阗，官至绍兴府通判。父亲卫季敏，宋宣和六年（1124）进士，历任镇江府通判、右谏议大夫、中书舍人、礼部侍郎等。曾经出使过金朝，论难往复，不稍为屈，他力持正议，曾向朝廷进陈守长江之策，并以文章闻名。在他的教育熏陶下，四个儿子以聪明好学闻名乡里，后均考中进士：长子卫沂，宋庆元五年（1199）进士，次子卫泾，宋淳熙十一年（1184）状元，三子卫洽，宋嘉定元年（1208）进士，四子卫洙，宋嘉定七年（1214）进士。

明弘治九年（1496）丙辰科昆山状元朱希周（1473—1556），其六世祖朱琼曾任长洲县儒学教谕，是专门负责全县科举教育的官员。

五世祖即元代著名画家朱德润，倪瓒曾有诗句“朱君诗画今称绝，片纸断绢人宝藏”称赞其诗画成就及影响。四世祖朱吉，曾官中书舍人、湖广按察司佥事，颇有文学才能，著有《三畏斋稿》《五斋集诗纂》传世。朱吉的三个儿子定安、泰安、永安都清修笃学，时有“三杰”之称，并都继承家学，以书画著名于世，“皆清修笃学，不坠其家声”（明正德《姑苏志》卷五十二）。曾祖朱永安，博学工诗，为文专主性理，有《尚书斋稿》行世。祖父朱夏，“以家世业儒，刻志砺行，负气尚节”（清康熙《昆山县志稿》卷十七），不求仕进，喜欢作诗，尤精书法。他授徒讲学，师范卓然，名公巨卿多出门下，有《勉斋稿》行世。父亲朱文，自幼笃学，兼治《诗》《春秋》《易》，明成化二十年（1484）进士，历任云南道御史，福建、湖广按察副使，颇有政绩。六代书香，熏陶出一个状元，自然是顺理成章的事。朱希周从小生活在苏州，读书也是入的吴县县学。

明末长洲状元文震孟（1574—1636），字子起，号湘南。曾祖文徵明是著名书画家，少时学文于吴宽，学书法于李应祯，学画于沈周，与祝允明、唐寅、徐祯卿相结交，人称“吴中四才子”。书画诗文，无所不通；且又长寿，继吴宽、王鏊、沈周之后，主持吴中文坛风雅 30 年，为“吴门派”的领袖人物。祖父文彭是文徵明长子，以科举授秀水训导，官国子监博士。工书法，以篆、隶最见精粹。尤精篆刻，风格工稳，造诣精深，冠盖当时，为一代宗师，称为流派印章的开山鼻祖。周亮工《印人传》云：“印章一艺，文国子博士开蚕丛于此道。”文震孟父亲文元发，以贡生选浦江知县，官河南卫辉府同知，著有《学圃随笔》《兰雪斋集》《清凉居士集》《文奉议集》。文氏人丁兴旺，书香旺盛，有“天下之甲族”之誉。文元发为了让儿子安心读书，在苏州城西玄墓山、天池山竺坞筑室建庐，文震孟与外甥姚希孟读书山中。

清顺治十五年（1658）常熟状元孙承恩（1620—1659），初名曙，字扶桑，出身于常熟孙氏大族，自明朝成化以来，科举不绝，代有人出。孙承恩曾祖孙七政，七岁便能作诗，才名籍甚，淹通五经，成为常熟城里有名的高士，与抚臣张桂允、文学家王世贞等名人是好友，著有《松韵堂集》。祖父孙森，举人，官弋阳县令，有善政，升高州府同知，著有《映雪山居集》。父亲孙朝昌，师从无锡顾宪成，虽然没有中进士，但是个读书种子，读书交友，士林推重。大伯父孙朝肃，明万历四十四年（1616）进士，官至广东布政使。为人伉爽负气，能诗。小伯父孙朝让，明崇祯四年（1631）进士，历任福建泉州知府、福建按察使、江西布政使。他诗文不事雕缋，草书学孙过庭，擅作蝇头小楷，是位颇有成就的文学家、书法家。

孙承恩外祖父顾仲恭是位饱学之士，钱陆灿、钱谦益曾拜他为师。孙承恩 17 岁补诸生后，外祖父“亲授《毛诗》，又教以古文矩度”，孙承恩“尽得其传”（徐元文《翰林院修撰孙扶桑君墓志铭》）。孙承恩与弟孙旸、孙昱、孙昇四人，相为师友，踔厉风发，其中大弟孙旸尤著名，他“生而颖异，年十七补弟子员，与兄扶桑砥行力学，为三吴人文冠”（《孙氏宗谱·清故孝廉蔗庵孙公传》），时人将孙承恩与孙旸并称“二孙”。

清顺治十六年（1659）己亥恩科昆山状元徐元文（1634—1691），祖上是常熟人，其九世祖徐良迁居昆山墩上，再迁溢渎村。六世祖徐申，明弘治十七年（1504）甲子科乡试举人，历任蕲水、上饶知县，官至刑部主事。因直言寿宁侯事遭杖击，谪湖州府推官。旋归故里，风雅优游，居南川吟诗赋文，学者称之为“南川先生”。徐申之子徐一元，以诸生入太学，博识多才，官刑部交河主簿，被大学士严讷招入幕府，曾帮严讷“草蠲粮疏得请，全活百万，江南人至今称之”（徐乾学《敕封儒林郎翰林院修撰先考坦斋府君行述》，下同）。徐一元之孙徐应聘，少有才名，明万历十一年（1583）癸未科进士，授翰林检讨，历任尚宝司丞、光禄寺少卿，官至太仆少卿，“端方高洁，自史馆历任卿寺，为时名臣”。他即是状元徐元文的曾祖父。祖父徐永美，明万历四十三年（1615）乙卯科副贡生，“蔚然儒宗”，生有六个儿子：徐开宏，明崇祯十二年（1639）副贡生；徐开禧，明崇祯元年（1628）进士，历任湖广临武知县、右中允、经筵讲官，明灭亡后，杜门著书；徐开晋，是位颇有造诣的画家，“工传神，能作丈六大力士及关圣像，名擅一时”；徐开法，15 岁为邑诸生，有声庠序，虽屡困考场，声誉戛然，后荐为明经，关心世务，乐于行善，著有《通鉴甲子会记》《漕政考要》，他即是徐状元的父亲；徐开远，明末举人，清初任宝庆府推官，颇有政绩；徐开任，为诸生时即有文名，明亡后闭门著书，以砥砺名节、高风介节，与吴中高士徐枋、朱用纯等为乡邦推重，著有《乐府及五言纪事诗》等。徐元文的舅舅是大名鼎鼎的顾炎武，其影响自然更大。徐文元后来做了宰相，顾炎武曾勉励说：“有体国经野之心，而后可以登山临水；有济世安民之略，而后可以考古论今。”（易宗夔《新世说》卷一）

有人还把徐元文兄弟“三鼎甲”，归结于他父亲的积德行善。清初鼎革时，清军镇将寇掠的数百人妇女，关押徐家空宅大楼，闭门上锁，命令徐开法监守。天一黑，徐开法便将妇女们全部释放，送还其家，转身一把火将空宅烧毁。等到镇将来要人，徐开法镇静地说道：

缪国维像

“实在不好意思，不小心空宅着火，里面的人全部烧死了。”镇将“默然而去”（钱泳《履园丛话》卷十三）。

清康熙六年（1667）丁未科吴县状元缪彤（1627—1697），字歌起，号念斋。祖父缪国维，明万历二十九年（1601）辛丑进士，历任宁国府教授、国子监博士、温州知府、贵州布政司参政。伯父缪慧远（缪国维长子），清顺治四年（1647）进士，任寿阳知县，博学多识，“经义推巨手，韵语亦复雅健雄深”，有《宁斋诗集》传世，章法谨严，诗意雄浑。缪慧远的两个儿子，缪锦宣和缪继让，先后考中清康熙十二年（1673）癸丑科和清康熙二十七年（1688）戊辰科进士，分别官任翰林检讨、龙游知县，都继承家学，有诗名。父亲缪慧隆（缪国维次子），以孝友闻名乡里，赠翰林院撰修。缪氏曾经创造“十榜传家”（连出十名进士，其中有状元、榜眼、传胪各一名）的科举佳话，成为清代前期吴门“四大家族”之一，人们由衷称赞“今吴中缪累叶科第，再世鼎魁，诚世族也”（清乾隆《吴县志》卷二十八，下同）。

清康熙十二年（1673）癸丑科长洲状元韩菼（1637—1704），字元少（一作原少），号慕庐。出身于清前期吴门“四大家族”之一的韩氏家族。高祖叔韩世能，明隆庆二年（1568）进士，历任翰林院修撰、经筵日讲官、翰林院侍读、国子监祭酒，官至南京礼部左侍郎。

平生持论以孝悌为本，教儿子必令先读小学，颇有声誉。祖父韩治，明万历十四年（1586）举人，曾为云和、黄岩知县，有惠政。辞官回乡后，在苏州娄门内直街筑室读书，与状元文震孟及书画名家董其昌交往。伯父韩馨，8岁能作擘窠大字，曾书虎丘“五人之墓”碑碣；13岁游郡庠，入南雍司成，“文兼韩柳，书擅羲献”。父亲韩酚“少为名诸生，记闻淹博，行文未尝属草，默而好深沈之思，逮其下笔，钩幽惕微，悉非他人所到”（清道光《苏州府志》卷九十三，下同）。韩酚学有根底，学政石申“最器重之，每度辄冠侪”，将他与状元徐元文、缪彤相提并论。虽然种种原因青衿终生，但他有状元做知己朋友，懂得考取状元之术，于是把精力用在辅导和指点儿子身上，最后儿子韩菼为他圆了状元梦。

清康熙十五年（1676）丙辰科长洲状元彭定求（1645—1719），字勤止，号南畇老人。彭氏明初落户苏州，明正德年间（1506—1521）第五世彭昉成为家族第一个进士，第六世彭年是文徵明的弟子。祖父彭德先第八世，以诸生贡太学，一生好读书，“究讨兵师、算数之略及水利、边防、星占诸家言，习弓矢，慨然有四方之志”（清道光《苏州府志》卷一百四，下同）。彭德先之弟彭行先，“少补诸生，读书僧寺，奋志自立”，“雅善书法，出入晋、唐诸家，尤习前明典故”。因处明清改朝换代之际，故绝意仕进，隐居乡里，以教授为业，与郑敷教、金俊明合称清初“吴中三老”。江苏巡抚汤斌对他十分推崇，曾向康熙皇帝荐举其才，而他“有司延致，辄固辞”。彭定求父亲彭珑，清顺治十六年（1659）进士，授任广东长宁知县。平生以读书为务，并以研习理学闻名江南。江苏巡抚汤斌抚吴时，“重其道谊，时屏驺从，就质所疑，移晷乃去”。汤斌常亲自屈驾上门请教，可见其学问非同一般。康熙皇帝曾询问吴中士大夫情况，汤斌推荐的第一位名士就是“吴中醇儒”彭珑。清康熙十五年（1676），年仅28岁的彭定求连中丙辰科会元、状元。六年之后，其族弟彭宁求中壬戌科一甲第三名进士。

彭定求孙子彭启丰（1701—1784），字翰文，号芝庭，清雍正五年（1727）又连中丁未科会元、状元。彭启丰女婿庄培因是清乾隆十九年（1754）甲戌科状元，二人是十分难得的“翁婿状元”。彭启丰曾孙彭蕴章，为清道光十五年（1835）乙未科进士，清咸丰朝官至大学士、军机大臣，担任宰相达九年之久。彭家为声势煊赫、科甲鼎盛的名门望族，人称“长洲彭家”“葑门彭家”。人称“苏州彭氏有南畇者，以孝友称。其孙大司马某复中魁，祖孙状元，世所罕见。司马之子绍观、绍升、绍咸，孙希郑、希洛、希曾，曾孙蕴辉，皆成进士，科目之盛，为当代冠。”民国初年，彭文杰在《彭氏宗谱》中说道：“吾彭氏自明洪武迁吴以来，历世二十，为年五百，清门素业，不涉浮夸。有清一代，家道寖昌，人文蔚起，科第鼎盛，为江南冠。谈世家者，孰不知吾长洲彭氏哉?”在清代近300年科举中，彭家出过2名状元，2名会元，1名探花，另有14名进士，36名举人，4名副榜，贡生、庠生、国学生多达170余名。从前，文武官员经过葑门彭家府第前都要落马下轿，或绕道而行。其家每逢喜庆节日，大都要用“祖孙会状”“五子登科”“武英殿大学”“军机大臣”四道衔牌，家中大厅悬挂大学士嵇璜书写的“人间文福无双品，昭代科名第一家”之联，可见家族之盛。

清康熙十八年（1679）己未科常熟状元归允肃（1642—1689），字孝仪，号惺崖，唐代长洲归氏状元后裔，明代归氏家族由昆山迁至常熟。归允肃父亲归起先就是个“学霸”“考试达人”，束发之年“趋府、县试第一；趋督学使者试又第一”（清康熙《重修常熟县志》卷十八，下同），取得“小三元”。归起先 19 岁补邑博士弟子，明崇祯十年（1637），“以诗经举于乡”。明崇祯十六年（1643）进士，对策中有“愿皇上用人无太锐，听言无太宽”之句，“胪传之日，举朝传诵，以为切中时弊”，选翰林院庶吉士，官刑部主事。明朝灭亡之后，他“绝意进取，杜门养母，负米力葵外，读书课子，如诸生时”。他学有根底，研习经史，博通儒道，著有《易门》《诗经通解》《学庸语》《孟大旨》《老庄略》《参同契悟真篇考证》等，自著古文诗集若干卷。他还是藏书家、刻书家，曾刻过归有光的《震川先生集》、徐奋鹏的《诗经解注》、陆化熙的《诗通》等书籍。归允肃出身于这样的家庭，自然有别人无法比拟的先天条件。归允肃与兄归允哲从小得到父亲的指点和教授，博览群书，名闻乡里。

清康熙二十四年（1685）乙丑科长洲状元陆肯堂（1650—1696），字邃升。他的二十九世祖是唐著名宰相陆贽，卒后葬在苏州古城平门外陆墓镇（镇因此得名）。陆肯堂祖父陆廷楫自始正式迁居苏州。陆廷楫精通天文、地理，又乐于施予，乡里人对他十分崇敬。陆肯堂父亲陆袞，“性倜傥，

陆贽像

多大略”（张伯行《翰林侍读陆公肯堂墓表》，下同），虽然未能科举成名，但他“志在世用，士林咸以为法”。

清康熙五十一年（1712）壬辰科长洲状元王世琛（1680—1729），字宝传，号艮甫，明代宰相、著名文学家王鏊八世孙。王鏊少时即有文章名，明成化十年（1474）乡试中第一名“解元”，翌年春会试，又获第一名“会元”，一时盛名天下。殿试时，被人抑之置一甲第三名探花。王鏊“博学有识鉴，文章尔雅，议论明畅”，成为一代宗师、文章领袖，当时文体因之而一变，时人唐寅称他是“海内文章第一”。从此，王氏书香兴旺，达官硕士、名家大师辈出，至今绵延不绝，成为吴中出人才最多的氏族之一。王世琛曾祖王禹声，明万历十七年（1589）己丑科进士。王世琛父亲王铨，清康熙二十九年（1690）副榜中式，累官礼科给事中，“敦气谊，重然诺，善绘事、书法”（清道光《苏州府志》卷一百一，下同），多才多艺。兄王世绳，官至吉南赣道兼理榷务，有廉政声，注重教育，捐谦重建濂溪书院，“延师课士，自是登第者不绝”（钱思元《吴门补乘》卷六）。

清康熙五十四年（1715）乙未科长洲状元徐陶璋（1674—1738），字端揆，号达夫，世居长洲瓜泾徐家浜，人称“瓜泾徐氏”。祖先徐源，明成化十一年（1475）乙未科进士，历任广东参政、浙江右布政、湖广左布政、右副都御史、山东巡抚，有政绩。知识渊博，诗文朴茂渊雅，著有《瓜泾诗文集》。亦善书法，学米芾，形似神肖，出神入化。徐源五世孙徐汧与解元杨廷枢齐名，闻名天下。徐陶璋兄徐模为清康熙戊戌科会元、进士，以文章行称，文名与徐陶璋相埒；弟徐廷桂，国学生，亦能文。

清康熙五十七年（1718）戊戌科常熟状元汪应铨（1753—1823），

出身书香门第。祖父汪九漪少为诸生，游学江西，博学好深沉之思，特别喜欢北宋哲学家邵雍的《皇极经世书》，潜心精研30余年，著成《续皇极经世书》。还著有《七音类集》《立诚书》《雪中集》《梅圃诗文集》等。父亲精经学，著有《续经世说》诸书。从小在祖父、父亲的炙教育训练下，汪应铨打下扎实功底。

清乾隆三十四年（1769）己丑科元和状元陈初哲（1737—1787），字在初，号永斋，家住苏州葑门狮子口。陈氏家世显赫，九世祖是僖敏公陈镒，明永乐十年（1412）壬辰科进士，历任监察御史，湖广、山东、浙江按察副使，官至都察院左都御史，著有《玉机微义》《介庵集》。苏州城里有为他立的“荣禄坊”“都宪坊”。祖父陈震，品学醇厚，是著名学者何焯的入室弟子。陈震的岳父张大受是个大文人，早年以能文受知状元韩菼，乡试“闱墨尤传诵天下”（清道光《苏州府志》卷一百，下同），“数上春官不第，名日益起，四方造门讲艺者无虚日”。后考中清康熙四十八年（1709）己丑科进士，典试四川乡试；视学贵州时，“教诸生以读书之法，设书院、义学”，并“置田资膏火，拔士之尤者给之”，当地“风气为之一变”，受到世宗赞赏。诗文超隽，尤长骈体，著有《匠门书屋文集》。陈哲初父亲陈树勋，沉毅阔达，曾“游秦闽间，公争折节与之交”；两江总督尹文端“尤器重之，遇事悉就裁决”。这样的家庭，培育出一个状元完全是水到渠成、情理之中的事。

清乾隆四十六年（1781）辛丑科长洲状元钱棨（1742—1799），原名起，后因避唐代钱起同名，改为现名，字振威，一字湘舲（或作湘灵）。四世祖钱中谐是清顺治十五年（1658）戊戌科进士，清康熙十八年（1679）荐举参加博学鸿词科考试，名列一甲第十四名，授官翰林院编修。当时，江苏巡抚汤斌曾亲笔题写“奎壁凝辉”匾额，高悬钱家府第大万上。钱中谐学问淹贯，诗文雄赡，曾参加《明史》纂修，著有《中吴文献》《三吴水利》等。钱棨的祖父和父亲也是颇有学问的读书人。

清乾隆五十八年（1793）癸丑科吴县状元潘世恩（1770—1854），初名世辅，字槐堂，号芝轩。祖父潘冕为候选布政司理问，父亲潘奕基是个读书种子，身边常携《资治通鉴》，自言“读书可以寡过，可以养心，吾自乐此不疲也”（清同治《苏州府志》卷八十三，下同）。曾“手批《史记》《汉书》、魏晋六朝以下文，授子孙，俾知文章源流”。他还是位南宋史专家，“尤熟南宋朝野杂事，搜剔僻涩，往往证乾道、咸淳两志之失”。潘世恩伯父潘奕隽为清乾隆三十四年（1769）己丑科陈初哲榜进士，廷试名列十卷内，因引见迟到而降附榜末，有人说他是“天子呼来不上船的人”。官至户部主事，嗜好吟咏，以诗文名世；工书法，尤擅古隶。好引进后进，陈钟麟、蒋泰堦、陶樑都是他的高徒。著有《三松堂诗文集》《说文蠡笺》《居易金箴》等。另一个伯父潘奕藻，为清乾隆四十九年（1784）进士，官至刑部主事，曾任湖南乡试主考官，精通法律，著有《归云诗集》。潘世恩堂兄潘世璜（潘奕隽之子）是清乾隆六十年（1795）一甲第三名探花。从此，潘家在苏州赢得“贵潘”之誉。

清嘉庆七年（1802）壬戌科元和状元吴廷琛（1773—1844），字震南，号棣华，出身“朱张顾陆莫能望其项背”的“吴中第一世家”。据《桐泾吴氏支谱》记载，吴廷琛是桐泾吴氏第十三世；桐泾吴氏始祖是明成化年间（1465—1487）的吴璿，是吴泰伯九十四世孙。曾祖吴仁昭是贡生，祖父吴士楷是太学生。父亲吴文煃生有廷瓒、廷瑜、廷珪、廷琛 4 个儿子。吴廷琛机灵聪明，清秀可爱，且勤奋好学，江苏按察使康茂园见了十分欢喜，称他文章有大儒风范，觉得此少年前途无量，于是亲自做媒，将侄女相许配。

清嘉庆十三年（1807）戊辰科吴县状元吴信中（1766—1821），字阅甫，号玉树楼主。父亲吴云早年“愤发刻苦，有声当时”（王赠芳《诰授中宪大夫掌山东道监察御史河南彰德府知府晋封通议大夫翰林院侍读学士玉松吴公行状》，下同），弱冠补长洲弟子员，至清乾隆五十三年（1788）始中举人；两年后会试中式，结果“以复试误书越幅”而落第。清乾隆五十八年（1793）癸丑科补殿试，阅卷官阿文成读了他的试卷，“拟第一格”，但因是补试，进呈置二甲八名进士，选翰林庶吉士，曾担任贵州、顺天、江西等乡试考官。历任山东道监察御史、河南彰德知府，颇有政绩。清嘉庆十三年（1808）担任江西乡试副考官，是年儿子吴信中高中状元。从翰林庶吉士到翰林院侍读学士，吴云共居翰林院 17 年，“渊学鸿文，为同馆所首推”，“每遇大典礼代言之文必以属公，奏必称旨”，历充文渊阁校理、武英殿总纂、文颖馆总纂。后因儿子中状元，“门望鼎盛，当世荣之”。“公硕名宿，树东南之望者数十年，海内巨公无不稔知”，著有《醉石山房诗文钞》。吴信中归养六年而卒，遗孤仅三龄，吴云年八旬，能自排遣，无所拂郁，以抚以教，使孤孙渐就成立。90 岁时神光不少衰，灯下作书蝇头小字，累千百言不休。清道光十七年（1837）寿终正寝，享年 92 岁。

清道光十二年（1832）壬辰科吴县状元吴钟骏（1799—1853），字吹声、崧甫，是清嘉庆壬戌科状元吴廷琛的堂房侄子。父亲吴颐，清嘉庆六年（1801）辛酉恩科进士，官至户部主事、军机处行走。清嘉庆十八年（1813），担任癸酉科广西乡试考官。回乡后，曾在苏州正谊书院、平江书院担任讲席，赠国子监祭酒。顾震涛称他“夙敦至性，笃于师友，刻苦力学，研究经子，发为制义，具有根柢。归主正谊讲席，教泽多所成就，士心悦服。平生以礼自持，乐善不倦，有惠乡里，助修郡学及长元节孝等祠”（顾震涛《吴门表隐·人物》）。

清道光三十年（1850）庚戌科太仓状元陆增祥（1816—1882），字魁仲，号莘农，出身太仓名门望族。明清两代，陆家涌现出陆容、陆鼎仪等名人。陆增祥六世祖陆毅，清康熙二十七年（1688）戊辰科进士，官至御史。曾祖父陆锡蕃，恩贡生。祖父陆廷珪是一位颇有才学的举人，官至盐运司知事。父亲陆树薰，举人，善书法，精研六书，亲自为陆增祥授以六书之学。

清咸丰六年（1856）丙辰科常熟状元翁同龢（1830—1904），字声甫，号叔平，晚号松禅老人。祖父翁咸封，乾隆举人，曾任海州（今连云港市）学政，笃行好学，清廉正直，创书院，纂州志，颇有政绩。父亲翁心存，工诗善文，清道光二年（1822）壬午科进士，官至体仁阁大学士，是道光、咸丰两朝的重臣，又是同治皇帝的师傅。学问淹博，守正不阿，品端学粹，“汉儒之学如治田得米，宋儒之学如炊米为饭，无偏重也”（陈沣《体仁阁大学士赠太保翁文端公神道碑铭》）。著有《知止斋诗集》《知止斋文集》等，卒后谥“文端”。翁心存原本是有希望中状元的，因主考官生病而落选，所以陈康祺认为，后来翁心存的儿子翁同龢、孙子翁曾源相继大魁天下，是他“暂时少屈”所致，“郁之愈久，发之愈光，驰骤名场”（陈康祺《郎潜纪闻初笔》卷六）。翁心存当过私塾先生，道光间奉养老母家居10年，主讲于常熟游文书院、苏州紫阳书院，探花庞钟璐、榜眼杨泗孙都是他的弟子。

翁同龢母亲许氏，出身书香仕宦望族，自幼“通《诗》《易》五经大义，尤好观史”（陈康祺《郎潜纪闻》卷六）。翁同龢长兄翁同书为清道光二十年（1840）进士，官翰林院侍讲学士、少詹事、安徽巡抚，他即是状元翁曾源的父亲。次兄翁同爵，荫生，咸丰间累迁陕西布政使，官至湖北巡抚、湖广总督。翁同龢的两个姐姐也是才女，各种诗书，读一遍即能成诵，写古诗不倦，楷书尤端庄秀丽。翁家是真正的书香门第、富贵人家。

苏州末代状元陆润庠（1841—1915），字云洒，号凤石，原籍长洲县。清雍正二年（1724）析长洲县东地置元和县，故称其元和县人。他是唐贞元年间（785—805）著名宰相陆贽第三十六世孙。七世祖即清康熙二十四年（1685）乙丑科会元、状元陆肯堂，官至翰林侍讲，是康熙朝的重要词臣，朝廷大著作，多出其手。陆肯堂长子陆秉鉴是清康熙四十二年（1703）癸未科进士。次子陆赐书是清康熙四十五年（1706）丙戌科进士，耿直敢言，历任礼部主事、御史，出为陕西凉庄道、调四川川东道布政使司。五世祖陆元鼎，官河南商城固始知县，四川简州、山西应州知州；其妻为苏州状元韩菼的孙女。高祖陆景曾，官直隶静海县典史。曾祖陆文，庠生，治经史，通医学，著有《周礼集义》《炳烛斋诗文钞》《医门良方所见录》。祖父陆嵩，承父学医，著有《医门辩证方》《意苕山馆集》。父亲陆懋修，早年习儒书，因连续七次考试不中，弃儒而致力于岐黄，博览医籍，以张仲景学为法，尤精《内经》，创“运气大司天”说。从医三十多年，撰述宏富，另有《岭上白云集》《窳翁文钞》传世。陆懋修还历时多年，遍查典籍，辑成《苏州长元吴三邑科第谱》（又称《国朝苏州府长元

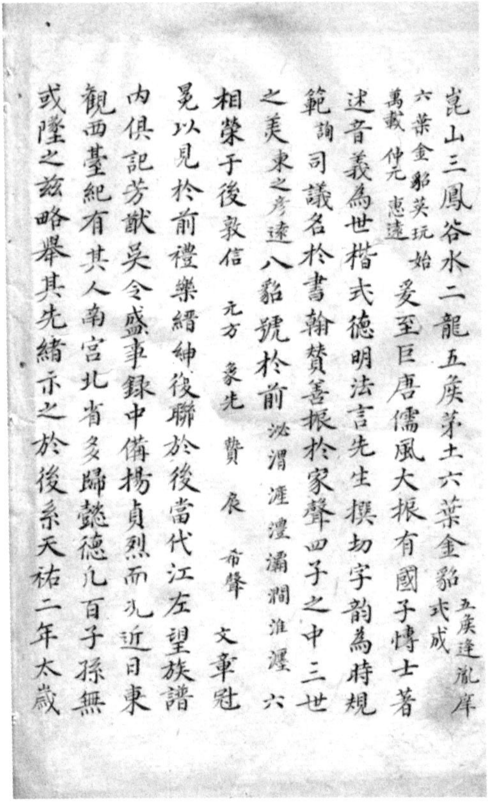

崑山三鳳谷水二龍五庚茅土六葉金貂五庚達胤庠弍成
六葉金貂英玩始萬載仲元惠遠爰至巨唐儒風大振有國子博士著
述音義為世楷式德明法言先生撰切字韻為持規
範詢司議名於書翰贊善振於家聲四子之中三世
之美柬之彥遠八貂號於前泌渭湜澧灞潤淮渥六
相榮于後敦信元方象先贄扆希聲文章冠
冕以見於前禮樂縉紳後聯於後當代江左望族譜
內俱記芳猷吳令盛事錄中備揚貞烈而乢近日東
觀西臺紀有其人南宮北省多歸懿德几百子孫無
或墜之茲略舉其先緒示之於後系天祐二年太歲

《陆氏族谱》局部

吴科第谱》），涵盖自清顺治二年（1645）至清光绪九年（1883）内容，后陆润庠又续补清光绪十年（1884）至清光绪三十年（1904）内容。陆润庠母亲程氏夫人亦能诗，写得一手好书法，尤工楷书。如此世代书香门第、名医家庭，自然有浓郁的文化氛围。

清道光二十一年（1841）五月，程氏夫人在镇江府学学舍生下陆润庠。祖父方山先生十分高兴，镇江旧称润州，古代称学校为“庠”，因而取名“润庠”，以示纪念。学舍里有块奇石——凤石，正中顶端刻有古奥别致的阳文篆体“凤”字，中间还刻有大凤鸟，这是仿汉石刻的南宋府学遗物（现此石已移置焦山碑林），宋乾道二年（1166）熊克有《凤石图赞》。方山先生对此石是钟情有加，又以“凤石”作为孙子的字。陆润庠天资聪明，四岁时即能辨四声，七八岁能为韵语，十岁就学完四书五经，祖父特赋诗云：“有孙稍可喜，四声幼能剖。十岁毕九经，得天或差厚。”清同治九年（1870），陆润庠成为元和县学优贡生，朝考录用为知县。清同治十二年（1873），考中癸酉科顺天府乡试举人。翌年，联捷中进士，胪传一甲一名状元及第。苏州人称他为陆家“新状元”，以区别七世祖陆肯堂“老状元”。陆润庠自入学至成名，全秉承“祖训慈训庭训，未尝出就外传”（吴郁生《赐进士及第诰授光禄大夫太保晋赠太傅东阁大学士陆文端公行状》），可见家庭对他的影响之大。

二

恩格斯在《家庭、私有制和国家的起源》中曾指出，结婚是一种政治行为，这样的婚姻谈不上自由，更多的是家世的利益。苏州书香门第、名宦大族，通过婚姻壮大巩固家族影响，彼此形成了一张特殊的关系网，有的关系网还特别巨大。清代顾震涛《吴门表隐》中记载一则“琵琶坟”趣事，云：

明贞静先生吴璿暨配闾邱氏墓，在桐泾内，地对七子山，逢壬戌必发祥。先应女家，明嘉靖壬戌，裔孙婿申文定时行中状元；天启壬戌，外裔孙陈文庄仁锡中探花。国朝康熙壬戌，裔孙婿彭宁求中探花；乾隆壬戌，外裔孙陆桂森中进士；嘉庆壬戌，裔孙廷琛中会、状；道光壬辰，裔孙钟骏中状元。

作者从“阴阳风水学”的角度，记载吴璿家族及姻亲的明清两朝科举盛况，当然不可信，但我们透过其表象，可以看到这一家族及姻亲都十分重视读书、重视科举。进而反映出一种社会现象，即鼎甲家族之间通过联姻，形成门当户对、强强联合之势。例如，吴县申时行后裔与王鏊后裔几代通婚，状元王世琛之子王恺伯曾云：“申与王世为婚姻，高祖妣暨曾祖妣皆申氏。故吾母即曾祖妣再从侄女焉。”王世琛夫人是申时行的孙女、申稷臣的女儿。苏州“贵潘”家族，第三世潘克顺的妻子是状元申时行的玄孙女；第六世潘世经娶状元缪彤的玄孙女；第七世潘曾沂的妻子是会元严福的孙女；潘曾沂的女儿嫁给状元韩菼的孙子；第八世潘祖谦娶状元毕沅的曾孙女，潘祖颐娶状元吴钟骏之女；第九世潘树孳的妻子是状元徐郙的女儿。由此更可以看出，家族联姻对科举的影响是多么巨大。

常熟状元汪绎（1674—1709），字玉轮，号东山，年少高科，才华出众，诗文书画皆称上乘。其实，他这一手好功夫的练就，应归功于他的外祖父钱曾。钱曾是位著名的刻书家、藏书家，其藏书楼“述古堂”“也是园”，天下闻名。汪绎作为外孙，可以览阅别人无法见到的书籍文献；同时，他又凭借外祖父这层关系，结交众多当时的名流，从游问学，拓展视野。江南大藏书家“铁琴铜剑楼”主人瞿绍基、名噪一时的诗人邵陵等都是与汪绎相交很深的朋友。而在这些师友中，有相当一部分其实就是汪绎家族的世交，已延续了几代，对汪绎的成长和影响自然不可小觑。

当然，苏州状元中也有人出身于一般商人之家。明正统四年（1439）己未科吴县状元施槃（1417—1440），字宗铭，世居洞庭东山武山吴巷。曾祖施希敬、祖父施志方都是农民，父亲施遵道开始经商，并善于经营，家境逐渐殷实，故有能力供给和保障儿子的读书费用。少年时的施槃勤学不倦，博洽群书，为时贤所推重。父亲曾劝他趋利从末，经商赚钱，而施槃才高志大，无意于碌碌生计，“不屑就家人产业，奋然有志于学”（明正德《姑苏志》卷五十二，下同）。父遂顺子意，于是施槃从父游淮阳，就师授经，从师读书，后又送到苏州城里的县学、府学中读书。经过努力，施槃终于斩关闯险，考中了明正统己未科状元，荣幸地成为明代开国以来苏州府的第一个状元，当时年仅23岁，在苏州的官吏、士大夫都纷纷作诗庆贺。

明代昆山状元顾鼎臣（1473—1540），初名仝，字九和，号未斋，也出身于商人家庭。祖父顾良，“独身居约，久乃大殖”，生意做得很大，乐于行善，施舍救济穷人，“每旦起，入城市，多携钱施贫乏者”（清康熙《昆山县志稿》卷十七）。父亲顾恂，“少尝习举子业”，后来因家境贫穷，弱冠之年便到吴家做上门女婿，“为吴公经理家事，日夕不遑，遂废学”（《雍里顾氏族谱》），被迫放弃

《雍里顾氏族谱》书影

科举。但是，他并非等闲之辈，而是聪明好学，有理想有追求，曾与夏昶、沈愚等当地文人交往，且颇有才华，能诗善文，工部尚书吴瑞评价他“诗宗唐人，主兴象，不尚议论，温柔典雅则类其人焉”(清康熙《昆山县志稿》卷十七)。曾著有《永思录》《啖蔗余甘》《西湖记游》《百咏天香》《斯文会诗》《鳌峰稿》等。

顾鼎臣是个私生子，生母杨氏是个地位卑贱的婢女，因此顾鼎臣为顾恂妻子吴氏所不容，被抛弃后幸亏被人及时发现并收养。顾鼎臣自幼敏异，数岁便能属文。后父亲将他偷偷领回家，送进县学，与族兄顾子邦、顾石潜同游县学，并负盛名，时人称为“三凤”。民间称顾鼎臣是“顾大麻子”，而著名文学家、史学家王世贞却称他是一表人才，在《文康公像赞并序》中说：“公长七尺，虬髯虎颧，目炯炯射人，声吐如钟。”志书亦说他“身长七尺，虬髯虎视，吐音宏畅，应事而发，襟度豁如”（清康熙《昆山县志稿》卷十三)。后来，顾鼎臣经过努力最终考中状元，整个顾氏家族因此翻身晋级，成为昆山的望族。

清乾隆三十一年（1766）丙戌科吴县状元张书勋（1725—1778或1785)，字在常，号酉峰。张书勋的母亲出身光福望族徐氏，舅舅徐坚是清乾隆间著名文人、金石家。他家境贫寒，父辈均为种地打粮的农民，以致他在第一次赴京应试时，不得不向亲戚商借盘缠，科举场上又多次失利，最后只得去做个县官。但是经过不懈努力，张书勋最终还是考中了状元。不过像张书勋这样出身于贫寒人家，而最终能夺魁折桂的学子，而且是以知县身份考中状元，在历代状元中也是绝无仅有。

早年，张书勋在紫阳书院读书时受到老师彭启丰的器重，师生关系很好。张书勋中状元南归后，将自己钟爱的四女儿许配给彭启丰的孙子彭希濂。后来，彭希濂也考中进士，官至刑部右侍郎。张书勋通过“书包翻身”挤进了士绅阶层，又通过联姻方式，把自己家族提升到了苏州名流地位。

吴县状元洪钧（1839—1893），字陶士，号文卿，家庭出身并不富裕。洪钧小时候聪颖异常，但因家庭贫困，父亲要他去学做买卖，以养家活口，小洪钧慨然有当世之志，不愿意去学做生意，哭着跪在父亲面前请求让他继续读书，父亲最后答应了他。洪钧勤奋攻读，终于考中状元，自此改变命运，跻身士绅阶层。

三

家庭是社会的“细胞”，家庭环境是人才成长的重要影响因素。苏州那么多的进士，那么多的状元、榜眼、探花，绝大多数出身于读书人家，他们从小就受到家庭严格的家教和诗书礼义承传的熏陶。其中还有一个特别的现象，即母亲在家庭教育中充当了重要角色，发挥了至关重要的作用。诚如哲人所言：一个家庭的兴盛很大程度上取决于这个家庭的母亲。在苏州历代旧志史乘中，父母督促儿子、妻子勉励丈夫勤学苦读的故事，俯首可拾，比比皆是。

宋代陈质的妻子是著名文学家、政治家丁谓的妹妹，聪明贤惠，知书达理，亲自教授五个儿子，在严格的课督之下，儿子陈奇兄弟相继登科，“乡里称为贤母”（明正德《姑苏志》卷五十七，下同）。丁谓想帮助其中两个外甥做官，丁氏“固辞，俾自以学术进”，丁谓“竦然称叹之”。教育家胡瑗曾著有《丁氏贤惠录》，苏舜钦书碑勒石，以彰乡里。宋代著名科学家、文学家沈括的母亲许氏，为吴县太子洗马许仲容的女儿，嫁给钱塘沈周，生有沈括、沈扶二子，兄弟俩从小生活在吴县（今苏州）。许氏亲自教学，严格要求，后沈括、沈扶兄弟都以吴县籍考生考中进士，“括以文学贵显，名重当世；扶入仕，亦有史材；其幼皆其母教之”（钱思元《吴门补乘》卷六）。

明代，昆山归有光祖母、母亲督课的情景尤为动人。归有光七岁与从兄归有嘉一同入学，“每阴风细雨，从兄辄留，有光意恋恋，不得留也。孺人（母亲周桂）中夜觉寝，促有光暗诵《孝经》；即熟读，无一字龃龉，乃喜”（归有光《先妣事略》）。在母亲的严格要求和督促之下，归有光终于成功科举，并成为一代文学大家。

清代状元缪彤的祖父缪国维，刚出生 24 天父亲缪天秩即去世，母亲张氏才 21 岁，她毁恸几绝，多次要以身殉节。最后为了养护幼子，张氏在长辈的劝说下坚强地活了下来，哭泣说道：“我所不惜殉君者，此茕茕只影；所不敢殉君者，此呱呱血胤。”（《东兴缪氏宗谱》卷四二，下同）办完丧事后，她带着儿子回到娘家，守志抚子，母子相依为命，但是她没有半点溺爱，儿子上学后，她对课程严加管教，“稍荒于嬉，谯责不少贷，继以操棰”。儿子读书请老师的束脯之贽，她都“躬勤织纴给焉”。每天晚上，篝火荧荧，据机课读，丙夜不休。一晚，儿子读《曲礼》至“寡妇之子，非有见焉，弗与为友”时，张氏叫停，特意叫儿子解释，哭泣道：“儿不幸为寡妇之子，苟弗克树立，将不比于人数矣。”勉励儿子一定要好好读书，将来出人头地。此后，她经常用“寡妇之子，非有见焉，弗与为友”一语刺激儿子。明万历十九年（1591），缪国维考中乡试举人。次年缪国维赴京参加会试落第，归来后，张氏告诫其千万无忘织纴修贽、易糈舌耕的日子，不要气馁，继续努力。十年之后，缪国维终于考中明万历二十九年（1601）辛丑科进士，成为家族中第一个进士。而由此养成的良好家风，深深影响着这个家族，进士一个接一个，创造出“十榜传家”的科举传奇佳话。缪氏家族亦从此由普通平民晋升为士绅阶层，变为苏州的名门望族。由是，家族的婚姻也发生了变化，状元缪彤的长子缪曰藻之妻陆氏是状元陆肯堂的女儿，缪彤的三子缪曰芑之妻宋氏是长洲宰相宋德宜之女。状元之子配状元之女，状元之子配宰相之女，堪称世上绝配。

清代，昆山徐乾学、徐秉义、徐元文三兄弟，两个探花，一个状元，显贵人极，光宗耀祖，应归功于其母亲顾氏。顾氏是著名思想家、大学者顾炎武的妹妹。据《徐氏家乘》与徐乾学《先妣顾太夫人行述》记载，顾氏 15 岁结婚，16 岁便生下长子徐乾学，18 岁生次子徐秉义，19 岁又生三子徐元文，前后又生下二个女儿。她“性明敏，有远识。夫游学在外，综理家政，条理具备。训子极严……所读之书，必令背诵，师或他出，即亲为训读；常潜至书室听子谈论，如讲经史则喜，间或语博塞游戏事，即怒而责，至加忧楚”（徐珂《清稗类钞·教育类》，下同）。在母亲的严厉管教下，徐氏三兄弟“课诵恒至夜午不辍”，学业进步很快，先后补弟子员，入学宫，而她丝毫不放松，“督课弥严，所作制举业常亲自披览”。每当儿子赴金陵参加乡试，家里“斧资乏缺”，她毅然“贷重息，以儆行装”。

徐氏三兄弟中，先是老三徐元文于清顺治十六年（1659）高中状元，后官至宰相；接着老大徐乾学于清康熙九年（1670）探花及第，后官至刑部尚书；在三年后的下一科（1673），老二徐秉义也以一甲第三名探花及第，后官为内阁学士兼礼部侍郎。同胞三鼎甲，高官显位，史称“前明三百年所未有”。徐氏三兄弟都终身好学，喜爱藏书。徐乾学的“传是楼”藏书数万册，海内闻名；徐秉义、徐元文各藏书万卷。徐乾学有五子，均中进士；徐秉义仅一子，以诸生入太学；徐元文有二子，一个进士，一个举人。明代四川状元杨慎，其家族有所谓“一门七进士，科第甲全川”之誉称，而昆山徐氏一族二代即连出进士九人，高门鼎贵，名噪天下。“徐氏兄弟三鼎甲”的崛起，使得当地原来的戴、叶、王、顾、李等大族黯然失色。时人王应奎《柳南笔记》卷六记载：

> 昆山巨族，在前明时，推戴、叶、王、顾、李五姓。迨入本朝，而东海氏兄弟三人并中鼎甲，位俱八座，子姓亦取次登第，一时贵盛甲天下，而前此五姓则少衰矣。邑人因为之语曰：“带叶黄姑李，不如一个大荸荠。”以“带”音同“戴”，“黄”音近“王”，“姑”音转“顾”，“荠”音近“徐”，故俗谚云尔。

科举与家族的兴衰盛败之关系，可见一斑。三徐的母亲顾氏出身于士族家庭，祖先曾中过进士、当过刑部主事、太仆寺少卿，祖父、父亲都是太学生。

状元王世琛的成功离不开妻子申氏的辛勤付出。申氏 17 岁嫁到王家时，王世琛“方为博士弟子员，下帷攻苦”（王恺伯《少詹公元配申太淑人行略》，下同），每至夜分，申氏“辄篝灯、针凿伴读”，包揽家中一切琐屑事，精心侍候公婆，妯娌间怡然相处。王世琛客居京城备考，申氏毅然“支撑家事，备极辛勤，抚育子女尤极劳瘁”。婆婆生病时，她“遍请名医，亲尝汤药”。后来婆婆去世，王世琛兄弟都在外为官未归，申氏料理丧事，“区画井然，附身附棺，必诚必信，哭泣尽哀，咸中礼节”。为抚育子女，她设帐家塾，延请名师，鸡鸣即临窗督课。虽然出身富贵家族，一生“甘淡泊，绝丰腴”，真是一位贤妻良母。

清乾隆年间（1736—1796），状元毕沅的成长与母亲的教育密不可分。毕沅（1730—1797），字湘衡（一作穰蘅），又字秋帆，自号灵岩山人。少年失怙，全赖母亲张藻教育。张氏是娄东著名的女诗人，“与武林（杭州）闺秀林以宁、顾姒齐名，时号西泠十子”（李岳瑞《春冰室野乘》，下同），不仅能诗，还以学术著称，“国朝闺秀能诗词者多，而学术之渊纯，当以娄东毕太夫人为第一”，著有《培远堂诗集》行世。毕沅六岁时，母亲就授教《诗经》《离骚》。在母亲的教育下，毕沅10岁时已通晓声韵，能作诗文。之后，母亲又亲自将他送到苏州，师从著名学者、诗人沈德潜与著名经学大师惠栋。毕沅终于状元及第，大魁天下。毕沅为陕西巡抚时，母亲张氏曾作有《送子沅巡抚陕西》（又称《训子诗》），云：

读书裕经论，学古德政治。功业与文章，斯道非有二。汝久宦秦中，洊膺封圻寄。仰沐圣主慈，宠命九重贲。日夕为汝祈，冰渊慎惕厉。譬诸构栌材，斫小则恐敝。又如任载车，失诚则惧踬。扪心五夜惭，报答奚所自？我闻经纬才，持重戒轻易。教敕无烦苛，廉察无苛细。勿胶柱纠缠，勿模棱附丽。端己厉清操，俭德风下位。大法则小廉，积诚以去伪。西土民气淳，质朴鲜靡费。丰镐有遗音，人文郁炳蔚。况逢郅治隆，陶钧综万类。民力久普存，爱养在大吏。润泽因时宜，撙节善调理。古人树声名，根柢性情地。一一践其真，实心见实事。千秋照汗青，今古合符契。不负平生学，弗存温饱志。上酬高厚恩，下为家门庇。我家祖德诒，箕裘罔或坠。痛汝早失怙，遗教幸勿弃。叹我就衰年，重老筋力瘁。曳杖看飞云，目断泰山翠。

字字含情，声声入心，“尔雅深厚，粹然儒者之言，当为国朝闺秀诗第一”（李岳瑞《春冰室野乘》）。毕沅成为乾隆朝名儒重臣，一生离不开母亲的教育。张氏病逝后，乾隆皇帝特赐御书“经训克家”四字褒扬。毕沅因此有“经训堂”和《经训堂集》。

状元吴廷琛得以成才与祖母密切相关。祖母王氏是探花、宰相王鏊的第十世孙女，幼时与诸兄弟同塾读书，通晓大义。夫、子早逝，她毅然挑起家庭重担，克勤克俭，辛苦持家，为孙子吴廷琛兄弟延师教读，吴氏兄弟每夜自学塾回来，她都要检查、考核二人一天的学业，稍有偷懒责打不贷。严厉的家庭教育和孤寒的家境，使得吴廷琛从小懂事，发奋苦学，16 岁参加县试获得第一名。

状元吴钟骏的成长也与家庭教育有密切关系。他是桐泾吴氏第十四世，曾祖吴士毅是监生，可惜早卒，曾祖母汪氏“苦节事姑笃孝，抚嗣子文炳，教育甚严”。清乾隆二十六年（1761），旌表赠恭人。父亲吴颐是清嘉庆辛酉科进士，官军机处行走，典广西乡试；乞养回苏后，曾担任苏州正谊、平江书院讲席。吴钟骏姐姐以聪慧出名，4 岁便已识字近千，稍长熟读四书五经，百余卷的《通鉴辑览》读了几遍，对史事了然于胸。吴钟骏兄弟有疑惑常常请教，姐姐都能解释。这样的家庭对孩子的教育培养以及科举应试自然有着独特的优势。

状元吴信中妾严氏，15 岁嫁到吴家，生下儿子斯嶓，群妾无子者多忌妒她，“屡濒于危，卒护持无恙”。婆婆刘氏治家严饬，严氏“低首下气，以身率先，内外秩秩”（民国《吴县志》卷七十四下，下同），后来“斯嶓得读书、敦士行，皆母教也”。状元潘文恭侧室张氏 19 岁嫁到潘家，帮助大妇汪氏一起治家，“事维谨，教子慈而严”，后来儿子潘曾玮（潘世恩第四子）官至刑部郎中。

苏州“贵潘”敷九公潘兆鼎的长房支潘世经（潘奕珖次子）的妻子缪氏出身书香门第，她是苏州状元缪彤的玄孙女、榜眼缪曰藻的曾孙女、缪珽的女儿。婚后生育五个儿子（两个早卒），后因迭遭不幸，家庭经济困难，有人奉劝潘经世让儿子们弃儒从商，继承先业，而出身科甲世家的缪氏恪守娘家崇尚教育的优良家风，她在安排另一个儿子潘遵范兼主出纳、延续祖业的同时，仍然竭力督促其他儿子苦读力学。由于缪氏的明智抉择，子潘遵礼、孙潘馥先后考中举人，潘遵礼官至刑部主事，潘馥（潘遵礼之子）官刑部员外郎，赏戴花翎，钦加四品卿衔。

许多苏州家庭的妇女在家庭教育中默默贡献，发挥着很大的作用。状元朱希周的孙女朱氏 19 岁嫁给太学生徐铨，21 岁丈夫病死，儿子徐汧刚 4 个月。朱氏毁容矢志食贫。“教子经书，皆手自讲授”（清同治《苏州府志》卷一百十八）。明崇祯元年（1628）徐汧考中进士。常熟籍状元汪应铨的祖母程氏，相夫教子，任劳任怨，贤淑德馨，“教子孙有仪法”（清道光《苏州府志》卷一百十五，下同），清康熙五十七年（1718）汪应铨考中状元，翌年适逢程氏百岁，“旌表贞寿之门”，康熙皇帝特御赐“期颐衍庆”四字。诸生王凤梧继妻周氏，结婚四年丈夫病死，留下遗孤王仁照，“幼患痘濒死”，周氏呼天唤地才苏醒，“人以为诚感”。后入塾学，“延明（名）师训之，严其课程”。有人劝她孩子还小，不要太严格监督，她回答说：“他父亲志学不遂，吾不好好培养他，何以见夫君于地下！”在母亲的严格教育下，王仁照考上了进士。陶孝本妻子黄氏，是刑部主事、著名藏书家黄丕烈的曾孙女，29岁时丈夫病死，此后她“以家事治家有则，勤而恕，俭而惠，上下各得其欢。亲授子以经业，篝灯课读，寒暑无间”（民国《吴县志》卷七十四，下同）。郭逢吉妻子潘氏，“通经书，略解吟咏”，郭逢吉为官浙江巡检，不幸患病而卒，当时潘氏年方28岁，儿子绍箕、绍裘才几岁。她“备尝艰苦，课两孤绍箕、绍裘，以慈母兼严师，寒暑罔间”，后来两个儿子都考中进士。中国电报业创始人、著名慈善家谢家福，父亲谢元庆以中年无子聘张昭为侧室，50岁始得独子谢家福。清咸丰十年（1860）太平军克苏州，谢家从苏州桃花坞逃难到黄埭，谢元庆不幸病死黄埭，张昭“奉遗教，勤俭励己，训子以义方”。后来，张昭携家迁徙沪上，生活极其艰难，她“赖凿以济，积钱购经书，教子读，辨解过午夜”。谢家福“游于庠，有大志，欲随使绝域”，母亲张昭告诫“捷径非计，且非汝父之志也”“戒择交必善”。在母亲的教育下，谢家福成为卓有成就的人物。张勤甫继妻王氏，幼聪慧，性端庄，丈夫卒时遗孤4岁。她课子读书，儿子12岁便已读完五经，“皆王氏口授，迨子既游庠，始就幕，继入仕，为浙江嘉兴知县，居官听政，秉母教焉”。

四

苏州被誉为“天堂”，具有独特的地理环境优势，历来比较太平安宁，又是东南大都会，因此许多外地人纷纷落户苏州，做起了“新苏州人”。苏州状元中有不少人的祖先就是从外地迁来的。状元陆扆的祖先陆贽是湖州人，死后葬于苏州古城北平门外陆墓，其后人分别入常熟、吴县籍。吴县籍状元黄由，其祖先于五代时从福建迁到苏州，定居于长洲县酷库巷（今属苏州市），传至黄由已经十世。昆山籍状元卫泾，其祖先是齐人，“唐末避乱南迁，寄居秀州（嘉兴）之华亭。祖阗，始占籍昆山之石浦”（清康熙《昆山县志稿》卷十三，下同）。常熟籍武状元周虎，祖籍是临淮（约今山东与江苏交界地），宋靖康元年（1126）迁居到常熟。昆山籍武状元刘必成的祖先原籍福安县（今属福建省），南宋初迁至昆山溢浦，成为当地的大族。长洲籍状元阮登炳，祖先由福建徙居吴，入籍长洲。明代，昆山籍状元毛澄的先祖由河南迁徙到昆邑之太仓，后世居昆山石浦镇。昆山籍状元朱希周的先世祖籍河南睢阳（今商丘），其六世祖朱琼曾为苏州长洲县教谕，从五世祖朱德润起正式定居吴县，祖父朱夏迁居昆山玉山镇，入昆山籍，父亲朱文起又将家迁到苏州郡城，但朱希周则“仍以昆籍起家”。明末长洲籍状元文震孟的先世祖籍湖南衡山，六世祖文惠始迁居苏州，入长洲县籍。曾祖文徵明号“衡山”，表示不忘祖籍。

清代，韩菼祖先在元末明初时自安徽凤阳徙居苏州城北陆墓镇云和里，从此世居于此。祖先韩永椿家境贫穷，但心地善良，“每早起持帚扫两岸螺蛳于水中，有时忍饥扫踰数里，如此者四十年不倦”（钱思元《吴门补乘》卷五）。韩永椿长孙韩世贤（韩菼高祖）

开始迁居郡城娄门。长洲籍状元彭定求的祖先原籍江西临江府清江县，明洪武初年随朱元璋大军到苏州，开始往来于诗书礼乐之户，尽得苏州文气与灵气，至明正德年间（1506—1521），彭家便有人中进士。始祖彭学一，先是落籍吴县，清代起改入长洲籍。彭定求曾祖彭汝谐，明万历四十四年（1616）丙辰科进士，以丹徒教谕中式。长洲籍状元陆肯堂祖上世居浙江湖州归安县双林镇，祖父陆廷楫始正式迁居苏州。无论是曾祖还是祖父，到陆肯堂也只有三四代而已。长洲籍“三元”钱棨，祖先为明顺天府昌平州（今属北京市）人。吴县籍状元石韫玉祖籍是丹阳，其四世祖自丹阳迁居吴县。曾祖石政、祖父石邦桢、父亲石熙载，三世都因石韫玉而赠通议大夫。

清代苏州状元中，祖先从安徽迁来的有好几位。常熟籍状元汪绎、汪应铨，祖籍是安徽休宁；汪应铨祖父汪九漪迁入常熟；镇洋籍状元毕沅，祖籍也是安徽休宁，曾祖毕祖泰迁至太仓镇洋县。吴县籍状元潘世恩，祖籍为安徽歙州歙县大阜村，其六世祖潘仲兰于明末将家由歙州迁至苏州，落籍吴县。不过，其更早的先世为中原人，唐代有潘逢时，为歙州刺史，“居官有惠政，秩满，父老攀留，遂家于歙”（冯桂芬《太傅武英殿大学士文恭潘公墓志铭》，下同）。父亲潘奕基寄籍钱塘，为杭州府庠生。因屡举乡试不中，遂告归回到苏州，“始自钱塘改籍为吴县”。吴县籍状元洪钧，祖籍也是安徽歙县人，先世因经商而移居苏州，入籍吴县。

古人云“橘生淮南则为橘，生于淮北则为枳”。社会环境对人才的成长起着决定性的作用，不管是北方人还是南方人，他们都为苏州的繁荣、安逸、舒适所深深吸引，于是定居苏州；不管原来是达官显贵，还是商人农民，他们都为苏州环境所征服，被苏州文化熏陶而同化，少则一二代，多则五六代，他们的子孙便成了温文儒雅、知书达理的标准苏州人，最终在科举的竞赛场上脱颖而出，折桂夺魁。因此，社会上流传“人到了苏州，就变得聪明”的说法。

五

除了问鼎巍科、状元及第之外，“五子登科”也是一个家族在封建科举中登峰造极的盛事，并不逊色状元。“五子登科”的条件则是十分苛刻，首先至少要有五个儿子，这在多子多孙的旧社会或许不甚难，但儿子中至少要有五个人能金榜题名，这实在是件不容易的事，因此非常珍稀。苏州这样的科举鼎盛之地，出过近 3000 名进士，而真正能“五子登科”的也只有几家而已。顾震涛《吴门表隐》说“五子登科，吴门二家”，当然整个苏州其实不止。

第一家是唐代长洲归融家。归融的长子归仁晦，唐开成三年（838）戊午科进士；二子归仁翰，唐大中十一年（857）丁丑科进士；三子归仁宪，唐大中年间（847—859）进士（科名不详）；四子归仁绍（或作“召”），唐咸通十年（869）己丑科状元；五子归仁泽，唐咸通十五年（874）甲午科（一说十四癸巳科）状元。五个儿子，个个中进士，其中两个是状元。

第二家是清代昆山徐乾学家。徐乾学自己是清康熙九年（1670）庚戌科一甲第三名进士探花出身；其长子徐树谷，清康熙二十四年（1685）乙丑科进士；次子徐炯，清康熙二十一年（1682）壬戌科进士；三子徐树敏，清康熙四十二年（1703）癸未科进士；四子徐树屏，清康熙五十一年（1712）壬辰科进士；五子徐骏，清康熙五十二年（1713）癸巳科进士。

第三家是清代长洲张孟球家。张孟球，浒墅关人，通籍后移居郡城梵门桥。他本人是清康熙二十四年（1685）乙丑科进士；长子张企龄，清康熙四十七年（1708）戊子科举人；次子张学庠、三子张绍贤，清康熙三十八年（1699）己卯同科举人、清康熙四十八年（1709）己丑科同榜进士；四子张应造，清康熙五十四年（1715）乙未科进士；五子张景祁，清雍正元年（1723）癸卯科举人。兄弟五人都中乡榜，“五子并登科甲，吴中称为盛事”（清道光《浒墅关志》卷十五）。张孟球弟张叔琳，贡生；其子张师良，清雍正七年（1729）己酉科举人；张昌蕃，清乾隆四年（1739）己未科进士。虽然张家逊色归家，没有出状元，但兄弟同科榜举人、进士，的确也是科举场上难得的盛事。

第四家是长洲彭绍咸家。他是状元彭启丰之子，增贡生，生有六子，长子彭希濂，清乾隆四十九年（1784）甲辰科进士；次子彭希洛，清乾隆五十二年（1787）丁未科进士；三子彭祝华，清道光元年（1821）辛巳科孝廉方正科；四子彭希涑，清乾隆五十一年（1786）丙午科举人；五子彭希郑，清乾隆五十四年（1789）己酉科进士。五个儿子登科，其中三个进士。

第五家是太仓李堂家。父亲李维德以节俭起家，力行善事。李堂继承家风，“见人缓急，必周济之，而推诚相与，益以积德行善为事。延师课子，必敬必恭”（钱泳《履园丛话》卷十三）。他生有五个儿子，长子李锡恭，清嘉庆元年（1796）丙辰科进士；次子李锡信，清乾隆四十八年（1783）癸卯科举人；三子李锡瓒，清乾隆五十四年（1789）己酉科举人；四子李锡惠、五子李锡晋，清嘉庆六年（1801）辛酉科同登乡榜。一名进士，四名举人，也是“五子登科”。

明清两代，苏州香书、富贵之家或者父子携手，或祖孙接力，或兄弟联袂，鼎甲相承，持续数代，涌现了好几个世代进士之家。

第一家吴县申氏。申时行是明嘉靖四十一年（1562）壬戌科状元，子申用懋是明万历十一年（1583）癸未科进士，孙申绍芳是明万历四十四年（1616）丙辰科进士、申紘祚是清顺治十二年（1655）乙未科进士，曾孙申繸是清顺治十七年（1660）庚子科解元、十八年（1661）辛丑科进士，玄孙申玮是清康熙四十八年（1709）己丑科进士。一门六个进士，其中一个状元、一个解元。

第二家长洲彭氏。彭汝谐是明万历四十四年（1616）丙辰科进士，孙彭珑是清顺治十六年（1659）己亥科进士；曾孙彭定求是清康熙十五年（1676）丙辰科状元、彭宁求是清康熙二十一年（1682）壬戌科探花；元孙彭启丰是清雍正五年（1727）丁未科状元；五世孙彭绍观是清乾隆二十二年（1757）丁丑科进士；彭绍升丁丑科会试中式（时年18岁），丁母忧回家，清乾隆二十六年（1761）补殿试，中辛巳科进士；六世孙彭希濂、彭希洛、彭希郑分别是清乾隆四十九年（1784）甲辰科、清乾隆五十二年（1787）丁未科、清乾隆五十四年（1789）己酉科进士；七世孙彭蕴辉是清嘉庆四年（1799）己未科进士；彭蕴章是清道光十五年（1835）乙未科进士。一门12个进士，其中两个状元、一个探花，真可谓是科举世家。有则资料说彭珑是顺天府乡试解元，而其子彭定求、曾孙彭启丰均是会元、状元，故曾有“三代五元”之说。

第三家吴县缪氏。缪国维（榜姓张）是明万历二十九年

（1601）辛丑科进士，子缪慧远是清顺治四年（1647）丁亥科进士，孙缪彤是清康熙六年（1667）丁未科状元、缪锦宣是清康熙十二年（1673）癸丑科进士、缪继让是清康熙二十七年（1688）戊辰科进士，曾孙缪曰藻（缪彤长子）是清康熙五十四年（1715）乙未科一甲二名进士、缪曰芑（缪彤三子）是清雍正元年（1723）癸卯科进士，玄孙缪遵义是清乾隆二年（1737）丁巳科进士、缪敦仁是清乾隆四年（1739）己未科进士、裔孙缪嘉谷是清道光二十五年（1845）乙巳恩科进士。有状元，有榜眼，有传胪，缪氏创造了"十榜传家"的科举佳话。

第四家长洲蒋氏。蒋燦是明崇祯元年（1628）戊辰科进士，侄子蒋德埈是清顺治十五年（1658）戊戌科进士、蒋垓是清顺治十六年（1659）己亥科进士、蒋埴是清顺治十八年（1661）辛丑科进士；蒋燦曾孙蒋文淳是清康熙四十八年（1709）己丑科进士，玄孙蒋杲是清康熙五十二年（1713）癸巳科进士、蒋恭棐是清康熙五十四年（1715）乙未科进士；五世孙蒋应焻是清乾隆四年（1739年）己未科进士、蒋元益是清乾隆十年（1745）乙丑科进士、蒋麟书是清乾隆三十一年（1766）丙戌科进士、蒋曾煌是清乾隆四十三年（1778）戊戌科进士；六世孙蒋国华是清乾隆二十二年（1757）丁丑科进士、蒋基是清乾隆四十年（1775）乙未科进士、蒋万宁是清嘉庆六年（1801）辛酉科进士、蒋泰墀是清嘉庆十四年（1809）己巳科进士，蒋元封、蒋庆均同是清嘉庆十九年（1814）甲戌科进士，八世孙蒋超曾是清嘉庆十六年（1811）辛未科进士，九世孙蒋德福是清道光十五年（1835）乙未科进士。一个家族持续200余年，十代出了19个进士，实属不易。

清乾隆十一年（1746）春，内阁中书蒋应焻祖父、国子监助教蒋文源90岁寿日，原配夫人张氏89岁；翰林院编修蒋元益祖父、户部郎中张文涵（蒋文源弟）89岁，原配顾夫人88岁，“俱五世同堂，亲见八代”（清道光《苏州府志》卷一百四十八，下同）。蒋应焻、蒋元益“同日给假祝寿，宇内荣之”。巡抚徐士林特地撰写贺联，“登甲登科，五代儿孙绕膝；难兄难弟，九旬夫妇齐眉”，由大学士陈世倌亲自书联，人称“洵为熙朝盛事”。

第五家吴县潘氏。苏州“贵潘”迁吴后，自清乾隆中叶开始逐渐发迹，科第昌盛，人才辈出。潘奕雋是清乾隆三十四年（1769）己丑科进士、潘奕藻是清乾隆四十九年（1784）甲辰进士，潘世恩（潘奕基子）是清乾隆五十八年（1793）癸丑科状元，潘世璜（潘奕雋子）是清乾隆六十（1795）乙卯科探花。潘世恩长子潘曾沂是清嘉庆二十一年（1816）举人，三子潘曾莹清道光二十一年（1841）辛丑科进士，四子潘曾绶是道光二十年（1840）举人；潘遵祁（潘世璜子）是清道光二十五年（1845）乙巳恩科进士，潘祖荫（潘世恩孙、潘曾绂子）是清咸丰二年（1852）壬子恩科探花，潘祖同（潘世恩孙、潘曾莹子）是清咸丰六年（1856）丙辰科进士。潘家共出进士10人（其中状元1名、探花2名）、举人36位、贡生21名、秀才142名。翰林院、朝廷六部九卿百官（除武职外）都有潘家人，李鸿章抚苏时曾经题赠“祖孙父子叔侄兄弟翰林之家”匾额，高悬西百花巷潘宅。

苏州环境优越，经济繁荣，文化深厚，教育发达，由是产生了这么多的书香门第、富贵人家，而正是这些家庭培养出了这么多的状元，诞生了苏州独特的“土产”，谱写了苏州独树一帜的科举文化。

十年寒窗　一朝成名
——苏州状元在科场

科举，就其本义而言，是指分别科目、举选人才的意思。科举遵循的是“自由报名、统一考试、平等竞争、择优录取、公开张榜”原则，比较先前的九品中正制，有明显的先进性。历代考试的科目多达一二十个，尤以唐代最多，常见的有童子、道举、俊士、秀才、举人、进士、明经、明算等，而唯独进士科最为人们所重视。唐代科举考试，举子赴京应礼部考试者都须“投状”，因此，首位进士被称为“状元”或“状头”。

一

为了让大家对“状元”有更深的了解，有必要对历代进士科的考试情况，作一个大概的介绍。

隋代是科举初创期，完全处于探索阶段，进士科考试方式及内容以策问为主。唐代科举分为发解试和省试两级，考试科目分常科、制科两种，每年分科举行的考试称“常科”，由皇帝下诏举行的临时考试称“制科”。在众多科目中，最被人看重的是进士科，其地位高贵，故有“缙绅虽位极人臣，而不由进士者终不为美”（马端临《文献通考》卷二十九）之说。

唐代考试内容，唐初只试策问，主要内容是经文或时务；至天宝时，规定进士试三场：帖经、诗赋、试策。陶福履《常谈》云：“唐制进士所试帖一大经及《尔雅》，帖既通而后试文试赋各一篇，文通而后试策五条，三试皆通者为第。”从中唐开始，进士科考试更重视诗赋，而帖经、对策逐渐为举子所轻。唐代科举制度还不够完善，除了考试成绩外，还要有知名人士的推荐。考生在考试前，可以向当朝的达官公卿投送自己的得意之作，称之为“行卷”“投卷”；有的人甚至还要投二三次，称为“温卷”。投送的作品，有诗歌、散文，甚至小说，例如白居易《赋得古原草送别》、杜牧《阿房宫赋》都是当年“行卷”的佳作。因此，唐人谓进士科为“词科”，后世亦称唐代是“以诗赋取士”。

唐代考试纪律，应该说还是比较严肃、认真的。时人舒元舆曾在《上论贡士书》中描述考进士的情形，云：

> 试之日，见八百人尽手携脂烛水炭，洎朝晡餐器，或荷于肩，或提于席，为吏胥纵慢声大呼其名氏。试者突入，棘闱重重，乃分坐庑下，寒余雪飞，单席在地。呜呼，唐虞辟门，三代贡士，未有此慢易者也。

明代胡震亨曾说过：“唐试进士重诗赋者，以策论惟剿旧文，帖经只抄义条，不若诗赋可以尽才。”（胡震亨《唐音癸签》卷十八）意思是说，帖经、策论只是举子熟读经传和注释后抄改旧文而已，但诗赋则需要具有文学才能，且更能发挥举子的真实水平。正是在科举取士风气的影响之下，唐代的诗歌创作特别兴盛。

宋代进士科的考试科目变化较多，考试的规章制度比唐代更加严密、完备，考试实行多名考官、锁院、糊名、誊录、违避、届别、皇帝定元等制度。据《文献通考》卷三十《选举考三》载，宋初礼部贡举，“皆秋取解，冬集礼部，春考试。凡进士试诗、赋、杂文各一首，策五道，帖《论语》十帖，对《春秋》或《礼记》，墨义十条”。参加进士科考试的举子，如省试答卷文理纰缪，则罚五次不准参加科举考试。宋庆历四年（1044），宋仁宗采纳范仲淹、宋祁等人的建议，令各州县设立学校，士子须在学校300天方可参与解试。省试分试策、试论、试诗赋三场，不考帖经、墨义，按三场总成绩作为录取依据。宋神宗采纳王安石的意见，罢诗赋，以经义论策试进士，各占治《诗》《书》《易》《周礼》《礼记》一经，兼以《论语》《孟子》。每试四场：初大经，次兼经，大义凡十道；次论一道，次策三道。礼部试即增二道。中书省撰大义式颁行。试义者须通经有文采，乃为中格，不仅是明经、墨文粗解章句而已。王安石曾经整顿太学，实行“三舍法”，将太学生分为外舍、内舍、上舍三等，以考试成绩与平时学业品行作为升舍、应试及授官的依据。宋元祐元年（1086）司马光为相后，尽废新法，将进士分为经文、诗赋两科，罢试律文。共四场，第一场试本经文二道（《论语》《孟子》各一道），第二场试赋及律诗各一首，第三场试论一道，第四场试子史、时务策二道。经文进士不兼试诗赋，以经文定取舍，诗赋进士兼试一经，以诗赋定去留，最后参考策论成绩评定名次。此后，考试的内容和形式又有多次反复。总体来说，宋代进士科考试偏重经文、策论。

辽承宋制，分诗赋、经文两科，每三年举行一次进士考试。金代分词赋、经文、策论三科取士，词赋进士试赋、诗、策、论各一道；经文进士试所治经文、论、策各一道。策论进士只选女真人，用女真文字考试。元代以经文取士，限定在四书内出题，要用朱熹集注，并限定作文字数。

明代科举，形式上沿用唐、宋旧制，而具体规定略与元代相同，“独试士之法则视历代而稍变焉。其法专取四子（书）及《易》《书》《春秋》《礼记》命题，其文略仿宋经义，然代古人为之，体用排偶，谓之八股，通谓之制义”（《钦定续文献通考》卷三十五，下同）。明洪武三年（1370）五月，全国各省举行乡试，第一场试经文二道、四书文一道，第二场试论一道，第三场试策一道。五经文限定字数在500字以上，四书文和论限定字数在300字以上，策“惟务直述，不尚文藻”，限定字数在1000字以上。后来又明确规定：出题限定于四书之内，以朱熹的集注为准。八股文于是成为定式，要参加科举必须熟悉并会做八股文。

清承明制，更加注重八股文取士。清顺治二年（1645），“定乡、会试三场试题之制，初场四书三题，五经各四题，士子各占一经。四书主《朱子集注》，《易》主《程（颐）传》，《诗》主《朱子本义》，《书》主《蔡（沈）传》，《春秋》主《胡安国传》，《礼记》主《陈澔集说》。二场论一道，判五道，诏、诰、表内科一道。三场经、史、时、务、策五道”（《皇朝文献通考》卷四十七）。清乾隆五十三年（1788）戊申科乡试开始，按《诗》《书》《易》《礼记》《春秋》顺序依次命题，再将第二场论题裁去，以五经各出一题，一并考试，自此成为定制。凡是举子参加乡试、会试，必须八股文合格，才能成为举人、贡士，否则就不予入选；状元更须精于八股文，才能大魁天下。

明清两代，科举设童试、院试（或将院试归入童试）、乡试、会试、殿试五级。如果要考中状元，必须成功地通过童试、院试、乡试、会试四级资格考试。而这四级考试又有相互关联的考试十多场次，每次考试少则一场，多则三场。因此，考状元除了文才出众，娴熟四书五经，精通八股文之外，还要具备坚强的毅力和健壮的身体。

童试，明清两代最初级的地方考试，每年举行一次。它包括县（州）、府考试，由考生所在县（州）、府地方官主持；参试对象不论年纪大小，一律称为“儒童”或“童生”。例如《儒林外史》中的范进，考到须发全白，依然是一介童生。县级一般都设有固定的考场。历代文献记载县试的资料甚少，幸见于清光绪二十年（1894）上海《申报》有则苏州府吴、长洲、元和三县考试的报道。现抄录如下：

> 十月二十日，为苏州府属县试之期。五鼓时，长、元、吴三县宰呵殿至贡院三炮既毕，升座点名，旋即扃门出题，所有题目照录于下：长洲已冠题是“谓弃之至克”；未冠题“畏而去之”，二题“孰能一之”；诗题“将军三箭定天山”，得“三”字。元和已冠题“必正席先尝之君赐腥”；未冠题“王请勿疑”，二题“察邻国之政”；诗题“义勇冠三军”，得“军”字。吴县已冠题“而天下治武王”；未冠题“则何以哉，子路率尔”，二题“可使制梃以挞秦楚之坚甲利兵矣”；诗题“指挥若定失萧曹”，得“挥”字。
>
> 是日，与试文童长洲约五百人，元和四百余人，吴县三百六七十人。今年恭逢皇太后六旬万寿，特恩广额，闻长洲广七名，

元和广五名，吴县广三名。(1894 年 11 月 26 日《申报》第 3 版)

考试通过者才有资格参加院试（又称道考、院考）。

院试，每三年举行一次，由皇帝钦命的学政（或称学台、学道、督学等，任期三年）到地方来主持。知县（州）、知府主持的考试一般较宽容，考生大多能通过；而学政主持的考试则严格按中央政府规定的名额录取，考生录取比例仅百分之一二。院试又分为岁考（或称岁试，以确定生员升、贬和黜革）、科考（或称科试，乡试前的预考）两次。岁考合格者才算秀才；通过科考者才有资格可以去参加乡试。秀才是功名的起点，故有“秀才乃宰相之根苗”之说。

岁、科考试，成绩最优的生员称为“廪生”，成绩二等的生员称为“增生”，成绩三、四等的生员称为“附生”；三年不考中，要被罚。还有一种在国子监就读之生员，称为“监生”（明代分举监、贡监、荫监、例监；清朝分恩监、荫监、优监、例监）。清乾隆后，“监生”多指由捐纳而得者，他们分别进入县、府、中央官办的学府读书，称为“入泮”。“入泮”后，才算正式学生，故秀才又称“生员”(民间又称为“相公”)。生员录取的名额按各县的地位、人口、田赋情况而定，一般大县三四十名，中等县二三十名，小县十多名或数名不等。清末常熟县定额 26 名，昭文县定额 24 名。国家免除生员的赋役，并给以一定数量的禄米，相当于现在的助学金。成绩特别优秀的生员，可以通过“拔贡”考试而成为贡生——京城国子监学生。贡生再通过吏部考选，有时可以去做县丞、教谕之类的小官。

《清朝野史大观》曾描写考生参加院试之苦：

考官入闱图

院试入场之时，使差役遍身搜索，如罪犯入监狱然……童子应县试，分已冠、未冠，其实皆童子也。已冠之题目多割文裂义，必欲窘作者之心思，塞作者之耳目，使之不成一字而后快。未冠题目稍为平易，所考十五岁以下之童子，稍长皆不得与焉。然应试者每避难而趋易，虽中年以上亦乐就未冠，久试不第者尤甚。有某叟年五十余，应县试考三十次，尚考未冠……每届大比，士子入场，凡书籍、被褥及造饭、汲水各器具均须携以自随，负载者累累，直囚犯之不若。完卷出场，卧未贴席，而唱名之声又复彻耳，无异缇骑传呼，不容稍留者。乘兴而往，兴尽而返，如是者三。昔人云：鏖战三场，非有马龙精神、驴骡筋骨、蝮蝂呆气、橐驼毅力不可。其尤惨无人理者，莫若科、岁试，迫之以功令，监之以吏卒，促之以时刻，虐之搜索，困之以饥渴，于时咸视文场为畏途。

可谓是其苦万状，因此考生须有马龙精神、驴骡筋骨、蝮蝂呆气、橐驼毅力，方能坚持到最后。

行文至此，读者或许会问：古代苏州的考场——贡院设在哪里？

按照科举制度，府（州）治所都有科举贡院，又称试院、督学试院。不过南宋乾道之前，苏州没有专门的贡院，因为参加考试的生源极少，整个苏州5个县200多个乡“三岁诏进士举十人”（周南《平江府重修贡院记》，下同）；此后增加流寓，名额亦总为十三人，所以郡所不设贡院。每当三年一次的考试诏令颁布后，考生“则试于浮屠、近郭之虎丘；其后渐多，则试于郡县；又多则郡学，总葺为屋以居之”。郡试合格的考生直接赶到京城，“试于有司者，谓之终场”。宋乾道四年（1168），鉴于名额逐步增多，郡守姚宪始择苏州城西明泽桥北建贡院（范成大书额）。至宋嘉定初，苏州名额“增至二千几百人”，原来的贡院已不足容纳。宋嘉定五年（1212），郡守陈芾重修并“辟而广之”。从宋绍定二年（1229）李寿朋刻绘的《平江图》上查看，贡院的规模相当宏伟。

然而，苏州到明代出现非常特殊的奇怪现象。明宣德年间（1426—1435），因“巡抚无事驻昆，移以校士”（李鸿章《重建苏州试院记》，下同），竟将贡院移到昆山荐严寺左巡抚行台署。明弘治十年（1497）置太仓州后，州与府合用一个贡院。清雍正二年（1724）分设县后，太仓州领嘉定、崇明、镇洋、宝山，另建试院，“府试不至郡中”（叶廷琮《吴城日记》）。后来，昆山贡院废坏，苏州各县的考生只能赶到江阴考试，有时借苏州府学明伦堂的两庑当作临时考场。清咸丰十年（1864），昆山贡院毁于兵事。清同治三年（1864），经巡抚都御史李鸿章奏请获准，官府在苏州城区定慧寺东建造贡院，“广袤二百余椽”。据现代测绘，其范围东西宽约 35 米，南北长约 200 米；东侧是双塔，西侧是辟疆小筑、苏公祠和定慧寺，“凡为屋百六十余椽”，共计花费“官钱一万八千缗有奇”，具体承办者为名绅冯桂芬与知府薛书常。是年冬十月竣工后，从此“凡学使者岁科校士驻郡城焉”（清同治《苏州府志》卷第二十二），李鸿章亲自撰写《重建苏州试院碑记》。清同治七年（1868），太仓州为方便考生又重建试院，状元陆增祥撰书《太仓试院碑》，碑背后刻有试院示意图。

此后，吴县、长洲、元和的县考及苏州所属县的府考也都在定慧寺巷贡院举行。近代著名作家包天笑就在贡院参加过县试和院试，他在《钏影楼回忆录》中写道：

> 苏州有一个考场，称之为贡院，在葑门内双塔寺前（一名定慧寺巷），双塔细而高，正像两支笔，这是吴下文风称盛的象征……这个考场很宽大，里面可以坐数千人。有头门、二门，进去中间一条通道，两边都是考棚，一直到大堂；大堂后来，还有二堂以及其它厅事、房舍等等。

20 世纪 90 年代，苏州考古工作者在定慧寺巷贡院旧址发现厅堂、房舍以及李鸿章《重建苏州试院记》碑。

乡试，又称大比、乡闱。除皇帝特赐的“恩科”外，三年一次，每逢子、午、卯、酉年举行，时间在农历八月，故又称“秋闱”。连考三天，初九日为第一场，十二日为第二场，十五日为第三场。“先一日放进点名，次一日交卷放出”。徐树丕《识小录》云：“国家取士之法，三年而大比，糊名易书，闭棘闱者二旬有余。”前后长达20多天。考官一律由皇帝直接派遣，称为典试。

乡试在省会的贡院举行，贡院有二道围墙，四周植以高高的荆棘，外棘墙高一丈五尺，内棘墙高一丈，墙上又遍铺荆棘，因此人称乡试贡院为棘闱，称乡试为棘试。贡院内建有号舍（又称号房，俗称

贡院号舍

考棚），用《千字文》编序排列，号舍高六尺、深四尺、宽三尺，每人一间；号舍无门，考生入场后用油布为帘，以防风雨。南京江南贡院最初十分简陋，“号房向蔽以席，每试值风雨如露处”（乾隆《吴江县志》卷二十六，下同），吴江陈王道任南监察御史时，“疏请易以瓦，至今士子赖之”。贡院共有万余间，形如长巷。如果考生多，还要搭建临时的棚号。舍内砖墙东西，离地一尺余与二尺之间，砌成上下砖缝两层承板，板可抽动，白天坐下层之板，向上层写字；晚上拿去上层板，安入下层，可以伸足而睡。合则为榻，分则为桌为凳。坐、卧、饮、食、写作都在一间，炊煮茶饭靠对号墙，空间至为窄狭。考生进入考场须严格搜身，每个考生由一名“号军”监视，贡院外还有军队于四周分段驻守巡逻。秋季八月，蚊蚋叮咬，烈日熏蒸；巷尾有厕所，近厕号舍更是臭气难熬。

蒲松龄在《聊斋志异》中描写考生参加科举考试之苦况，尤淋漓尽致：

> 秀才入闱，有七似焉：初入时，白足提篮，似丐。唱名时，官呵隶骂，似囚。其归号舍也，孔孔伸头，房房露脚，似秋末之冷蜂。其出场也，神情惝恍，天地异色，似出笼之病鸟。迨望报也，草木皆惊，梦想亦幻。时作一得志想，则顷刻而楼阁俱成；作一失志想，则瞬息而骸骨已朽。此际行坐难安，则似被絷之猱。忽然而飞骑传人，报条无我，此时神色猝变，嗒然若死，则似饵毒之蝇，弄之亦不觉也。初失志，心灰意败，大骂司衡无目，笔墨无灵，势必举案头物而尽炬之；炬之不已，而碎踏之；踏之不已，而投之浊流。从此披发入山，面向石壁，再有以“且

夫”“尝谓”之文进我者，定当操戈逐之。无何，日渐远，气渐平，技又渐痒，遂似破卵之鸠，只得衔木营巢，从新另抱矣。如此情况，当局者痛哭欲死，而自旁观者视之，其可笑孰甚焉。

似乞丐、囚犯；似秋末冷蜂、出笼病鸟、被絷之猱、饵毒之蝇、破卵之鸠，生动形象，实为一幅“儒林地狱变相图”。常熟举子陈祖范曾经24次参加乡试，创下科场之最，在清雍正元年（1723）最后一次乡试结束后，他悲伤地写下一篇《别号舍文》，“备极形容”无比痛苦的心情。

明末清初，乡试考生有两三千人，规定“三十名中一人”（顾公燮《丹午笔记》）。后来，录取名额一般大省八九十人，中等省四五十人，小省三四十人不等。乡试合格者为举人，按照字面的意思即是“被推举的人”。第一名举人，称为解元。根据条例规定，乡试每有五名中举者，可增加一名副榜（增补入选者），但副榜不能参加会试。举人已进入缙绅阶层，可以参加吏部挑选县令或中央各部的低级官吏的考试。民间有“金举人，银进士”之谣。取得举人资格后，就可以参加下一级资格考试——会试。

会试在京城举行，由礼部主持，故称礼闱；也是三年一次（恩科例外），每逢丑、辰、未、戌年举行，即在乡试次年的二月或三月，因此又称春闱，考试日期为当月初九日、十二日、十五日。乡试、会试三场中，尤以第一场最为重要，“本非专阅头场，而头场势成积重，如不获荐，二三场纵有佳作，亦多漫不省录矣”。各省举子赴京考试，衙门会根据路程的远近提供一笔路费（五两至十两不等），称作“公车费”，俗称“车马费”。据文献记载，苏州府总的费用为“八百五十

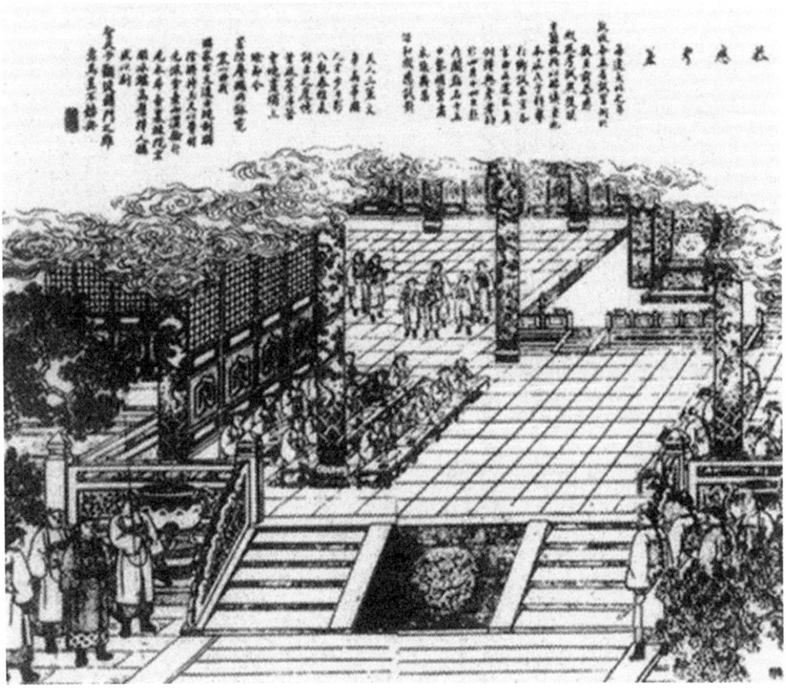

乡试图

三两”（吴荣光《吾学录初编》卷五）。全国应试人数大约四五千人，录取300名左右，会试中式者称为“贡士”。贡士再需参加一次复试，成绩在三等以上者才准许参加殿试。大约半个月之后，贡士们参加殿试。

殿试，又称廷试，试卷以皇帝名义出“策问”题，考生“对策”展开论述。陶福履《常谈》云：“由汉而来，科举之文屡变，相承不变废者惟策而已。盖士非泛览经史百家、博通古今、深明治体者不能对策。”参加殿试的贡士不再淘汰，但这是竞争鼎甲人选及新科进士名次的考试，所以尤为士林瞩目。清乾隆十年（1745）后，殿试定在四月，只考一场，时间一天，凌晨入场，日落交卷。试卷照例由皇帝亲自阅读，或由大臣朗读，皇帝裁决。

实际上，试卷一般先由读卷大臣们轮流评阅，然后按优良定为五等，再从上等中选出10份优秀卷子，进呈皇帝最后裁决。皇帝一般尊重阅卷大臣们事先拟定的名次，但常有破例的。皇帝审阅完毕，开拆弥封，亲自用朱笔填写状元、榜眼、探花名字，并决定二甲前七名的顺序。这就是所谓的“点状元”。然后，填写金榜公布，即人们常说的“金榜题名”。

明代，苏州科举也进入勃发期，问鼎夺魁，接连二三，称盛一时。王世贞《弇山堂别集》卷三有则“吴中盛事”云：

> 吴中盛事，会元凡七人：常熟施显、太仓吴钺（即陆钺）、长洲吴宽、吴县王鏊、吴江赵宽、常熟瞿景淳、太仓王锡爵。状元凡六人：吴县施槃、长洲吴宽、昆山毛澄、朱希周、顾鼎臣、吴县申时行。又山阳沈坤，原籍昆山，亦当为七人。及第凡六人：除会元二王、陆、瞿外，又有陈祭酒鉴、刘编修瑊。

漫漫科举路，考取状元实在是一件不容易的事！“三更灯火五更鸡，正是男儿立志时。十年寒窗无人问，一举成名天下知。”这便是举子考状元的真实写照。

状元是由皇帝亲自圈定的，故称天子门生。殿试放榜，要举行一个隆重的典礼仪式，史称传胪（或称胪传）大典。清康熙六年（1667）苏州状元缪彤著有《胪传纪事》详细记述了传胪仪式的全过程：当年殿试时间为三月二十日，传胪仪式则于三月二十二日举行。传胪仪式当日清晨，缪彤等新科进士身着朝服，头戴专用的三枝九叶帽顶，冒着小雨，从午门进宫，跪在太和殿广场御道两侧，且靠近丹陛石位置。此处御道即太和殿广场正中位置的道路，在古代为帝王专用；丹陛石则为太和殿前的龙纹石台阶。在太和殿前、太和殿广场设有华丽的仪仗陈设。王以下、公以上的官员立于太和殿前丹陛石之上，文武百官均立于太和殿广场上，礼部堂官奏请皇帝出宫。此时，钟鼓齐鸣，奏大典之乐《庆平乐章》。接着，鸿胪寺官（执掌朝仪的官）宣读名单名次。一甲第一名状元、第二名榜眼、第三名探花，连唱三次，听到名字立即出列前跪。接下来只唱二甲第一名，三甲第一名，不必出列前跪。唱名结束后，大学士至三品以上官员率新进士行三跪九叩头礼，并奏乐。随后，礼部官手捧金榜，率诸进士出太和门至午门。“三鼎甲”随礼部官从平时只许皇帝出入的午门中门出宫，其余进士则随鸿胪寺官从熙德门、贞度门出宫。然后，诸进士在状元的率领下，随仪仗队至长安门观看金榜。观榜之后，由顺天府尹送状元回寓所。至此，传胪大典结束。在整个仪式中，状元独领前头，站立太和殿丹墀中间，而丹墀石上镌刻腾龙及巨鳌浮雕图案，故称“状元独占鳌头”。

传胪之后，状元率领新进士参加御赐的盛大宴会——琼林宴，自宋太宗赐宴新科进士于琼林苑起一直沿用，清代又称“恩荣宴”。缪彤参加宴会时，皇帝特地派遣“内大臣佟国舅陪宴”（缪彤《胪传纪事》，下同）。状元一席，榜眼与探花一席，其余新进士四人一席。席上“用满洲桌、银盘，果品食物四十余品，皆奇珍异味，极天厨之馔。御赐酒，三鼎甲用金碗，随其量尽醉无算”，极其豪华奢侈。琼林宴毕，榜眼、探花送状元归第，探花送榜眼归第，探花自己归第。而所谓的“归第”，其实是送归其本省或本府会馆，即使京城有私第，也必须先至会馆而后回家。会馆中同乡早已等候，事先已召集名伶演剧，张彩盛宴，本地历科在京鼎甲者全部出席到场。

几天之后，皇帝在午门前赐状元六品朝冠、朝衣、金质簪花等物，还模仿唐朝“雁塔题名”故事，到国子监（太学）把状元等新科进士的姓名刻在石碑上，以作永久纪念。至此，考状元全过程结束。

状元是象牙塔尖上的人物，自然最为瞩目。北宋名臣田况在《儒林公议》中曾经描写道：

鼎甲游街图

> 每殿廷传胪第一，则公卿以下，无不耸观，虽至尊亦注视焉。自崇政殿出东华门，传呼甚宠。观者拥塞通衢，人肩摩不可过，锦鞯绣毂角逐争先，至有登屋而下瞰者，士庶倾羡，欢动都邑。

其场面之宏大、气氛之热烈，足见一斑。古代有首《少年状元词》云："五百人中第一仙，等闲平步上青天。绿袍乍著君恩重，黄榜初开御墨鲜。龙作马，玉为鞭，花如罗绮柳如绵。时人莫讶登科早，自是嫦娥爱少年。"后人则仿照作《老状元词》云："三百名中第一人，宫花斜插二毛侵。丹墀独对三千字，阊阖惊看五色云。袍簇锦，带横金，引领群仙谢紫宸。时人莫讶登科晚，自古龙头属老成。"状元无上荣光，自然令人仰慕。

二

了解从县试到殿试的大概之后，还有必要了解一个社会现实：苏州经济富裕，人文荟萃，读书人多，参加考试的人自然亦多，但是录取名额是有限的，因而应试场上竞争激烈，甚至可以说是惨烈而残酷。

宋代是中国古代科举录取进士人数最多的，即便如此，苏州被分配的名额少得可怜。范成大《吴郡志》卷五十云：

> 吴郡解额，自祥符间定制，秋举以四人为率（额）。庆历中，应举者止二百人。范贯之龙图《送钱正叔赴举序》已言四人之额，视它藩为最寡。熙丰间，举人渐多，增至六人。"三舍法"

行罢，科举法岁贡四人；“舍法”罢，合三年之数为十二人。绍兴丙子，增流寓一名。今终场之士二千，犹为额窄也。

龚明之《中吴纪闻》卷一也有类似感叹：“其额又不胜其窄矣！”

在激烈的竞争中，考取一个进士本不容易，而状元更不待言。文徵明曾深有感慨地说：“以吾苏一郡八州县言之，大约千有五百人，合三年所贡不及二十，乡试所举不及三十，以千五百人之众，历三年之久，合科、贡两途而所拔才五十人。”（文徵明《甫田集》卷二十五）清顺治十五年（1658）上谕规定，每次文科院试录取名额大府学20名，大州、县学15名（张仲礼《中国绅士》）。后来，虽然名额有所增加，而对苏州这样人口众多的地方来说，依然是僧多粥少。根据文献记载，清道光时苏州府一次院试，参加的考生竟多达一万名。近代著名学者梁启超曾云：“邑聚千数百童生，拔十数人为生员；省聚万数千生员，拔百数十人为举人；天下聚数千举人，拔百数十人为进士。”（梁启超《饮冰室文集》卷三）而百数十人中只有一名是状元，得来实在不容易。

下面，我们就来看看苏州状元科举场上的考试情况，几乎可以尽览古代科举全景。

唐代陆扆身处晚唐政治风云变幻多端之际。他于唐光启二年（886）考中状元。唐乾符元年（874），年仅12岁的李儇即位，而朝政大权实际由宦官田令孜操纵。当时，土地兼并严重，全国一半以上农民无田可种，四处流亡，苛捐杂税繁重，而统治集团则奢侈无度，再加上天灾频繁，社会矛盾异常尖锐，终于导致农民大规模起义。唐广明元年（880）十一月，黄巢农民起义军逼近长安，李儇仓皇逃往

陆扆像

四川，唐光启元年（885）三月才回都长安。是年十二月，又因乱兵进逼京师而逃往凤翔（今陕西凤翔县），陆扆随从前往。

唐光启二年（886）三月，朝廷照例开考进士，但还未来得及揭晓，唐僖宗就被田令孜逼上车驾，逃到兴元（一说梁洋）。陆扆亦随驾至兴元。途中，陆扆与中书舍人郑损同住，两人十分投机。宰相韦昭度听说陆扆很有才华，但一直没有见过面，便将他叫去，两人一见如故。经过一番交谈，韦宰相觉得陆扆名不虚传，准备向皇帝推荐起用。交谈时，陆扆把自己参加进士科考试，是否考中至今没有揭晓，因此心里很不安宁的想法告诉了韦宰相。韦昭度听了很同情，叹气道："现在已近六月夏天，可派谁来主持经办此事呢？"陆扆说道："中书舍人郑损这人不错，可以叫他具体经办。"韦昭度觉得可行，便叫陆扆转告郑损了结此事。而郑损接受任务后，又请陆扆帮助协办，具体事务都由陆扆操办，连榜贴都由陆扆一手制定。至六月揭榜，陆扆状元及第，因此人称他是"自放状元"或"自封状元"。当时正好是盛夏大热天。后来，每当夏天天气炎热之日，翰林学士便开玩笑说："今日是造榜天！"（叶绍翁《四朝闻见录》卷五）讥笑陆扆中状元不是时候、不正当。但是也有人不同意这种说法，认为陆扆是凭真才实学中状元的。《唐诗纪事》载，陆扆诗有“今秋已约天台月”之句。或云：“扆，昭宗末举进士及第，六月榜出，盛暑，同舍戏之曰：‘造榜天也。’观扆此诗，岂幸仓猝苟科第者？”（徐松《登科记考》卷二十三）

不管是“自封”还是“他封”，陆扆则的确是个一等人才，天资聪颖，才思敏捷。史书称他文才“敏速若注射然，一时书命，同僚自以为不及”（《新唐书》卷一百八十三）；他“文思敏捷，初无思虑，挥翰如飞，文理俱惬，同舍服其能”（《旧唐书》卷一百二十九）。陆氏三兄弟都以文才著名，人称“三陆”，陆扆成为状元顺理成章。

考状元最后的殿试，关键是考察对策（又称策论）写得如何。谁能写出一篇针对皇帝胃口的好对策，让皇帝看得龙颜大悦，皇帝就会欣然提笔点其为状元。吴县状元黄由能中宋淳熙八年（1181）辛丑科状元，在某种程度上说，就是靠了那篇迎合皇帝心理的对策。黄由所处的年代是中国历史上民族矛盾极为复杂的时期。淳熙，是宋孝宗的第三个年号。孝宗是南宋历史上想要有所作为的皇帝。他做皇太子时，就曾上书宋高宗，反对与金国议和。即位后，他决心改变高宗屈辱求和的国策，试图出兵收复中原。他为民族英雄岳飞平反昭雪，起用抗战派将领张浚等，发动抗金战争。后因出兵不利，被迫割地求和，与金国签订“隆兴和议”。此后30年间，宋金处于休战状态，没有发生大的战争，但宋孝宗收复河山的愿望并没有湮灭，心里总是闷闷不乐。皇太后见他这样子，便劝说道：“天下事不必乘快，关键是要坚忍，事情终究会成功的。”无奈之下，宋孝宗也常以此话安慰自己。

宋淳熙八年（1181）辛丑科廷试试卷中，有一份试卷的开头赫然写道："天下未尝有难成之事，人主不可无坚忍之心。"宋孝宗读了，觉得很符合自己的思想，仿佛找到了知音，心情得到了很大的宽慰，便将写这份卷子的考生定为第一名状元。待到拆开弥封，方知此卷的举子是黄由。由此看来，黄由状元是很有主见的人，也是个很会揣摩主子心理的人。他非常关心朝廷政事，"（甘升）为入内押班，见知用事，招权市贿，与曾觌、王抃相盘结。由对策及之，遂举进士第一"（清乾隆《长洲县志》卷二十二）。

南宋长洲状元阮登炳（约1225—1306），字显之，号菊存居士，出身官宦之家，以世习《礼记》著名于世。曾祖阮简官迪功郎、浙东安抚司干官，祖父阮大遏官承信郎、都督府干官，父亲阮诚赠朝奉郎。阮登炳从小聪明，通读经典，博览群书，写得一手好文章。宋淳祐六年（1246），通过地方选拔考试后，经人推荐到京中任秘书之类的文职小吏。他精明能干，文才又好，很受器重，后得以参与政务，曾提出过许多好的主张和建议。从此，阮登炳名声与日俱增，并与刘克庄、留梦炎等达官名人交游。不久，他担任皇太子赵禥（宋度宗）的老师。宋咸淳元年（1265），阮登炳免上南宫，一举考中会元；秋七月癸亥，参加殿试，状元及第，成为苏州科举史上连掇会元、状元的第一人。后历任绍兴府签判、福王府教授，官至秘书省校书郎、秘书监丞。

明成化壬辰科（1472）状元吴宽（1435—1504），字原博，号匏庵，是明代苏州第一位会元、状元。他的科举夺冠之路走得很不寻常。11岁入乡校，习科举业，"未冠，入郡庠，辈流方务举业，公独览群籍，为古文词，下笔已有老成风格"（王鏊《资善大夫礼部尚书兼翰林院学士赠太子太保谥文定吴公宽神道碑》)。20来岁以文行有声诸生间,“已有大魁鼎辅之期”(陆粲《庚巳编》卷六,下同)。府学教授黎扩认准吴宽将来必定能中状元,曾对人说:“苏州虽然俊义如林,但能大魁天下考取状元的必定是吴宽!”然而,吴宽是个有思想的人,觉得“场屋之文,排比牵合,格律篇同之,使人笔势拘絷,不得驰骛以肆其所欲言,私心不喜……不复与年少者争进取于场院屋间”(吴宽《匏翁家藏集》卷四十一),他批评并反对八股文,于是“欲尽弃制举业,从事古学”,最后“部使者迫促,乃就锁院试”(钱谦益《列朝诗集小传》)。后来拔贡入太学,得到张汝弼、李东阳等人赏识,乡试第三名,不久连捷会试、殿试第一名,是年已经37岁。

明代昆山状元朱希周中状元,沾了好姓名的光。据《明史》及沈德符《万历野获编》记载,弘治皇帝拆开进呈的殿试卷子时,看见“朱希周”三字心头一喜,抬头对主考官徐溥说道:“此人乃同国姓。”徐溥接着说道:“此人名叫希周,真好啊。历史上周朝有天下八百年。姓名连起来的意思是:朱家明代有希望像周朝一样,又希望出周文王这样的圣君。”弘治皇帝听了连连点头微笑,便将朱希周定为状元。另据陈洪谟《治世馀闻》记载,朱希周还曾得到“贵人”暗中相助。相传会试中式后,有人送给他一本《宋鉴》,并关照说:“书中有关司马公《五规》不可不熟读。”朱希周于是就照此去熟读全文,后来殿试制策果真有此内容,他胸有成竹,便详细地写了出来。主考官阁老徐溥、刘健二公读了他的卷子,“称为博学,荐为第一”。

三

考状元,天时、地利、人和,三者缺一不可。当然也不完全排除偶然性，科举场上曾经流传“一命二运三风水，四积阴功五读书”的说法，明代昆山状元顾鼎臣便是一例。

顾鼎臣乡试考得第八十六名，会试是第五十五名。据杨仪《明良记》记载，明弘治十八年（1505）乙丑科殿试题目，由首席大学士刘健所出，担任本科主考官的还有状元出身的谢迁。殿试进行到中途，刘健与谢迁一起巡视考场。谢迁指着试题轻声问道：“刘大人，你出此试题用意何在?”刘健回答说：“不过以纯王之心，行纯王之政罢了。”意思是说，以周文王那样的心思去行周文王那样的道。谢迁听了笑着说：“刘大人，这个意思可不容易领会呀！假如让我参加这场考试，状元也不一定能拿到手!”就在两位大臣交谈之间，顾鼎臣已把试题答完。而仔细一检查，发现试卷中误空了一页。文章讲究内在的逻辑性，中间补一页可不是容易的事。才思敏捷的顾鼎臣便将无意中听到的刘、谢的谈话内容发挥一通，补满了空页。

阅卷时，刘健找来找去找不出能很好领会自己用意的卷子，有点失望。正在此时，他读到了顾鼎臣试卷中的那一段文字，高兴地对谢迁说：“谢大人，天下能读书的人不是少啊，我的意思已有人领会并有所阐述!”于是马上将试卷抽到前面。再一看，顾鼎臣试卷末还空19行，刘健一见更高兴地说：“此人用心不凡，我们阅卷官写批语的空行也留好了!”于是，便取顾鼎臣为一甲一名，送给皇帝点状元。其实，顾鼎臣听到并领悟题旨以及所留空行数与阅卷官人数相等（此科殿试阅卷官实际为14人），纯属偶然，完全是巧合。

清代苏州第一位状元孙承恩，以不肯欺君卖弟赢得了状元。据陶贞一《虞邑先民传略》、陈康祺《郎潜纪闻》记载，顺治皇帝看了孙承恩的殿试对策非常欣赏和满意。孙承恩的文章敢于直抒己见，指陈时弊，尤其是最后的颂语“克宽克仁，止孝止慈”等语，深深打动了顺治皇帝的心。整篇文章布局合理，议论贴切，行文流畅，文风朴实，再加上一手漂亮工整的欧体楷书，顺治皇帝手持卷子连连称赞，便决定点为状元。等到拆开弥封看到姓名籍贯后，不禁一愣，心想这名新科进士，会不会与去年因科场作弊而充军东北上阳堡的孙旸是一家人？于是，便派内阁大学士王熙去询问。

王熙与孙承恩曾相识，当然知道他与孙旸的兄弟关系。王熙到孙承恩寓所，便将顺治皇帝准备定他为状元但又怀疑他与孙旸是一家人，特地派自己来询问的事情一五一十地告诉孙承恩，并强调说：“今日上天堂还是下地狱，全取决于你一句话，你看我回去怎样禀报皇上？”孙承恩沉默良久，慨然对王熙说道：“你照实禀报！是祸是福听天由命，我不能欺骗君主和出卖兄弟！至于我能不能中状元，听凭皇上圣命！”王熙听了深深感叹，没说半句话，跨上马背就走。但是又念多年朋友之情，走了一段又重新回来，请孙承恩三思。

孙承恩像

而孙承恩态度十分坚决，仍然不肯改变自己的观点与立场。王熙见了很恼火，大声问道："孙承恩，丢失这样的机会，你难道真的不后悔吗？"孙承恩肯定而坚决地回答："我孙承恩即便死了也不后悔！"

王熙策马飞驰进宫，宫中已经点起了蜡烛，顺治皇帝还在听回音，以作出最后的定夺。王熙急忙上殿，将孙承恩不肯欺君卖弟的一番话，原原本本地禀报。顺治皇帝听罢回奏，反而愈加觉得孙承恩此人诚实可爱，有才有德，人才难得，于是手执朱笔，欣然将孙承恩定为状元。随即在瀛台召见，孙承恩"长身玉立，奏对朗朗，重瞳属视者再四焉，即日授翰林院修撰"（徐元文《孙扶桑君墓志铭》，下同）。

顺治皇帝对孙承恩很是宠爱，多次召见咨询，商议要事；有时"中夜传召，造膝言论"，还"指示诸王勋旧、大夫，曰此朕所取状元也"；并且为孙承恩刚生的儿子取名。翌年，顺治皇帝带他去南海游玩，并赐骑御马。不料骑马时正巧遇风沙袭击，孙承恩受惊"中寒疾，又误投补剂，气逆不能胜，归寓不数日而卒"，年仅 40 岁。顺治皇帝听到消息十分悲痛，特地派内大臣慰问吊唁，并赐祭葬费 200 两白银。十余年后，昆山状元徐元文以翰林院掌院学士、国史院修撰身份为他撰写墓志铭。

如果说，孙承恩是因诚实赢得状元桂冠，那么，毕沅则以忠厚而得福状元。据洪亮吉《毕宫保遗事》记载，清乾隆十八年（1753），毕沅参加顺天乡试中式，清乾隆二十二年（1757）以举人身份补为内阁中书，不久调到军机处当差。清乾隆二十五年（1760），他与同事诸重光、童凤三等参加庚辰科会试。考试结束后，他们便照常回到军机处。当时诸重光、童凤三已颇有才名，书法也写得很好，与诸、童相比，毕沅学问虽然毫不逊色，但书法则不如另二人，而考状元书法是很重要的。会试发榜揭晓前一天，照例该轮到诸重光值西苑夜班，太阳还未偏西，诸重光忽然傲慢地对毕沅说："今天夜班须你代值！"毕沅莫名其妙，忙问为什么。诸、童二人冲着毕沅说："这其实不说你也该清楚，我们的书法比你好，明天放榜倘若中式，还要去争取殿试鼎甲，所以须回寓所早些休息，做些准备。而你的书法属中下水平，即使明天榜上有名，难道还想去殿试夺一甲前三名吗？"说完，二人头也不回，扬长而去。毕沅无可奈何，加上他性格随和，处世与人为善，不与人计较，就老老实实地在值班房里代值班。黄昏时分，有人送来一份陕西总督黄廷桂有关新疆屯田的奏折，毕沅闲着无事，便饶有兴趣地将这篇奏折读了一遍又一遍，把奏折内容熟记于心头。

第二天会试发榜，诸、童、毕三人都中贡士，毕沅是第二名。数日之后，他们一起参加殿试。这次殿试对策的试题很特别，一反往常治论经史之题，题目独与新疆屯田有关。因为当时刚平定叛乱，乾隆皇帝准备在新疆屯田实边，便想借此机会选拔熟悉并能胜任这项工作的人，于是亲自出题。毕沅拿到试题，心中有数，答得特别顺手，写得格外翔实而得体。主考官们都认为他的策问卷写得很好，但因书法欠佳，初拟名次时，将他排列在第四，呈请乾隆皇帝钦定。乾隆皇帝点状元时，发现前三名的卷子都不令人十分满意，当他读到第四名毕沅的卷子时，发现其对策详赅明确，议论贴切，与自己想法相近，大为赞赏，便亲自改为一甲一名状元，而将诸重光抑置为一甲第二名（榜眼），童凤三则排到了二甲第十一名。毕沅从小聪明笃学，读书过目而不忘，10 岁通晓声韵，15 岁能作诗，又笃志好学，考中状元实至名归。

四

科举取士不管是考诗赋还是八股文，以一张试卷定终身，存在许多不尽合理之处，因此历来就遭人诟病。

唐代同中书门下平章事舒元舆在《上论贡士书》中曾对当时朝廷以诗赋取士的考试制度提出尖锐批评："今之甲赋律诗，皆是偷折经诰，侮圣人之言者……试甲赋律诗，是待之以雕虫微技，非所以观人文化成之道也。"

明清两代科举以八股文取士，吴宽、王世贞、顾炎武等许多苏州人都批判过八股文；清乾隆年间（1736—1795），吴江徐大椿还写了一篇《刺时文》，以一种民间曲艺样式唱"道情"的形式，把读书人捧为至宝的八股文骂个狗血喷头；徐树丕《识小录》甚至痛斥八股文为"呕血腐肠"之作。然而，八股文毕竟是块"敲门砖"，就连高士徐枋也诫勉儿子要好好学习："入门者何？时艺也……时艺者，科举之利器也……考试以时艺为主，今汝不学时艺即欲试，不能是已。杜其源而防患于未然矣。"（徐枋《居易堂集》卷四）。

八股文题目，必须取自四书五经。每次考试的题目十分奇怪，常采用割裂方式从中抽出一章，有时是一节，有时甚至是几句，要求考生承接题目而发挥。我们不妨看看几位清代苏州状元当年的试题：孙承恩科试题是"无为而治"全章，"夫命之谓"全章，"君子所性"二节。徐元文科试题是"欲修其身"六句，"道之以法"句，即"为人医者"至"接也"。彭定求科试题"君子义以"一节，"诚者天之"一节，即"人有恒言"至"在身"。考生如果熟读并精通四书五经，则可承接题目而自我诠释发挥，否则一头雾水，同时作答内容又必须是代圣贤立言。

在形式上，八股文章通常要由破题、承题、起讲、入手、起股、中股、后股、束股八个部分组成，体制固定，讲求对偶排比，行文时且要揣摩孔孟、程朱的口气。考生须兼备做策、论、赋、诗的功夫，才能做得好八股文，八股文能体现出考生对各种文体的驾驭才能和技巧。周作人曾在《中国新文学的源流》中评说道：八股不但是集合古今骈散的菁华，凡是从汉字的特别性质演出的一切微妙的游艺也都包括在内，所以我们说它是中国文学的结晶。八股文是否能称为中国文学结晶，可以另作讨论，但是，八股文讲究排比、对偶、声韵、音节等文学修辞技巧，的确成了一种高妙的文字游戏。数百年来，多少文人学子为了求得进身之阶梯，不得不沉湎于这一文字“魔方”之中。

苏州人精明灵巧，才情横溢，偏爱八股，在科场上以其典雅的文风、娴熟的答对技艺，挥洒自如，涌现出了王鏊、瞿景淳、归有光、文震孟、韩菼、翁叔元等擅长八股文的高手名师。状元文震孟早年即与冯梦龙、陈仁锡、姚希孟等人一起潜心研究八股文，达到很高水准。顾公燮《丹午笔记》记载他当年参加院试的故事：当时担任学政的熊廷弼是明末一位文武双全的帅才，先是考中明万历某科武乡试第一名解元，后又弃武就文，又考中明万历丁酉（1597）湖广文科乡试第一名解元，曾在自家厅堂挂有“三元天下有，两解世间无”楹联。明万历二十六年（1598）考中进士，后担任南直隶督学（又称学政）。其人性格刚直严厉，如果诸生品行不端，八股文写得不好，便要严刑拷打；“场规太肃，诸生哗然”，他则警告：“本院千军万马且不怕，还惧你们这帮诸生吗?”他规定考生交卷，“老者在前，少者在后，乱者责之”。著名东林党人周顺昌就是此科岁试考生，考卷交得稍迟一点，“喝令跪，良久始释”。《明史》称他“督学南畿，严明有声，以杖死诸生事，与巡按御史荆养乔相讦奏”。阅卷时，他左边置一坛酒、右边放一把剑，一目十行，看到好文章“满浮一大白，用志赏心之快”（钱思元《吴门补乘》卷四，下同），看到劣质荒谬文章，“则舞剑一回，以抒其郁”“凡有隽才宿学，甄拔无遗”。文震孟是此科考生，他不慌不忙，从容书写，挨到最后一个交卷。写完最后一字并没有急于交卷，而将自己的文章“高声朗诵”，读毕“拍案叫绝”，说道：“此等妙文，可要吓煞老熊也!”熊廷弼听了大怒，要想用杖责打。文震孟急忙解说：“大宗师且慢，如果你能在全场寻得出超过我的试卷，再杖责也不迟!”熊廷弼见他如此自信，便颔首同意，把他的试卷带回仔细阅读后，不禁连声称赞，列为案首。由此，足以看出文震孟八股文的水准。

文震孟的八股文均为感时伤世之作，苍劲悲凉之气贯穿始终。其最大特点在于，既恪遵传统的做法，又能与时俱变，更可贵的是“凡胸所欲言者，皆就题以发挥之”。有部八股文集《天崇合钞》收录他的一篇名作《子路问政。子曰：先之劳之》题文。此题目《四书集注》注释为“苏氏曰：凡民之行，以身先之，则不令而行。凡民之事，以身劳之，则虽勤不怨。”文震孟借代圣贤立言之机，对政坛弊端进行有力地批判，他写道：“藉口于老成之持重，则谓无为事先；得意于时变之善观，则谓无为几先。我贻之后人，后人复贻之后人，而必创必革之业，坐视其颓腐矣”“肘掣于独运之难成，则能劳而不任；心惴于畏途之难惬，则欲劳而自阻。我委之他人，他人更委之他人，而克艰克勤之猷，俱付之废坠矣”。他明确指出“政必在于先之也，一切迟回审顾之态勿参也。政必在于劳之也，一切因循懒惰之念勿萌也”。他更提出“天生豪杰之精神，原使建无前之伟烈……无论非委畀之初意，反于中怀，亦自惭恧而不可居”“天留宇宙之缺陷，时以俟补缀之能人……无论非经纶之素心，揆之政体，亦必溃坏而不可救”。文中激昂悲愤之情力透纸背，即便不从八股文做法去评判，也是一篇上乘的政论文。他的制义时文，思想纯正，本经文与传注而又有所发明。如他的《夫子至于是邦也，必闻其政》题文中写道："以邦君之敬信而卒不能用圣人，夫非限圣人，限衰周也；邦君不能用圣人犹如敬信圣人，夫非露人情，露人性也。”不仅将题之精义说得透彻之至，还透出一股感时伤世的忧愤之气，有很深的寄托。因此，八股文名家俞长城评称他的八股文是“老成忧国，豪杰悲时，非经生家言可及”。

清代，长洲状元韩菼以擅长八股文而闻名全国，为顺治、康熙时期制义“四大家”之首，他的八股文被作为文章典范。清康熙十一年（1672），韩菼以国子监生中顺天乡试，翌年连捷会试、殿试。康熙皇帝对他的文章十分赞赏，读他的殿试墨卷时，连连称主考官得人。赐状元后不久，即命韩菼撰《太极图说》，紧接着命作时文两篇，读后连声称赏，便命韩菼将以前平日所写的文稿进呈，并批谕结集刻刊。康熙皇帝曾经下诏谕云：“韩菼天下才……学问优长，文章大雅，前代所仅有也”（《清史列传》卷九，下同），还赐御书“笃志经学，润色鸿业”之匾额。韩菼制义对清代文风产生巨大影响，有开先河之功，在他逝世 48 年之后，乾隆皇帝还下谕称赞韩菼撰制义“实开风气之先，足为艺林楷则”，推崇备至。他的《有怀堂制义》成为读书人必备之书，“先生性喜故，尤工制义，迄今遗稿天下传习，几于家置一编”（邱炜萲《五百石洞天挥麈尘》）。

乾隆皇帝曾命著名古文家方苞选编《钦定四书文》，韩菼的八股文作为“典范”被选编其中。这里辑录一篇，供与读者分享：

〔题〕子谓颜渊曰“用之则行，舍之则藏，唯我与尔有是夫”(出自《论语·述而》)

〔正文〕圣人行、藏之宜，俟能者而始微示之也。(破题二句，点明题意)

盖圣人之行、藏，正不易窥，自颜子几之，而始可与之言矣。(承题四句，引申阐述)

故特谓之曰：毕生阅历，只一二途以听人分取焉。而求可以不穷于其际者，往往而鲜也。迨于有可以自信之矣，而或独得而无与共，独处而无与言。此意竟托之寤歌自适也耶？而吾今幸有以语尔也。(起讲十句，全用孔子语气对颜渊说话，为全文议论，总笼全题，层次分明)

回乎！人有积生平之得力，终不自明，而必俟其人发之者，情相待也。故意气至广，得一人焉，可以不孤矣。人有积一心之静观，初无所试，而不知他人已识之者，神相告也。故学问诚深，有一候焉，不容终秘矣。(起二股)

回乎！尝试与尔仰参天时，俯察人事，而中度吾身，用耶舍耶？行耶藏耶？(出题五句，作一过)

汲于行者蹶，需于行者滞。有如不必于行，而用之则行者乎？此其人非复功名中人也！一于藏者缓，果于藏者殆，有如不必于藏，而舍之则藏者乎？此其人非复泉石间人也！(两小股，亦可不用)

则尝试拟而求之，意必诗书之内有其人焉，爰是流连以志之，然吾学之谓何？而此诣竟遥遥终古，则长自负矣。窃念自穷本观化以来，屡以身涉用舍之交，而充然有余以自处者，此际亦差堪慰耳。则又尝试身为试之，今者辙环之际有微指焉，乃日周旋而忽之，然与人同学之谓何？而此意竟寂寂人间，亦用自叹矣。而独是晤对忘言之顷，曾不与我质行、藏之疑，而渊然此中之相发者，此际亦足共慰耳。（中二股，锁上关下，向背开合）

而吾因念夫我也，念夫我之与尔也。（过结二句）

惟我与尔揽事物之归，而确有以自主，故一任乎人事之迁，而只行其性分之素。此时我得其为我，尔亦得其为尔也，用舍何与焉？我两人长抱此至足者，共千古已矣。唯我与尔参神明之变，而顺应无方，故虽积乎道德之厚，而总不争乎气数之先。此时我不执其为我，尔亦不执其为尔也，行、藏又何事焉？我两人长留此不可知者，予造物已矣。（后二股，实力发挥，尽情驰骋）

有是夫，惟我与尔也夫。而斯时之回，亦怡然得，默然解也。（全篇之收结）

韩菼的这篇范文阐发了儒家的基本价值观，主要就社会政治责任与个人道德修养之间的关系展开论述。根据题目，即孔子对颜渊所说“用之则行，舍之则藏，唯我与尔有是夫”（意思为：得到任用而出仕，被舍弃则归隐，只有我和你才做得到），自然巧妙地破题、承题，从“起讲”开始，先后就题目中的“子谓颜渊曰”“用之则行，舍之则藏”“唯我与尔有是夫”三层意思逐层议论，于全文的重点处（“两小股”“中二股”）反复申论，文章气势舒达，意无余蕴。在今天的人们看来，这篇文章晦涩枯燥，罗苏空疏，但这是典型的八股文，是出于状元手笔的上乘之作。

风光的背后，韩菼科举之路其实厄运缠绕，接连几次摔跤。据《丹午笔记》记载，他在补博士弟子员后，正巧遇上“奏销案”，因欠粮三升而被黜革。不久到嘉定参加考试被录取，结果有人举报其“冒籍”而被除名。后来参加吴县童试，题目是“狂者进取”（或云“其在宗庙朝廷”一句），由于他“为文原本六经，出以典雅，不中蹈天（启）、崇（祯）时决裂之习”，被“邑宰斥其文，以为不通，将文贴于照墙不录”。而此时他家居住娄门，因“海寇作乱”房子被清兵建营房圈封作屯兵场所，居住无所，十分落魄潦倒。正当此时，徐乾学有事来到苏州，其门生“争诵韩之文以为笑柄”。徐乾学一听很是惊讶，不禁感叹道：“此文开风气之先，真盛世之音也。”急忙问清姓名，“即命延见，引入都中，援例中北闱张榜”，韩菼因而成为清朝开国以来连中会元、状元的第一人，官至礼部尚书。钱泳曾不禁感叹道：“韩非徐不足以为师，徐非韩不可以为弟，诚千古知己也！”

清康熙二十四年（1685）乙丑科会元、状元陆肯堂也是位八股文高手，且才思敏捷，“为文信笔而成，滂沛闳阔，凌厉顿挫，如万斛泉，不可遏止”（《清史列传》卷七十）。31岁考中举人，斩获“经魁”。35岁，连中会元、状元。当年会试论题是“圣人之教，不肃而成”，取于《孝经·圣治章》之“圣人因严以教敬，因亲以教爱。圣人之教，不肃而成。其政，不严而治。其所因者本也”一句。陆肯堂起笔“自古致治不一主，而一道同风之治必推圣人”，以“一道同风”作为“致治”的最高境界，突出圣人。接着分析圣人得成“一道同风”之治的原因，再根据《礼记》“先王承天之道以治人之情”“立爱自亲始，教民以睦也；立敬自长始，教民顺也”，阐明圣人之教的依据、内容和效果。再以后之人主，有意于不肃之治，结果走向愿望的反面，反衬圣人知不肃的本原。最后得出“圣人之不肃，正其圣人深于肃”结论。试卷由同考官、给事中杨尔淑荐卷，副考官、掌院学士兼侍郎孙在丰在卷子上批“敷畅”，右侍郎董讷批“高亮”，左侍郎王鸿绪批“明朗”，正考官、尚书张士甄批“宏通”。由是，定其为会试第一名。康熙皇帝在试卷上御批：“首场格局醇正，二场工稳，三场议论好。”

世上状元试卷保存极少，幸运的是陆肯堂状元试卷还存世（现藏上海华东师范大学图书馆），得以让人加深对考状元以及陆肯堂才华的了解。是科，殿试策题三问，“吏治如何做到大法小廉”“观天人理数如何为帝王圣贤之事业提供启发”“开海禁是否能实裨民生”，分别涉及治国之策、帝王之道、民生之实。

陆肯堂状元试卷共 94 行，计 1863 字。针对第一问，陆肯堂答道：“法莫若宽向之所以考成而严之课行”（意思是考核不宜过于严苛而工作执行应该严格）、“常行廷臣公举之法，使廉吏之上达不必尽由督抚之荐剡”（意思是地方官的提拔由廷臣公举而不必都由督抚举荐）。其观点体现儒家

陆肯堂像

“为政以德”“礼贤下士”的治国思想。针对第二问，他答道：“孔子曰《易》有太极。太极者，先天礼数之源也。”因此，他认为“惟我皇上洞观太极之精微，表建皇极之主宰，阐明河图洛书之异数而同符，省察格物观物之殊功而一致，此以帝王见天地之心，而非仅理数之源流已也。”体现了中国古代“天人合一，格物致知”的传统哲学思想。由此，他建言圣上通过观天地之道以启仁德之治。针对第三问，他提出“柔远裕民”思想，认为“（开海禁）非仅以阜国用，实所以壮声灵也；非仅以阜民财，实所以固屏藩也”，并提出：“善其防卫以示招徕，重其诚信以杜边衅。”在倡导通商的同时，提出“防卫”的措施和“重诚信”之道，进而提出“四海一家”观点：“合万国之财以利万国之用，岂非天子四海一家之象乎！”让泱泱大国名声远播，最终实现“海隅日出之邦，莫不引领而望曰盖闻中国有圣人焉”。由此可见陆肯堂文章“文以养正，德治天下”的高度与深度。（胡盈《文以养正，德治天下——华东师范大学藏康熙二十四年陆肯堂殿试状元卷小析》）

可喜的是，上海华东师范大学图书馆还藏有陆肯堂次子陆赐书的清康熙四十五年（1706）殿试试卷。清宣统元年（1909），陆肯堂父子试卷从宫中流出，被裔孙陆润庠状元获得，装裱成卷轴珍藏，试卷上有陆润庠、徐世昌、陈宝琛等人题跋。

其实，科举考试的“敲门砖”并不止八股文，还有试帖诗。《凌霄一士随笔》云：“试帖诗，犹文中八股文也……盖谨于刻画，而体格卑下，故能诗者羞称焉，然为当日读书人‘敲门砖’之一……诗如违式出韵，则文虽佳亦为所累也。”其要求也如八股文一样严格，不能违式，不能出现音韵差错。

再有书法也十分重要，“读卷诸臣率多偏重书法，于策文取无疵类而已。敷奏以言，为拜献先贤，如文义醇茂，字画端楷，固为及格之选；若字在丙而文在甲，视文字均属乙等，自当使之出一头地”(王庆云《石渠馀纪》卷一)。乡试、会试的试卷采用誊录方式，所以考生书法的好坏并不那么重要，但殿试则不同，考官直接读试卷，因而书法好坏则直接关乎等第。陈康祺曾云：“近数十年，殿廷考试专尚楷法，不复问策论之优劣，以致空疏浅陋，竞列清班，甚至有抄袭前一科鼎甲策，仍列鼎甲者。”（陈康祺《郎潜纪闻二笔》卷十一）因此，考生“有以赖书法之工而获售者”（徐凌霄、徐一士《凌霄一士随笔》卷六）。近代著名学者薛福成进而说明书法的重要性，士子“即使连掇科第，苟不工于小楷试帖，不过得一知县而止。而世所谓清要之选，如翰林，如御史，如内阁中书阁，如军机章京，大都专选小楷，或以试帖辅之”(薛福成《庸庵全集》“文外编”卷一)，书法不佳的话，即便考中了进士，也会直接影响到仕途。因此毫不夸张地说，状元个个都是书法家。

五

状元都是“天子门生”，但被皇帝亲口称赞“是朕门生”的情况则十分罕见，而昆山徐元文有幸享受到这种殊荣。徐元文中状元时年仅 25 岁，英俊年少，方面大耳，双目炯然，一表人才；谈吐典雅稳重，音词宏亮晓畅，思维敏捷灵巧。顺治皇帝见了满心欢喜，传胪时当即授翰林院修撰，传令赐予冠带、蟒袍、裘靴等。当天回到宫里，顺治皇帝高兴地对皇太后说道：“今年科举，朕得了一位佳状元！”此后，顺治皇帝常常将徐元文带在身边，对周围的人讲：“此人大有见解，状元为朕所亲拔，朕门生也。”（吴振棫《养吉斋馀录》卷八）徐元文曾随从游玩南苑，皇帝赐乘御马，并叫满族学士折纳库为徐元文执鞍牵马；皇帝还时常召其去“晚对便殿，夜分赐馔”；又请徐元文为自己的读书处“孚斋”撰写《孚斋说》，并下令刊行。其宠幸的确非常人可比，在历代状元中实属罕见。

清康熙十五年（1676），彭定求参加礼部会试，以优异成绩获得第一名“会元”。后来参加殿试，彭定求答卷文章也不差，只是因为书法不太好，经巴哈纳等 14 位读卷大臣认真评阅，反复比较，将他放在第三名。拆开弥封后，康熙皇帝发现会元彭定求排在第三名，便将试卷连看了二遍，觉得屈才，于是便质问读卷大臣：“会元彭定求为何放在第三个？”读卷大臣答道：“彭会元文章的确不差，只是书法不及前二卷，所以放在第三。”康熙皇帝说：“彭会元的对策文章做得很好，尤其是最后几行文字有劝勉朕的意思，这很是难得啊。再说，先儒大师周敦颐、程颢、程颐、张载、朱熹难道都是书法家吗？”说罢亲自将彭定求卷拔为第一名状元，授彭定求翰林院修撰。

清康熙五十一年（1712）状元王世琛，殿试“卷在第三，圣祖拔置第一”（徐葆光《少詹公墓志铭》）。彭定求孙子彭启丰，清雍正五年（1727）丁未科会试第一名会元，殿试卷列第三，由世宗亲自擢为第一名状元。王世琛、彭启丰二人也是名副其实的“天子门生”。

科举之路是一条布满荆棘、充满艰辛的道路，文震孟、缪彤二位状元的科考具有相当的代表性。

文震孟博通经史，尤长《春秋》，然而科场很不顺利，就像他曾祖父文徵明当年连考 10 次乡试不中一样。他自 21 岁获乡荐后，曾连续 10 次会试不中，直至年近半百才考中状元。

缪彤从小特别聪明，兼承庭训，又延请“词坛名宿”宋实颖为师。宋先生曾举康熙己未科博学宏词，淹贯经史，诗文典雅，与缪彤父辈友善，与缪彤伯父缪慧远同以文章称雄吴下，名声相埒。缪彤出身书香门第，又有名师指点亲炙，早年即以文章著名，人们都说他将来必定中状元。清顺治十年（1653），学政宗师石申主持岁试，迟迟不发榜，人们不免议论纷纷，石申解释说：“我苦心尽力搜索，因此迟滞。”不过人在众多试卷中发现了三位状元之才，分别是昆山徐元文、吴县缪彤、长洲韩菼！可见，缪彤的文章在当时的确很有实力。

清顺治十四年（1657），缪彤考中丁酉科乡试举人，然而后来的礼部会试很不顺利，同窗徐元文早已大魁天下，而缪彤却接连四次会试都没能中式，真有点心灰意冷。因此，清康熙六年（1667）二月第五次参加会试结束后，他便收拾行李作好回乡准备。发榜前一天，他只身来到寓所报国寺大殿前古松下，默默祝诵：“今科不中，以后就不再参加考试!”会试第二场考试的当天夜里，他梦见外祖父手掌海中珍宝，授以牙笏。他是多么希望梦想成真、金榜题名啊，但试场莫测，结果难料，他不敢与熟人告辞，竟与古松作别，心情十分痛苦。二月二十六日会试榜发，终算老天有眼，他以第三十六名领到了进入殿试的入场券。传胪大典前一天，京城已经盛传某人状元、某人榜眼、某人探花，缪彤感到鼎甲已经无望，传胪大典之日“不过随班行礼而已”，因而传胪官唱到他名字时，简直不敢相信自己的耳朵，以为自己听错了，不敢出班接榜行礼，结果被礼部官员拉掖出队。从举人到状元整整 10 年，其中的辛酸苦辣也许局外人是难以体会的。由是，他写下一篇传世名作《胪传纪事》，记录下他殿试的全过程，为后人保存了一份极其珍贵的文献史料。

缪彤得以中状元，是因为他的殿试策论做得好。是科殿试题目“以用人择吏之道、足国裕民之方”，缪彤对策“以人主之一心为治世之本，以人主一心行仁为致治之要”立论，从用人、吏治、赋税诸方面，劝请皇上修治“吾心”，以仁举贤，以仁择吏，以仁理财，行爱百姓万民之实政，成就一代盛世之伟业。构思谨严，言辞清丽，因而大魁天下。

苏州状元中品尝从举人到状元历时 10 年或 10 年以上寒窗辛酸的还大有人在。常熟归允肃，清康熙二年（1663）考中癸卯科举人，此后屡试不第，连连落榜，直到清康熙十八年（1679）才考中己未科状元，前后达 17 年。长洲徐陶璋，清康熙四十四年（1705）乙酉科乡试举人，而会试一连四次未能中式，至清康熙五十四年（1715）乙未科才“捷南宫，廷对一”，前后达 10 年。

状元陈初哲幼而岐嶷，早负才名，又写得一手好书法。弱冠后，又以“善属文”著名，与弟陈希哲被称为“吴中二陈”。曾师从张鹏，受到他的教育指点，得益匪浅。清乾隆二十五年（1760）中庚辰恩科举人，清乾隆三十四年（1769）状元及第，从举人到状元共计 10 年。吴县石韫玉从小聪睿，笃志好学，遍读群书，卓荦有特识，18 岁补博士弟子，24 岁考中清乾隆四十四年（1779）举人，此后六次会试落第；清乾隆五十五年（1790）会试得第 14 名。殿试后，他被阅卷官列为第二甲第一名（即第四名，亦称“传胪”），乾隆皇帝读了他的卷子后，觉得文章写得很好，书法也很佳，亲自将陈初哲从第四名拔为第一名状元。陈初哲从举人到状元前后 12 年。

吴廷琛 16 岁初应县试，名列前茅；清乾隆五十七年（1792）中举人，次年参加礼闱落榜。当年吴廷琛 21 岁，在母亲章氏的催促下，回乡完婚。但是，他志趣高远，没有沉溺于燕尔喜婚、儿女情长之中。为博取好科名，远离城区，来到几乎与世隔绝的太湖孤岛洞庭西山读书学习，奋力自勉。十年之后，即清嘉庆七年（1802），他再次进京参加壬戌科考试，在会试、殿试中连夺第一名，成为清朝开科以来第十个连掇会元、状元的“两元”。传胪大典结束后，嘉庆皇帝特地召见，并亲自写下“双元独冠三吴彦”御诗。吴县吴钟骏生有异禀，早年以“少年才子”闻名吴中。清道光元年（1821），副榜，拔贡。次年中举，清道光十二年（1832）殿试状元及第。吴廷琛、吴钟骏是堂房叔侄状元，从举人到状元都用了整整十年，真是十年辛酸不寻常！

苏州状元中也有在科举场遇到意想不到的波折的人。孙承恩是个“负不世才，厚自期许”的人，清顺治四年（1647）因私刻丁亥科会试文集《了闲》被革掉秀才，并被捕入狱。直到清顺治八年（1651），才得以出狱。清顺治十年（1653）春，恩例入贡，次年以明经领顺天乡荐，北闱居首。参加乙未科会试，中了个副榜，于是“扁舟南归，杜门扫却”（徐元文《内翰林院修撰孙扶桑君墓志铭》，下同）。清顺治十四年（1657），大弟孙旸因涉及科场案被逮捕，发配充军。孙承恩“闻难北上，冀为弟白其冤”，他“昼伏夜行，谋画万状，陷于危害者数矣”。时值戊戌考试，他决定放弃，最后在挚友的极力劝导下，才入闱应试，没想到竟然中魁选。廷对，他试卷“敷陈恺切，书体端严”，皇帝“亲加嘉赏，定为一甲一名”状元。

常熟状元汪绎，“生而姿性英敏，六七岁时出语遂露根器，人咸奇异”（彭定求《翰林院修撰东山汪君墓志铭》，下同）。清康熙三十二年（1693），考中癸酉科顺天乡试举人。清康熙三十六年（1697），丁丑科会试以第三人中式。正当准备参加殿试时，突然传来父亲病危消息，他“星驰南还”，最终还是“不及含敛，哀毁特甚”。但是，他没有放弃科举功名，不忘读书。三年守孝结束，他再重新参加清康熙三十九年（1700）庚辰科殿试，考中一甲第一名进士，终于状元及第。

吴县状元张书勋家境贫寒，但聪明好学，刻苦励学。早年因县试、府试成绩优秀，选送苏州紫阳书院学习，受到状元彭启丰等吴中名儒的教育熏陶。清乾隆十八年（1753）拔为贡生，清乾隆二十四年（1759）中己卯科乡试举人，翌年参加礼部会试落榜，清乾隆二十六年（1761）参加辛巳恩科会试又名落孙山，清乾隆二十八年（1763）第三次参加礼部会试，考官初拟张书勋以第三名贡士参加殿试，然而在复议中发现其“策论”中有内容错误，于是张书勋又被从拟好的名单中删除，并被罚停一科殿试。第三次落榜后，张书勋只得“以举人就挑得知县，行捧檄出都”（钱泳《熙朝新语》卷十二，下同），黯然离京。但是，张书勋决不就此罢休，仍然手不释卷，勤奋苦读。清乾隆三十一年（1766）春，张书勋以知县官的身份再次参加丙戌科礼部会试，“及会榜发，获隽”；紧接着参加殿试，“廷对竟得大魁，以知县中状元，人称奇遇也！”

六

苏州状元科场上最荣耀的，当然首推连中“三元”的钱棨，而且还是个罕见的“六元”。其实，钱棨科举路上也是一波三折，经历多重磨难。他“专志举子业，夜读率至五更，应童子试辄不利”（钱思元《吴门补乘》卷五，下同），至清乾隆三十一年（1766），始补长洲学生。随后参加县试、府试、院试，连夺三个第一名，人称“小三元”。中秀才后，乡试一连六次落榜，虽然“志益锐，文益纯，而境益困”。清乾隆四十四年（1779），第七次乡试时他交上好运，拔得第一名“解元”。清乾隆四十六年（1781），钱棨公车北上进京，会试又夺得第一名“会元”。殿试结束后，阅卷大臣初拟名次，第一名是秦承业，钱棨则列为第十名。乾隆皇帝审定时，得知他是解元、会元，便对阅卷大臣们说道：“本朝应该有个三元。”于是，亲自改为榜首状元。幸亏皇帝“拨乱改正”，否则苏州就与“三元”失之交臂。

根据文献资料记载，自隋开科取士以后，连中“三元”者总共只有13人：唐代张又新、崔元翰，宋代孙何、王曾、宋庠、冯京、王岩安、杨寘，金代孟宗献，元代王宗哲，明代商辂，清代钱棨、陈继昌，而钱棨正是清朝开国140年后的第一位“三元”。因此，钱棨“三元”夺魁之后，举国欢庆。乾隆皇帝也是十分高兴，以为这是清朝开国以来的大喜事，更是“太平盛世”的瑞兆。传胪之日，乾隆皇帝亲自作《御制三元诗》庆贺纪念。诗云：

龙虎传胪唱，太和晓日暾。
国朝经百载，春榜得三元。
文运风云壮，清时礼乐蕃。
载咨申四义，敷奏近千言。
讵止求端楷，所期进谠论。
王曾如何继，违弼我心存。

乾隆皇帝认为，钱棨连中“三元”，是大清王朝天下太平、文风丕盛所致，不仅赞赏钱棨的殿试对策好，文章虽只近千言，却内容切实，表述完整，而且书法端正，清秀有力，最后更是强调说明，发现像王曾这样的钱三元，是自己存心纠正过失而得来的。

皇帝亲自作诗庆贺，自然是非同小可，在京的士大夫及全国各地的诗人都纷纷赋诗祝贺，座主赠诗有“千古第七人”之句。江南著名文人赵翼特地撰写《三元考》，并作《赠三元钱湘舲棨》一诗，诗云：

> 三千年桃十丈藕，世间奇事乃竟有。满街争拥看三元，三元肯来访衰朽。秀才头上三重关，何限英雄老此间。禹门登或浪打去，神山到又风引还。至于名冠多士上，尤是人生所不想。偶然得一已足夸，何况连压黄金榜。欧文忠、王文恪，两元已在握，胪唱声中又飘落。君独连掷得枭若蒲搏，国手棋无第二着。毋乃真天仙，身骑白凤凌云烟。三垣九阊拦不住，直到玉皇香案前。我闻夺标紫宸殿，荣过将军奏凯宴。却嗤三箭定天山，犹只了却一场战。古来惟有苏定方，手平三国皆擒王。直至前明张英国，三征南交渠必得。君也一书生，遂與二公先后相抗衡。设令国家更有别科目，不知又领几次雁塔名。噫嘻乎！读书孰不望传世，千气万力尚难觊。羡君占尽科名荣，一日声华满天地。从此不愁不千秋，只须建竖堪相侔。累朝如君十一个，事迹半在青史留。赠君一篇三元考，更期进步百尺竿上头。

才华横溢的赵翼一心想夺状元，而且本来的确可以成为清乾隆二十六年（1761）辛巳科状元。然而在最后确定时，只因又是江南人，被乾隆皇帝故意将他与陕西籍的王杰调换，以弥补当朝陕西状元空白，只中了个一甲第三名探花。因此在这首诗中，赵翼充满着羡慕赞叹之情，并特地著了一篇《三元考》奉赠给钱棨。当时，全国诗人唱和乾隆皇帝“御诗”者达数百家之多，翁方纲一人就作有《三元花歌》《三元喜宴》等四首。此后，翁方纲还特地将所有的祝贺诗收集起来，汇编成《三元诗集》，付梓传世。

“三元”是科举时代所有读书人梦寐以求的愿望，钱棨又是苏州历史上唯一的“三元”。当年，苏州府及长、元、吴三县的地方官在府学东为他建造了一座高大的牌楼“三元坊”，并将乾隆御诗勒石于府学，诗碑上还有乾隆皇帝的跋。如今，“三元坊”虽不复存在，但作为人民路上一个地名则永彪史册，“御诗”碑拓片还保存在苏州中学校史馆。

按照科举惯例，乡试结束后，地方长官要举行新举人大宴——鹿鸣宴；胪传过后，皇帝赐新进士大宴——恩荣宴。而考上举人或进士后，经过 60 年一个花甲，如果还健在，只要没被判罪，无论在朝在野，经申请得到批准后，都可以参加鹿鸣宴或恩荣宴。重赴鹿鸣宴不算太稀奇，而能重赴恩荣宴则是很稀奇的事。吴县潘世恩则是苏州状元中获重逢甲子的第一人，也是整个清代唯一人。他是清乾隆五十七年（1792 年）壬子科举人，至清咸丰二年（1852）壬子科乡试正好一甲子轮回。咸丰皇帝批准他参加顺天府鹿鸣筵宴，潘世恩自然高兴，他 19 岁的孙子潘祖荫因祖父 80 岁赐寿恩赏举人，并获准参加会试。翌年癸丑科，潘世恩是乾隆癸丑科状元，于是再次应邀参加礼部的恩荣筵宴，咸丰皇帝亲手御书“琼林人瑞”匾额送到门上，并谕：“大学士潘世恩由乾隆癸丑科一甲一名进士，历事四朝，洊登揆席。

年逾八秩，望重士林，洵为熙朝人瑞！”（梁章钜《枢垣纪略》卷二十五）潘祖荫参加会试以第九名中式，不久殿试时又以一甲第三名（探花）进士及第。而潘世恩次子潘曾莹恰好是癸丑科会试的副主考官，这真是少有的科场盛事。琼林宴上，潘世恩与他的小门生、甚至门生的门生，都以“新同年”相称，还跟儿子开玩笑，称他为“新师座”。为此，潘世恩特地赋诗13首，志喜记盛，其中有“却喜新荫桃李盛，小门生认老同年”之句，一时被传为科场佳话。陈康祺《郎潜纪闻初笔》记盛称道：“公与小门称新同年，朱轮黄发，领袖恩荣。奉觞少子，即新贵之座师；撰杖童孙，乃清班之前辈。遭遇福泽之隆，科名门第之盛，开辟至今，无与抗手。”潘世恩去世后，咸丰皇帝又分别给他三个孙子赏赐：潘祖同，赏给进士，准许一体参加殿试；潘祖荫，由翰林院编修晋升为翰林院侍读候补；潘祖保，赏给举人，准许一体参加会试。

七

从某种意义上讲，将状元比作体育比赛中的冠军或许更为确切，因为进士第一名状元，即今日谓之冠军，本身就是赛场上激烈竞争的产物，科场貌似公平，其实也是暗流涌动，不确定性很多。

评阅试卷，照理说应该是文重于字，文章是第一位的，书法为其次。但是，“向来读卷诸臣，率多偏重书法，而于策文，则惟取其中无疵纇，不碍充选而已”（《钦定大清会典事例》卷三六一）。如前文所述，长洲籍状元彭定求就因书法不甚佳而差点与状元失之交臂。

石韫玉中状元则或许是书法帮了忙。他18岁补吴县县学博士弟子，24岁考中清乾隆四十四年（1779）己亥科举人。此后，连考六次会试都落第。清乾隆五十五年（1790），高宗迎来80岁寿辰，于是加开“恩科”。殿试后，阅卷官将石韫玉名单放在第二甲第一名（即第四名，亦称“传胪”），进呈皇帝最后定夺，乾隆皇帝读了他的卷子后，觉得文章写得很好，书法也很佳，于是亲自从第四名拔为第一名，状元及第。是年，石韫玉35岁。

吴县籍状元吴信中当年差一点被同科榜眼谢阶树挤掉。吴信中是清嘉庆六年（1801）的副榜拔贡生，而谢阶树是江西名士，书法又佳，殿试后阅卷官们将他排列第五名，第一名是吴信中。当时，江西籍状元戴衢亨已官拜大学士，他久闻谢阶树之名，很希望谢阶树成为是科状元，好为江西人争光添彩。他在阅卷官们面前说道：“我们江西自我以后30年了，再无一人夺魁中状元，可叹！可叹！”阅卷官们听了此话，自然明白其用意，便心照不宣地依次重新审定已定好名次的卷子。其中一人指着第五名的卷子说：“此卷书法甚佳，我看可以提上一名。”另一位考官说：“此卷书法突出，应提前一名。”接着又一位考官说：“此卷书法佳，文章也好，应再提前一名。”接连三次，谢阶树的卷子便排到了第二名。此前，主考官瑚图礼刚好外出一阵，按规定更动第一名，必须经过以主考官为首的全体考官的一致同意。此时有一位考官又试探着说：“第二名书法甚佳，似乎可以更列为第一名。”瑚图礼本来就对有人随意更动名次有意见，便说：“书法的确不错，但列为第二名也不能算低啊！”瑚图礼话音落下，其他人就不好再说，吴信中终于保住了第一名。主考官就将刚刚排定的名次进呈嘉庆皇帝。嘉庆皇帝也没有重新多看，就照批圈点。于是，吴信中夺得清嘉庆十三年（1808）戊辰科状元，而谢阶树以第二名榜眼及第。

如果说，吴信中与谢阶树之争是阅卷大臣之间的争斗的话，那么，清咸丰六年（1856）丙辰科状元翁同龢与榜眼孙毓汶之争则是家族之争。殿试前，翁、孙两家在场外经过了一番较量。

翁同龢家虽说是科举世家，但从未出过一个状元，父亲翁心存位极相卿、皇帝师傅，但毕竟是个二甲出身的进士，因此很想让翁同龢一举夺魁，好为翁家争光。然而，孙敏汶家是山东钟鸣鼎食之后，父亲孙瑞珍是户部尚书，哥哥孙毓溎是道光甲辰科状元，这次孙毓汶如能独占鳌头，便会成为兄弟状元的佳话。翁同龢、孙毓汶二人虽都才华出众，名满天下，但孙家深知如果二人真正比试，孙毓汶要逊翁同龢一筹。于是，孙家想出一个“妙计”：殿试前夕，孙家特地邀请翁同龢住到他家，因孙家离皇城较近，以利次日按时进殿应试。翁同龢高兴地来到孙家，孙尚书亲自迎接，并告知儿子因身体欠佳不能作陪。晚上，孙家安排了一桌丰盛的宴席招待翁同龢。席间，孙尚书频频进酒夹菜，还热情地与翁同龢海阔天空地聊天，一顿饭吃到了大半夜。饭后，孙瑞珍亲自送翁同龢到事先准备好的寓所休息。翁同龢见孙老尚书如此热情，自然十分感动。

翁同龢刚躺下，寓所外就响起了噼噼啪啪的爆竹声，此后时断时续，一直闹到天亮，翁同龢根本无法入睡。第二天一早，翁同龢强撑着与孙毓汶一起去参加殿试。由于一夜没睡，翁同龢浑身乏力，提不起精神。至此，翁同龢方领悟到孙家如此热情邀请他入住，并热情招待的真实用意。想到这里，他突然精神为之一振，想起临出家门前父亲给他的两支东北老人参，急忙从怀中取出，放在嘴里咀嚼，顿觉精神倍增，神思泉涌，文章一气呵成，顺畅淋漓。后来，殿试揭榜，翁同龢还是中了状元，孙毓汶紧随其后，中了第二名榜眼。据说，后来翁、孙二人不睦，就是从这里开始结的怨。

翁同龢中状元七年之后，他的侄子翁曾源又在清同治二年（1863）癸亥科殿试中被点为状元。翁曾源的科场有点“传奇”，先是凭靠祖父的官阶，援例当上了荫监生，享有秀才同等资格。清同治元年（1862）初，皇帝念他祖父担任弘德殿授读师傅有功，又恩赏翁曾源举人。是年十一月，翁曾源祖父病逝，而父亲翁同书因镇压太平军失败而定为“大辟”（死刑），暂因“斩监候”而关押在狱中。孝贞、孝钦（慈禧）两太后为了抚慰翁氏家族，再赏翁曾源一个贡士。这样，他就可以不参加会试，直接参加殿试。殿试中，翁曾源竟然夺魁中状元。别人要经过十多年数十次考试才夺到一个进士，而翁曾源仅考了一次便轻而易举地将状元桂冠拿到手，人生就是不一样。翁曾源中状元后，援引前朝儿子中状元可以赦免父亲的故事上奏，翁同书因而被获准赦免出狱。

翁曾源考中状元，历来传说多多。一种说法，翁曾源的相貌极似清穆宗载淳（同治皇帝）。载淳是慈禧太后的亲生独子，据说是生花柳病（或说天花）死的。慈禧太后思念儿子，所以对翁曾源特别青睐。其实，当时载淳好端端地活着，这一种说法只能说是胡编乱造。另一种说法，同治之初，太平军和捻军还未被镇压，翁曾源父亲翁同书在安徽巡抚任上办理苗练事宜错失良机，被李鸿章严劾，革职遣戍，并有“大辟”可能。当时，常熟翁家门第鼎盛，翁心存及其他另外两个儿子（翁同爵、翁同龢）都任要职，朝廷为了安抚翁氏一门，就特意送给他家一个状元。翁曾源的殿试卷是否堪称第一现在已经很难弄清楚，但有一点是可以肯定的，当时确定名次的大权在两宫太后手里，而翁曾源是苏州状元中科场上最不费力、最顺利的一位。

翁曾源去世后，俞樾曾撰有一副挽联：“三秋桂，三春杏，皆从天上颁来，只独占鳌头顶上；文端孙，文勤子，何意山中归卧，竟长辞绿野堂前。”上联是说，翁曾源未经例行的八月桂花飘香季节的乡试，也未经例行的三月红杏闹春时节的会试，却殊荣临身，皇上钦赐了举人、进士，并中状元；下联是说，翁曾源是翁心存（谥“文端”）的孙子，翁同书（谥“文勤”）的儿子，因患疾病，拿了个六品翰林修撰便归隐乡野。翁家科举运气真不错，清光绪三年(1877)，翁曾源儿子翁斌孙又中丁丑科三甲第二十七名进士。

当然，苏州状元中凭借才气和运气，今年中举人、明年就中状元的也有不少，如明代施槃、申时行，清朝徐元文、王世琛、汪应铨、彭启丰、潘世恩、陆润庠等，都是这样的幸运儿。

苏州状元中，考中状元时年纪最轻的是明代施槃，年仅23虚岁。俗话说“三十老明经，五十少进士”，意思是30岁的人考取明经科已算是年纪老了，而50岁的人考中进士则还算是年纪轻的。明清状元中考取状元时年龄最大的是清代王式丹，年59岁；而像清代沈德潜这样的著名诗人、学者，考中进士时已经67岁，与就23岁蟾宫折桂的施槃几乎差了二代人。施槃为明代开科以来最年少者，“自明开科以来，登首选而年少者，莫如槃”（翁澍《具区志》卷十二），自然为世人所重，“皆以洛阳年少遇之”（民国《吴县志》卷六十六）。吴县县学内特建有《贺况郡侯新建吴县学出状元诗并序》碑，其中有“南宫会选谁上第，施君少年富才气”之句，家乡洞庭东山特地为他建立“状元坊”。

苏州状元中，考取状元时年龄最大的为明代文震孟，他于明天启二年（1622）壬戌科中状元时已经年近半百（虚岁49岁）。由于他名气响，“传胪之日，欢动辇毂，咸为朝廷得人庆，学士大夫无论识与不识，佥谓应期名世，无妨晚成。而下至贩夫、舆隶、田畯野老、缁黄妇孺，自通都大邑以及深岩穷谷，无不手额相告，谓某已作状元者。制科以来，未之有也”（徐枋《文文肃公墓志铭》）

苏州最后一位状元是陆润庠，清同治十三年（1874）中甲戌科状元，人称苏州末代状元。相传，原本主考官呈送的名单另有其人，慈禧太后觉得那人写的是颜体字，有点一本正经，呆头呆脑，而翻到陆润庠试卷时，觉得字写得工整圆润，赏心悦目，于是钦点为状元。另一种说法则正好相反，慈禧觉得苏州状元出得太多，大概是苏州读书人擅长书法的缘故，于是作出“规定”，甲戌科考试只凭文章，不论书法。而陆润庠文章出类拔萃，工于八股文，就是书法欠佳，他自己也正为此担心名落孙山，哪知新规反而使他中了状元。其实，这只是传说而已。陆润庠的字工稳端庄，清华朗润，雍容有度，从前许多苏州人学书都以他的字作为“法书”。陆润庠之后，苏州再没有人中状元，其主要原因是朝廷上下都认为苏州人状元桂冠拿得太多了。

最后，还要说个苏州状元中的“奇人”——刘必成，字与谋，号爱闲翁，南宋昆山溢浦人。宋嘉熙元年（1237）考中武举解元，明年考中武状元，大魁天下。宋淳祐九年（1249），又考中文进士，实为罕见，让人不禁感慨赞叹：“盖以文武全才自负也！”（明正德《姑苏志》卷五十一）整个科举史上绝无仅有，真是个文武双全的奇人。

饱学之士　多才多艺

——苏州状元的文化艺术成就

在上一章中讲到，考状元受到多种因素的影响，有的以相貌取胜，有的以书法得宠，有的因姓名沾光，有的靠诚实，有的凭忠厚……于是，人们不禁产生疑问：状元到底有没有真才实学？

一

科举是古代选拔各级政府管理人员的一种“选官”制度。长期以来，人们对它的宗旨、目的缺乏了解，特别受到有关状元都没有真才实学的“论断”的影响，不少人都以为状元是“花瓶”“草包”“样子货”……20 世纪 90 年代初，沪上有一位文史老专家曾在《苏州杂志》上发表文章，对苏州状元冷嘲热讽了一番，说道：“苏州人对状元津津乐道，自炫自喜，这当然是件荣耀乡里之事，但我不免要泼一些冷水：能中状元大家以为一定是学问好，文章好，其实也并不尽然。一个状元若只靠他中状元的本领，那只好代孔、孟立立言，给朱熹做接屁虫，跟学问根本不搭界，诗文更就不必谈了。苏州那么多状元，就没有一个杰出的学者或诗人，《清史稿》中《儒林》和《文苑》两传，便找不到一位状元出身的人。”进而又说，状元陆润庠的大名，“实在还是靠他的卖鲫鱼的后人以传的”；状元洪钧“名声也是靠一个女子（赛金花）以传的”；而状元石韫玉是靠了穷朋友沈复的《浮生六记》脍炙人口，才留下了名字。（《苏州杂志》1992年第三期）老专家自以为文章写得很得意，后来特地收入自己的文集并在苏州公开出版，而苏州人不愠不怒，竟然还捧为“至宝”，足见人们对状元是多么缺少了解。

苏州状元中没有出李白、杜甫、顾炎武这样杰出的学者或诗人，那是事实，因为李白他们本身就不是状元；但是说《清史稿》中“找不到一位状元出身的人”，说得轻点是冤枉，说得重点是根本没有认真读过书；说陆润庠、洪钧、石韫玉等状元是靠了鲫鱼、女人、一本书而出名，则实在是不敢苟同。也许老先生太功利、太实用主义了，仿佛自己才是才高八斗的“文曲星”，竟然目空一切，傲视历代苏州状元公。

其实，只要我们肯花点功夫，认真翻阅一下二十五史，就可以发现，状元在正史中有传的并不少，更不必说各种地方志和史料笔记中的相关记载。况且，正史也不一定完美无缺，许多有本领、有真才实学的人也被遗忘，例如参与建筑及后来重修北京紫禁城的蒯祥，《明史》中只字未提。

据统计，《明史》中有传的状元共37人，占明代状元总数89名的41.57%。其中苏州状元有传者为吴宽、毛澄、朱希周、顾鼎臣、申时行、文震孟，占有传状元总数的16.22%。明代苏州总共出状元8人（不含武状元），《明史》未立传的仅施槃和沈坤两人，但是这也是事出有因。施槃中状元后天不假寿，仅一年就病逝了，不可能有多大作为。沈坤（1507—1560），字十洲，号伯载，世居昆山玉山镇。父亲应征山阳（今江苏淮安）大河卫（又作太和卫），沈坤以大河卫籍参加乡试，后考中状元，因此淮安人把他作为淮安历史上第一位状元。其官最高为国子监祭酒，故未入传。8 人中有 6 人入“列传”，入列率高达 75%。清代沈德潜、周准编的《明诗别裁集》中，收录 6 位状元的作品，其中苏州状元有吴宽、申时行、文震孟 3 位，占了一半。近代谭正璧所编《中国文学家大辞典》中收录毛澄、吴宽、申时行、顾鼎臣 4 位苏州状元。

《清史稿》中有传的状元共 31 人，占清代状元总数 114 名的 27.19%。其中苏州状元有传者为徐元文、韩菼、彭定求、彭启丰、毕沅、潘世恩、陆润庠、陆增祥、洪钧、翁同龢 10 人，占立传状元总数的 32.26%。《清史稿》“儒林”“文苑”中各有状元一人，两人恰恰全是苏州的，分别是彭定求和陆增祥。显然不像那位文史老专家所说，“《清史稿》中“儒林”和“文苑”两传，便找不到一位状元出身的人”。《清史列传》比《清史稿》多载了陆肯堂、钱棨、石韫玉。沈德潜在《清诗别裁集》中收录的苏州状元有徐元文、缪彤、韩菼、彭定求、汪绎、王世琛、徐陶璋、汪应铨 8 人。刊印于清嘉庆年间（1796—1820）的《国朝诗人征略》，共收状元诗人 19 人，其中苏州状元有徐元文、缪彤、韩菼、彭定求、汪绎、彭启丰、毕沅 7 人。苏州状元的成就、地位，由此可见一斑。

二

明代范谦曾说：“学诗学画学书，三者称苏州为盛。”（范濂《云间据目抄》卷二）在这种尚艺文、重诗画风气的影响下，苏州状元自然都能写得一手好文章，做得一手好诗，写得一手好书法。

唐光启二年（886）状元陆扆，天资聪颖，文思敏捷，是位文章高手。兄弟三人都以文才著名当时，人称“三陆”。史书陆扆“文思敏速，初无思虑，挥翰如飞，文理俱惬，同舍服其能”（《旧唐书》卷一百七十九），唐昭宗十分赏识他的文才，特别看重他，“顾待特异”，并曾深有感慨地说道：“我听说贞元时，陆贽、吴通玄兄弟以擅长文章著名于世，后来没有一个人可比，如今陆扆有过之而无不及！”相传陆状元的诗写得相当出色，只是处于唐末战乱，未能保留传世。

唐代苏州状元苏检是位出色的诗人，相传他于唐乾宁元年（894）中状元后，归吴省亲，行经同州澄城县（今属陕西）时做梦，梦见妻子取笔砚在红笺上写诗道：“楚水平如镜，周回白鸟飞。金陵几多地，一去不知归。”苏检亦赋诗云：“还吴东去下澄城，楼上清风酒半醒。想得到家春欲暮，海棠千树已凋零。”诗歌风格自然清新，自有一股豪迈之气。

宋淳熙八年（1181）状元黄由少承家学，聪明好学。旧志记载，他有文才，“弱冠，有声太学”（明洪武《苏州府志》卷八十六），善属文。由于历史时间较长的原因，其著作大多散佚，所幸的是在《吴郡志》《姑苏志》《苏州府志》《元和县志》《吴江县志》中保存了他撰写的《企贤

黄由像

堂记》《王长洲祠堂记》（一作《翰林王公祠记》）《吴江县学大成殿记》等文章，其中《企贤堂记》写于他中状元的翌年十月，全文400多字，叙述200年前王禹偁为长洲县令时“首倡斯文，济之忠直，全名大节”的功绩，及当时县令辟堂绘王禹偁像，刻欧阳修、苏东坡、黄庭坚追述诗赞的目的，文章条理清晰，文字质朴流畅。宋庆元六年（1200）撰写的《王长洲祠堂记》，全文689字，开篇写道：“孟子之言大丈夫，曰富贵不能淫，贫贱不能移，威武不能屈。盖古之所谓大丈夫者，必有高天下之识，容天下之量，盖天下之气。不得志则独善其身，得志则未尝不欲行其道，乘田委吏，不敢辞卑，而尽吾职之当然，及乎立人朝。”高屋建瓴，气势雄健，因而很受时人推崇。

黄由晚年在吴江县学东构筑别墅“盘野”，由宋宁宗赐额，内有共乐堂、联德堂、茅堂、明月台、拥书楼、墨庄道院、三清阁、如壶中天、露台等建筑，古桧参天，花木扶疏，修竹幽篁，环境绝胜。黄由自题诗12首，每首诗起句“才到松陵即是家”，形成迭唱复沓韵律之美。其中《登明月台》云：“才到松陵即是家，擎空皎月莹无暇。直须台上分明看，拟欲呼仙泛海槎。”《登拥书楼有感》云：“才到松陵即是家，楼高不管绿杨遮。有书万卷时翻弄，千古兴亡几叹嗟。”著有《盘野诗集》等，诗歌清新，格调高亢。黄由还是位藏书家，家有“拥书楼”，藏书万卷余。

这里顺便要提一下黄由的夫人胡氏。胡氏出身书香门第、仕宦之家，父亲胡元功是宋隆兴元年（1163）进士，官至礼部尚书。胡氏“俊敏强记，经史诸书略能成诵”（宋周密《齐东野语》卷四，下同），善作文吟诗，舞文弄墨，自号惠斋居士。据宋代董更《书录·外篇》记载，她曾因茶几上凝尘而戏画梅一枝，并题百字小令，诗意地传达出茶几上所画梅花的物理品性，格调别致清幽，尽显艺术才华。时人将其比作著名词家李清照，当时和其诗词者甚多。胡氏又精于琴棋书画，所画竹子尤有成就；擅长书法（别墅“墨庄道院”为其真迹）。黄由到蜀中为官，胡氏随行，途经黄州雪堂时，兴致勃发，挥毫在墙上一气写成行书《赤壁赋》，见者无不称夸。刘改之特题《沁园春》一阕附后，末句有“挥毫处。看淋漓雪壁，真草行当”之语，还把她夫妇比作汉代司马相如、卓文君。胡氏草书尤佳，曾草书写《兰亭序》四幅，横放杰出，著名一时。

宋淳熙十一年（1184）状元卫泾，能诗善文，著有《后乐集》。诗歌风格清丽，有首《过淀山湖》描写淀山湖清晨风光，十分优美。诗云：“疏星残月尚朦胧，闲入烟波一棹风。始觉舟移杨柳岸，直疑身到水晶宫。乌鸦天际墨千点，白鹭滩头玉一丛。欸乃一声回首处，青山浑在有无中。”用词精炼、生动，完全不比唐人逊色，诗情款款，画意浓郁，诗中有画，明白自然，无半点晦涩、做作之处。

明正统四年（1439）状元施槃，从小警敏异常，颖悟过人，“诸子百家过目成诵，作为文章不待思索”（王维德《林屋民风》卷八，下同），并以善属对出名。有一次，有个姓张的都宪到当时施槃读书所在的罗铎家玩，罗铎叫他儿子与施槃出来相见。张都宪是当时颇有名的文人，于是想用出对的方式来考考两个孩子，他出上联：“新月如弓，残月如弓，上弦弓，下弦弓。”施槃应声对答：“朝霞似锦，晚霞似锦，东川锦，西川锦。”张都宪大为惊奇，连声称赞他将来必成大器。

有一次，施槃随父亲到扬州去，归舟泊岸，送客人时不小心失足坠入河里，众人急忙把他拉上船。他没惊慌而哭，而在那瞬息之间，赋诗一首："脚踏船头船便开，天公为我洗尘埃。诸君莫笑衣衫湿，才向龙门跳出来。"众人无不称奇。中状元后，明英宗巡幸翰林院，问施槃："爱卿吴中有何胜迹?"施槃脱口答道："有四寺四桥。"皇帝忙问："寺、桥分别叫啥名字?"施状元回答道："四寺者，承天、万寿、永定、隆兴；四桥者，凤凰、来苑、吉利、太平。"一连串的吉利名字，皇帝听得龙颜大悦，施槃的才思以及智商、情商，可见一斑。

施槃"好为诗，雅自负"，《蝴蝶》诗中有"莫怪风前多落魄，三春应作探花郎"之句。他擅长诗歌，风格清新，有唐人遗风。其《望太湖》诗云："木乔山秀草惟沃，西距姑苏百里遥。水泛具区留禹迹，地连南越见胥湖。霜林桔熟黄金颗，石洞人吹碧玉箫。叠巘层崖堪历览，白云飞处是夫椒。"据说，他的殿试制策写得相当出色，王鏊《过故状元施宗铭坟》有赞："后生何敢望余芬，斗酒还过董相坟。行指冈峦低偃月，坐疑文彩上成云。两山已雪将军耻，四海犹传制策文。贾谊天年人莫恨，孔光张禹亦徒云。"

由于逝世太早，施槃文章留下极少，《王氏家谱》中保留着一篇他为家乡东山富商王惟贞撰写的《惟贞公阡表》。在重本轻末的封建社会里，他思想解放，引经据典，阐述商业的重要性，认为商业是整个社会不可缺少的组成部分。他高度赞赏王惟贞"智不足以变通，勇不足以决断，仁不能以取予，强不能自守，谓之善理财，吾未之信也"，称赞王惟贞是当代陶朱公、计然，"夫以公之术，施之于家则家实裕，设用于国，国有不裕者哉?使生春秋战国之时，吾知陶朱、猗顿之流不能专有其名矣!"他大胆冲破世俗偏见，让人们明白《周书》上所说的"农不出由乏其食，工不出则乏其事，商不出则三宝绝，虞不至则财匮少”这个简单而又为世人忽视了的道理，其观点至今仍有积极的借鉴意义。整篇文章观点鲜明，论证有力，简洁明白，论述清楚，堪称范文。

状元吴宽是明成化、弘治年间（1465—1505）著名文学家，文章领袖，“吴人数吴中往哲文章笔翰，必首匏庵”（清乾隆《长洲县志》卷二十三）。他学有根底，博学多识，钱谦益《列朝诗集小传》云：

> （吴宽）为诸生，蔚然闻望，遍读左氏、班、马、唐、宋大家之文，欲尽弃制举业，从事古学。部使者迫促，乃就锁院试。成化八年，会试、廷试俱第一，入翰林，累迁至掌詹礼部尚书，司内阁诰敕……先生经明行修，颀然长德，学有根柢，言无枝叶。最好苏学，字亦酷似长公。而其诗深厚醲郁，自成一家。少壮好学，老而弥笃。所藏书多手抄，有自署吏部东厢书者，盖六十以后笔也。服官禁近三十余年，前后奉讳家居，不满六载。风流弘长，沾丐闾里，迄于今未艾。吴人屈指先哲名贤，缙绅首称匏翁。

史书说他“于书无不读，诗文有典则”，好古力学，至老不倦。时人王鏊称他：“言词雅淳，文翰清妙，无愧古人。成化、弘治之间以文章、德行负天下之望者。”（明正德《姑苏志》卷第五十二）他“文章体裁浑成，不事锻炼，举笔滔滔，波澜千里，意尽理足，略无窘涩态，卒以是独步当时。”（杨循吉《苏州府纂修识略》卷四）他“学殖醇厚，品概端方，朝端重之，乡里式之。巍乎泰山、北斗之尊，灿乎景星、卿云之瑞，固奕世不可得而掩抑者也”（彭定求《重修吴文定公祠记》）。文章简洁而有气势，诗歌风格浑厚沉着，题材丰富，风格多样，《明诗纪事》云："匏翁诗体擅台阁之华，气含川泽之秀，冲情逸致，雅制清裁。"王世贞在《明诗评》中说："文定力扫浮靡，一归雅淡，诗如杨柳受风，煦然不例；又如学究论天下事。"有《赋黄楼送李贞伯》一诗最能体现他的风格。诗云：

维河有源星宿同，导河积石思神功。
浊流汗漫失故道，积石却与澶渊通。
平郊脱辔万马逸，一夜经度徐州洪。
徐州太守苏长公，夜呼卒伍登城墉。
一身未足捍大患，岂无木栅兼竹笼。
戏马台傍二十里，有堤横亘长如虹。
高城不浸三版耳，挽回鱼鳖仍耆童。
防河录成天有工，黄楼高起城之东。
五行有土可制水，底用四壁涂青红。
太守登楼宾客从，举杯酹水临长风。
河伯稽首受约束，不敢更与城争雄。
水流滔滔向东去，纡徐演漾殊从容。
负薪投璧竟何用，汉家浪筑宣房宫。
自公去后五百载，水流无尽恩无穷。
我生慕公公不逢，安得置我兹楼中。
颍滨淮海独何幸，留得两赋摩苍穹。
凤池舍人今李邕，南行别我何匆匆。
登高眺远必能赋，封题须附冥飞鸿。

全诗跌宕驰骋，一气呵成，气势不凡。吴宽的诗文对苏州文人的文风产生过很大影响，“吴中自吴宽、王鏊以文章领袖馆阁，一时名士沈周、祝允明等，与并驰骋，文风极盛”（清乾隆《吴县志》卷六十七）。他晚年亲手编定《匏庵集》（又称《家藏集》），谥号“文定”。

明弘治六年（1493）状元毛澄（1460—1523），字宪清，号白斋，晚号三江。七岁即善属对，有一次到亲戚家，那天有许多客人，有人当场命他作对子，并以金钱奖赏。毛澄从容不迫，不假思索，脱口而出，众人都很惊奇。而他回到家里即把钱掷在地上，说道：“我连苏秦斗大的黄金印尚且还看不上眼，哪里把邓通追求金钱这种小玩意当回事呢！”（陈继儒《小窗幽记》卷十）武选司陈恺非常赏识其才华、志向，将自己外甥女许配给他。毛澄正式入学后，勤奋好学，遍读经史，学识渊博。著有《毛文简集》《大礼奏议》《临雍录》《类稿》等。

明弘治九年（1496）状元朱希周文章酣畅雄浑，诗歌清新隽永，有《贺杨玄隐住持清真》诗云：“玉山佳处清真观，一段高情总属君。丹灶每闻封夜月，紫衣今见绣春云。亭台日暖青枫影，池阁风轻碧水纹。数卷黄庭消白昼，世间名利任纷纷。”志趣高洁，清新耐味。

明弘治十八年（1505）状元顾鼎臣“生而敏慧，数岁能文章”（翟銮《顾鼎臣墓志铭》）。文才卓著，尤擅长“青词”。嘉靖皇帝迷信神仙，爱好长生术，在宫内设斋醮，豢养了一批道士，经常设坛打醮求仙。按道教惯例，举行斋醮仪式时，要诵念焚烧给“天神”的奏章表文，一般为骈体文，需用朱笔抄写于青藤纸上，故名“青词”，实际是一种讲究辞藻、讲究对仗的骈体文。众多文臣写下的大量“青词”，现在已无法知道其全部。沈德符《万历野获获编》中记录了当时“青词”高手袁炜撰写的对联，上联曰：“洛水玄龟初献瑞，阴数九，阳数九，九九八十一数，数通乎道，道合元始天尊，一诚有感。”下联曰：“岐山丹凤两呈祥，雄鸣六，雌鸣六，六六三十六声，声闻于天，天生嘉靖皇帝，万寿无疆。”据说这是“最为时所脍炙”的青词，称誉一时。顾鼎臣曾撰写“青词”《步虚词》七章，受到嘉靖皇帝的优诏褒答，其他人也纷纷仿效。史书说：“词臣以青词结主知，由鼎臣倡也。”（《明史》卷一百九十三）以撰写“青词”去博取皇帝的欢喜，当然不足取，但在众词臣中，顾鼎臣写得特别好，这也从一个侧面说明他的文学功底和文才。宰相翟銮称他“以经学立身，文章德业卓建于时，居翰苑三十季，蹿擅史籍，权贵嘱利，貌若稚竖，讲筵耆旧，论道经邦，启沃君心，操治平之大本者，公得之矣”。

顾鼎臣著有《顾文康公诗草》，诗歌风格庄重，有《有怀家山》诗云：“聚坞梅花甲天下，忆曾游赏费赓酬。何时去作湖山主，廿里瑶光豁壮眸。”《谒刘过墓》诗云：“风风雨雨渡江来，涕泪中原首重回。斗酒自宜怀楚壁，十金谁为筑燕台。英雄气概名空在，零落衣冠事可哀。闻说令君追往躅，忍教祠墓总蒿莱。”他又善散曲，作品收录在《南北宫词记》中。顾鼎臣著作较多，主要有《未斋集》《文康公集》《文康奏议》，还辑有《明状元图考》。

明嘉靖四十一年（1562）状元申时行，字汝默，号瑶泉，晚号休休居士，学问优长，“文藻婉丽，实出同时殿阁之右”（钱谦益《列朝诗集小传》，下同）。申时行 57 岁离开相位，回到家乡苏州后，“时时与故人遗老修绿野、香山故事，赋落花及咏物诗，丹铅笔墨，与少年词人争强角胜”。著有《赐闲堂集》《群书纂粹》《纶扉简草》等，可谓是著作等身，这样的状元货真价实。

沈德潜《明诗别裁集》中收录申时行《题清秋出塞图》和《大阅诗应制》诗两首，比吴宽还多一首。《题清秋出塞图》诗云：

生不识医无闾，梦不到狼居胥。瞥然示我出塞图，令我目眩心神徂。忆昔筹边赞庙谟，桓桓司马杰丈夫。帝授节钺临玄菟，高凭熊轼佩虎符。榆关九月沙草枯，霜鹰下击秋原芜，烟荒云惨天模糊。惟兹辽左僻海隅，频年侵扰无宁都，射雕跃马弯强弧。司马申令陈师徒，指挥铁如意，玩弄金仆姑。扬旌督战亲援枹，万卒超距争先驱。奔狼突豕皆就俘，凯歌入奏天颜愉。司马让功焰若无，但云将士多勤劬。何以劳行役？请蠲幕府租。何以恤饥疲？请发司农储。人人挟纩齐欢呼！自从司马归江湖，辽人茹苦若堇荼。荷戈不解甲，挽粟仍飞刍。羽檄征材官，络绎在道途。震邻之恐非剥肤，骚动根本何为乎？安得再起司马登戎枢，坐纡长策销隐虞，国威震叠边人苏。

全诗一改“文藻婉丽”之病，很有气势和激情，颇有盛唐诗风，雄浑而高亢。还有一首《晚步缥缈峰》诗云：“孤峰缥缈入云烟，十载重来至绝巅。纵目平临三界尽，掀身独傍九霄悬。浮沉岛屿飞涛外，端绪汀洲落照边。呼取一樽收万象，狂歌欲醉五湖天。”雄迈高亢，自有一股男子汉的豪情和气魄！

明天启二年（1622）状元文震孟，诗文书画都有家风，风姿秀逸，早年以文章闻名吴中。《明诗别裁集》中录有他的一首《拟古远行》，诗云：“江之阳兮有屿，江之阴兮有渚。朝而风而夕而雨，望夫君兮渺何许。春波兮悠悠，日暮兮夷犹。揽青桂兮为楫，搴木兰兮为舟。恍含思兮凝睇，乘清风兮远游。远游兮上下，载行兮载舍。遵中流兮待君，将寄心于远者。”风格高朗轩昂，有楚辞之风味。他为文宗法韩愈，“文推宗匠，源远流长，河溯昆仑”（徐枋《文文肃公墓志铭》）。著作《甓史》《桐槎小录》《竺坞草庐》《初夏园林小咏》《药圃诗稿》《姑苏名贤小记》等多种。

三

清顺治十五年（1658）状元孙承恩，“生而岐嶷俊秀，六岁就外傅，读书数行俱下，及长顾盼英伟，神采焕发”；十七岁补诸生，“一时司文柄者无不国士遇之”（徐元文《孙扶桑君墓志铭》），得到钱谦益等人的赞许。他文工六朝，诗学温、李，书法欧阳询，为诸生时即以文才闻名乡里，还是文学社团“同声”的领袖。邑人王应奎《柳南随笔》卷二载：

> 吾邑孙状元承恩，原名曙，故字曰扶桑。为诸生时，好以骈体为经义。是时吴中有文社曰同声，而孙实为之领袖。同社多效其体以为文，而风气遂为之一变。所选丁亥房书，名曰了闲，悉六朝丽语，风行海内，一时纸价顿高。

孙承恩为文特别擅长六朝时盛行的骈体文，这是一种介于散文与韵文之间的文体，每句四字或六字，讲究对偶，讲究词藻的华丽和声韵节奏的铿锵。孙承恩沉迷于此，书信、文章都用骈体写作，连作八股文也采用骈体，并以他为领袖在苏州一带形成一个文学社团，使得风气发生变化。他选刻的丁亥年（1647）会试文集《了闲》，海内风行，洛阳纸贵，因而引来满族大学士刚林的不满，刚林上奏弹劾，斥责孙承恩淆乱文体。结果，孙承恩及参与者胥廷清、缪慧远、史树骏、毛重倬等都被逮捕。由此从侧面看出，孙承恩在当时文坛上的影响。可惜，他与明代施槃一样，考中状元后的第二年便逝世了，否则很有可能会在文坛上好好驰骋一番。

清顺治十六年（1659）状元徐元文，才华出众，早年参加“几社”，诗修洁整饬。诗文虽不如大哥徐乾学、二哥徐秉义那样博赡，但也自有成就，人称昆山徐氏三兄弟“并掇巍科，同跻台鼎，文章上结主知，士林奉为泰斗”（徐世昌《晚晴簃诗汇诗话》卷三十一）。徐元文“律诗长于隶事，犹有几社之余韵”，著有《含经堂集》。作于清康熙二年（1663）的《秋日杂感》诗四首，可见其风格，诗云：

云物苍凉禁籞同，逼人秋气动遥空。铜池溜滴宵宵雨，金井梧飘叶叶风。秘阁几曾锵佩玉，缭垣时听响哀鸿。当年醉草青词处，满径苔衣锁碧宫。

天兵万里播声灵，誓扫鲸鲵服不庭。催战正驰赤白羽，转输难论斗箕星。同时将帅推徐勣，盖代勋庸数卫青。文齿雕题拓地远，受降还拟到穷溟。

金风阊阖授衣初，陇亩荒芜足感歔。淮右人民祈石燕，江州车马就河鱼。大农孰问长平粟，左藏仍编会计书。但得政苛非猛虎，甘将膏血佐储胥。

梦到阖闾城外望，一天寒色满平芜。街调献辔严秋马，树绕将雏子夜乌。白羽将军初建节，青苗长吏正催租。庙堂自轸艰难意，谁绘流民入画图。

叙事抒情，满满都是家国情怀，字里行间充满忧国忧民、思乡思亲之情。据《清史稿》载："康熙二年癸卯……冬十月壬寅，耿继茂、施琅会荷兰师船剿海寇，克厦门，取浯屿、金门二岛，郑锦遁于台湾。"又："是岁，免直隶、江南、江西、河南、陕西、浙江、湖广、四川、云南、贵州等省二百七十余州县灾赋。"其《秋日杂感》正是记述了这一史事。沈德潜《清诗别裁集》录有徐元文诗两首，其《春日阅武召百官诣南苑》诗云：

透迤上苑帝城东，御辇巡临振武功。
甲锁炼金寒白石，旗翻翠羽动春风。
龙骧万骑军麾转，鹄立千官拜舞同。
莫以清时忘战伐，至尊亲为挽雕弓。

风格雄迈，豪放脱俗，不见书生气，更有安不忘危之旨。

清康熙六年（1667）状元缪彤，擅长诗歌，律绝句兼工，有唐人风格。沈德潜在《清诗别裁集》中收录他的诗歌 6 首，有《假归南下欲游五台山》诗云：

排空历历五高台，想象先教眼界开。
客路风光随马去，家乡树色渡江来。
探奇亦自安禅味，济胜须谁作赋才。
莫道上方钟磬杳，此身今已出尘埃。

诗中"写假归之乐，得见家乡树色也，偏云树色渡江来，工于著句"

(沈德潜《清诗别裁集》卷九，下同)。其五绝《渡江》诗云："凉月漾中流，金山隐隐浮。尚余残醉在，和梦到扬州。"寥寥20字，描绘出一幅《清晓渡江图》，别有情趣，"写得浑然无迹，末五字何减唐人声口"。缪彤学识渊博，德高望重，学者尊称他为"双泉先生"，著有《双泉堂文集》。

清康熙十二年（1673）癸丑科"两元"韩菼，是一位对文坛产生巨大影响的人物，史志曾有"菼出而文风翕然丕变"（清乾隆《元和县志》卷二十五，下同）之说，是清代苏州文坛享誉最高的状元之一。他"研精经史，贯穿百家，不屑为俗儒章句、剽窃之学……文多与世龃龉，而菼亦不求其合也"。康熙皇帝曾称他"学问优长，文章古雅，前代所仅有也"，呼为"天下才"。乾隆皇帝称他为"艺林楷则"，并加恩追谥"文懿"，因文得谥，整个清代仅有韩菼、王士禛二人而已，可谓是破格常例。郑方坤《国朝名家诗钞小传》云：

> （韩菼）少孤露，刻苦读书……遂以文学受主知，洊历清华，超迁至大宗伯，旦晚且宣麻矣，会以疾卒京邸，朝论惜之。所著《有怀堂文集》若干卷，诗若干卷。其举子业，以古文为时文，大则鲸鱼碧海，细亦翡翠兰苕，牷材小生率瞠目不解为何语。及掇取大魁以去，文名震一时，于是一哄之市，三尺之童，无不知有慕庐先生也者。残膏剩馥，沾丐后人，起衰之功，直比昌黎山斗矣。诗名颇以文掩，人罕知者。自序尤深致挹损之意，然而刻露性情，吐纳风雅，其要眇之思，生动之致，缠绵往复之音，令读者掩抑低徊，不能已已，固卓然成一家言，而必有传于后无疑也。

韩菼文章继承韩愈、欧阳修风格。苏州沧浪亭《吴郡名贤图传赞》云："不茹不吐，中立自强；今文复古，继韩欧阳。"《清史稿》说他"负文章名，而立朝树风概"。当时朝廷凡馆阁制诰、饶、郊祀诸作，都出于他手笔。曾任《大清一统志》总裁官，领纂《平定朔漠方略》《政治典训》《孝经衍义》等。沈德潜曾云："公于经义，有起衰之功。奏敕撰述及一切碑版之文，足以润色鸿业，左右史乘。数韵语者不及公也，而往人之言，自足风雅。读者勿第求之词句之间。"（沈德潜《国朝诗别裁集》卷十）韩菼关心时政，敢言敢为，殿试策论"指陈深切，俨如贾晁，天子为之动容"（清乾隆《元和县志》卷二十五）。康熙皇帝亲自为其祠堂题写"润色鸿业"匾额。著有《瀛洲亭经说初集》《有怀堂文稿》《有怀堂诗稿》。韩菼诗歌崇尚唐音，温厚有旨，卓然成一家。《国朝诗别裁集》收录其诗多达 16 首，其《被命修一统志，先师司寇公完书也，感而有作》三首，写于恩师徐乾学纂修《大清一统志》完成之后，诗云：

澹荡江湖玉局随，苦心作者调谁知。户庭直欲包山海，义例频烦托寓卮。穷尽异书多逸事，得来妙解折群疑。最怜乐善通怀处，尝许门人赞一辞。

青螺一点故依然，草舍荒烟客可怜。万里张骞曾凿空，九州邹衍欲谈天。人从生死原轻散，笔到山川不易笺。惟有无情芳草绿，犹铺书带旧堂前。

踏红重到碧山堂，叹息音容未渺茫。佳句壁间枯落墨，小松阶下惨成行。少孙敢附龙门末，后郑常依马帐旁。犹是旧游风月地，孤灯夜雨照凄凉。

沈德潜评论道："俱从门人续修用意，缠绵悱恻，令人增师弟之重。"只是由于文名太大"诗名颇以文掩，人罕知者……其刻露性情，吐纳风雅，一种要眇之思，生动之致，缠绵往复，每令读者掩抑低徊，不能已已，固卓然成一家言"（徐世昌《晚晴簃诗汇》卷三十七）。近代学者邓之诚认为："《四库提要》以为诗非所长，翁方纲辈奉王士禛为圭臬，《感旧集》未录菼诗，遂不免轻下雌黄也。"（邓之诚《清诗纪事初编》卷三）

四

状元们诗文成就的取得，一是得力于家庭的影响与熏陶，二是由于学校的严格训练，三是靠自己的努力。状元都是读书人，绝大多数都嗜好读书。韩菼早年即笃志好学，在父亲的指导下遍读经史、诸子百家，反复诵读唐宋八大家的文章。出仕后，更是书不离身。清康熙二十六年（1687），因避朝中朋党倾轧之嫌，他以生病为由，请假回乡，筑室洞庭西山，博览群书。居家八年，他亲手点勘诸经注疏，"汉唐宋儒笺疏章句，靡不采获，而裁其中；于史称马、班、陈寿"（清道光《苏州府志》卷七十五）。他曾对陈亦韩说："汝辈第知我时文耳，然我他日之可传者，在古文而不在时文也。"（王应奎《柳南随笔》卷二）他虚心好学，至老不倦，晚年曾对自己弟子说："我虽贵为尚书，但哪里及得上秀水朱彝尊以七品官归田，饭蔬饮水，多读了数万卷书啊！"

清康熙十五年（1676）状元彭定求是康熙年间（1662—1722）一位颇有名气的文人，有《南畇文稿》《南畇诗稿》行世。他文章"多说理之作，虽乏劲健，而辞旨和厚。诗摹范、陆，多与尤珍唱和，尚不及其警辟”（邓之诚《清诗纪事初编》卷三）。沈德潜说：“先生遇忠义事，必表以砺人心风俗，故见于诗者，多觥觥岳岳之言。”《清诗别裁集》收录彭定求诗歌五首，都是凭吊“英雄”的励人之作，其诗《故阁部史公开幕维扬，城溃殉难，相传葬衣冠于梅花岭下，过而哀之》，凭吊扬州民族英雄史可法墓。诗云：

极目层城古战场，忠魂飘荡恨茫茫。
军中空道临裴度，都下无由仗李纲。
碧血久从衰草没，白云遥带古梅香。
吾来暗洒三升泪，仿佛灵旗下大荒。

沈德潜评论云：“开府扬州而无权，异于晋公之奉命视师，统率诸军也。任马、阮而疏阁部，与宋高之任汪、黄斥李纲相类，比例典切，乃见本领”（沈德潜《清诗别裁集》卷十）。其《五人墓》诗云：“偶泛蓬舠绕郭来，摩挲墓碣久徘徊。重看俎豆登乡社，尚想干掫捍党魁。白刃争撄千载烈，青云并附九京哀。萧萧松柏凌秋爽，遗臭生祠安在哉?”还有《望日谒文山先生祠时于中丞方议重修杜诗〈蜀相〉原韵》和《汤阴谒岳忠武故里庙像》，抒发对抵御外侮、宁死不屈的古代民族英雄的崇敬之情，对仗工稳，用典贴切，音律和协，雄浑豪迈，足见其诗功力之深。

彭定求孙子、清雍正五年（1727）状元彭启丰，聪颖过人，少时即以诗名吴中，与著名诗人沈德潜是同学，曾同辑《古诗源》行世。他曾结“北郭诗社”，与徐龙友、盛青嵝、陆学起等唱和。赵大鲸《芝庭诗稿序》云：

> 先生天才横发，少与吴中坛坫相角逐。又能濡染家学，含咀道腴，于汉、魏、六朝、唐、宋、元、明诸大家之诗，靡不穷其派别而析其指归。长而侍承，明备顾问，兼以轺车四历，云树江山之助，俯仰开拓。故其所作浩浩浑浑，味蕴渊涵，而气体标举，虽不拘一格，要皆有性情流露其间，卓然成一家言，无疑也。

他“入直禁廷，挥毫珠玉，而先生之诗传诵辇下矣”。在翰林时，“应制诸作，多邀睿赏”（王豫《江苏诗征》卷七十六），雍正皇帝曾御书赐联称赏。他有许多“和御制诗”，乾隆皇帝评价他“学问尚优”，风雅正宗。王昶《湖海诗传》称他“以醇德朴行著于朝野，而性耽风雅，使节所至，遇佳山水，必游历乃去”。曾赐游香山，结香山诗会，为“香山九老”之一。他在葑门故居旁筑“兰陔草堂”，归田后憩息其中，闲来常吟诗作文，卷帙颇富。诗中佳句如“杨柳春风江上棹，杏花细雨酒家楼”“疏风影动林梢月，宿雨凉生槛外山”“三径杜门高士迹，扁舟访旧故人心”“渔唱数声初出港，樵风两岸送归船”“落月疏星荒店闭，西风鼓角戍楼寒”“钟动远沉山店月，林疏斜飐酒旗风”“古壁残灯月乍暗，空庭落叶扫还多”“三秋风雨添良会，五字河梁又别离”“鸳湖处处多芳草，蚕市家家近画楼”……佳句迭出，不逊唐人，“写景关情，神妙独到，当世好为生涩槎枒者未能津逮也”。

彭启丰才思敏捷，诗文操笔立就，文章合乎法度，其“古文既出，邵武朱仕琇叹服曰‘规矩天成，不烦绳削，当今公间未见其比’。建昌鲁仕骥尤盛称碑版文，以为虞伯生后一人而已”（清道光《苏州府志》卷八十六）。其门人王芑孙亦称他为文有家法，而碑版文尤推重于世。著有《芝庭文稿》《芝庭诗稿》。

常熟状元归允肃从小受到家庭严格训练，凝重谨厚，博学多识，精通经史。康熙皇帝亲自选他任宫中日讲官，称他是“继汤斌后，无逾此人者”。他进讲《周易》《毛诗》，“进止端详，敷奏明畅”（清道光《苏州府志》卷八十五，下同），汤斌称赞他选为讲官是“讲筵得正人，天下有赖矣”，曾有“真侍讲”之誉。他诗文皆有法度，潜学田园派，追慕陶渊明、王维、范成大，清丽质朴，有《归宫詹集》行世，其《蚕箔词》云：

二月桑条青，三月桑阴绿。风定日初长，吴蚕生簇簇。麦陇雉争飞，楼头蚕欲齐。辛勤护帘箔，早起摘芳菲。蚕眠时正暖，陌上行人缓；门巷寂无声，日午炊烟散。桑柘已稀蚕作茧，寒暄更测阴晴转。少妇持筐日苦饥，手中轧轧缫新丝。

描绘了一幅农家少妇养蚕图，清新朴实，隽永耐味。另有诗集《燕游草》，“诗皆简质厚重”（单学传《海虞诗话》卷二）。工书法，常熟博物馆藏有他的行书立轴。

清康熙二十四年（1685），连捷会元、状元的陆肯堂自幼颖悟，又勤奋好学，“日诵数千言，耳目所接，一过不复忘”，才思敏捷，“为文肆笔而成，滂沛闳阔，凌厉顿挫，如万斛泉，不可遏止”（张伯行《翰林侍读陆公肯堂墓表》，下同）。20岁补博士弟子员，曾师从著名诗人朱彝尊。吴中名士王鸿绪、徐乾学、汪琬等人对他十分推重，相互订交，彼此换约，结为好友。他学识渊博，根底深厚，工诗古文，才气不凡，令同僚叹服，成为康熙朝的重要词臣，在翰林时，

“凡诰命、制敕、传记、诗章、务归典要及遇大著作，则前后掌院诸先生无不交相推重”。他所撰写的孔庙碑文等诸作，缅缅洋洋，华实并茂。康熙皇帝曾多次称赞，说他“学问甚优，人品亦好”，朝廷大著作，多出其手。著作有《三礼辨真》《怀鸥舫诗存》《陆氏人物考》等。

清康熙三十九年（1700）状元汪绎从小得到外祖父、著名藏书家钱曾的亲炙，基础坚实。他才思敏捷，能出口成章，文词敏赡，更以善诗著名。早年“与高士邵陵交厚，酬唱最多，濡染有自，虽功力未深，而清约可诵”（邓之诚《清诗纪事初编》卷三），“故榜下咸推国士”（彭定求《翰林院修撰东山汪君墓志铭》）。传说，汪绎十分自信，未显时所打灯笼上书有“候中状元汪”字样，人们都嘲笑他，以为狂悖，唯独高士邵陵相信看好，赠诗：“已看文采振鸾鹭，重向青宵刷羽翰。往昔绪言吾解说，状元原是旧吴宽。”沈德潜说他“诗切磋于邵陵，然邵陵真而近理，殿撰（汪绎）则骨秀天成。禀诸性生，友朋莫易”。王应奎说他“为诗蕴藉多风旨，亦如其为人”。彭定求说他“为诗清词丽句，落落尘埃之表，绝异于夸多吊诡者”。瞿绍基《秋影楼诗集跋》云：“东山先生志尚幽闲，淡于荣利，登第未久即假还山，以养母为乐。故其诗于真挚之中自饶逸韵，珊珊秀骨，是不食人间烟火者。”可见其诗天然纯真，律绝兼工。《清诗别裁集》选录其诗多达 12 首，《江苏诗征》也选录其诗 7 首，其诗歌成就及其当时影响可见一斑。著有《秋影楼诗集》行世，其《月夜聚奎堂三绝句呈总裁同考诸先生》诗云：

桃李随风叹寂寥，峄阳石上有孤标。

不知桐尾留多少，待遇中郎已半焦。

敢谓披沙便得金，幽兰空谷杳难寻。
三更独自卷帘坐，皓月青天识此心。

芙蓉阙下赐衣鲜，惭愧天街早著鞭。
敢恃平生粗意气，误他灯火又三年。

法式善《槐厅载笔》引赵怀玉《亦有生斋笔谈》云："康熙间，汪东山绎修撰尝预分校闱中，有三绝句曰：'三更独自卷帘坐，皓月青天见此心。'曰：'敢恃平生粗意气，误他灯火又三年。'曰：'不知桐尾留多少，待遇中郎已半焦。'一时人多传诵之。"有《田家乐》诗云：

短篱矮屋板桥西，十亩桑阴接稻畦。
满眼儿孙满檐日，饭香时节午鸡啼。

又有《项羽》诗云：

一炬咸阳火未残，楚人真是沐猴冠。
英雄岂学书生算，也作还乡昼锦看。

书生见解，一笔扫尽。查慎行曾为其诗集作序。他"文章闳深俊伟，莫可遏抑"（彭定求《翰林院修撰东山汪君墓志铭》，下同）。清康熙四十四年（1705）三月，康熙皇帝南巡苏州时，简拔汪绎等10名在籍翰林官赴扬州校刊《全唐诗》。汪绎去世后，状元彭定求写下《汪东山修撰挽词七首》，其中有“才名藉甚勋簪绅，仙骨珊珊本轶尘”之句。后来，彭状元又作《重悼汪东山丧次》诗云：“江干死别矢哀音，穗帐经年始一临。惨黯几筵笼淡墨，幽凄庭馆想虚襟。生前交异弹冠旧，殁后思踰绾带浓。瞥见稚孤啼不住，为逢生客泪涔涔。”

清康熙五十一年（1712）状元王世琛，王鏊第八世孙，因居住苏州城区，故改籍长洲县。聪明机灵，从小勤奋好学，遍读经史，边习书法、绘画。博识多才，气质高洁脱俗。少负隽才，为词赋俪于古人，而于诗尤工，风格清丽闲肆，涵演深远。徐葆光称他“诗宗温李而不落昆体”；书法“先事颜柳，后学褚登善，皆尽其妙”；画得父亲家法，“气韵在能逸二品之间，而不以自名”。沈德潜曾云：

> 吾乡王文恪公以名德著，成、弘间，子姓以能文世其家。三百年来，吴中言文献者，必首洞庭王氏。艮甫先生最后出，一出而大魁天下，领袖玉堂二十载。视学山左，以家法化导，青齐文风丕变。先生少负隽才，所为词赋俪于古人，而于诗尤工。欧阳永叔评梅圣俞诗谓：“清丽闲肆，涵演深远。”“使得见于朝廷，宜作为雅颂，以歌咏功德，荐之清庙，而追商、周、鲁《颂》之作者。”先生庶几无愧。惜余入翰林晚，弗克追随禁近，相与鼓吹休明。子思子曰：“昔吾有先正，其言明且清。”不禁穆然三叹云。

从沈德潜对他的仰慕、推崇，可以看出王世琛的成就与影响。《晚晴簃诗汇》所录《题〈洞庭东西两山图〉寄赣州观察兄五十韵》，一气呵成，斐然可诵，为清诗中不可多得的长篇佳构。其《题昼三照》诗

王世琛像

云："边草初枯猎马肥，甲光照日散金微。健儿羌笛三声晚，射虎归来雪满衣。"写北国边塞风光，颇有唐代边塞诗的风韵。《登楼》诗云："万里辞吴会，经年滞越舟。两行乡国泪，独上海山楼。飓母威难近，蛮云瘴不收。炎荒非我土，何事爱南游？"仕宦在外，登楼思乡，触景生情，情真意切。著有《橘巢小稿》。

清康熙五十四年（1715）状元徐陶璋，从小发奋苦读，博览群书，曾"穿穴六经，采取汉唐诸儒注疏，以折一中，午夜不倦"（清乾隆《元和县志》卷二十五）；他"为文依据义理，和平中正，吴中人士赖以折衷"（清乾隆《长洲县志》卷二十五），学问醇实，学问志行，实与名相称。高宗即位后，充任纂修实录官，分修《雍正朝实录》，晨入暮归，不言劳瘁，结果卒于任上。其诗文曾得到著名诗人朱彝尊的亲自指点、教授。沈德潜说他"中岁成诗，流于性情，温厚之余，故动皆有则"（沈德潜《清诗别裁集》卷二十三）。其《桐庐》诗云：

轻帆漾微风，到郭及亭午。晷影落清波，衔云映吞吐。沙渚集渔舠，鹭鸶晒毛羽。参错缀人家，临水开牖户。楼阁见层叠。

> 罅隙松篁补。愧无荆关笔，好景渺难谱。微体幸萧散，得未羁簪组。心胸湛虚明，俯仰忆往古。近欲访玄英，俯首拜抔土。远攀汉客星，高风邈天宇。拟将谢浮名，烟波狎柔橹。何时携双柑，春莺听花坞。

上半首写游浙江桐庐看到的秀丽景色，感叹自己没有古代荆浩、关仝这样的大画家本领，难以将眼前胜景画下来；下半首怀古，“心胸湛虚明”二句，作上下转关，承上启下，过渡自然而巧妙，篇法整肃，可见其功力。太史顾嗣立招集好友于妙岩亭纳凉，他当场次韵二首，其二云：“万里归来坐晚凉，锦囊犹带墨痕香。残霞深浅红衔领，古木参差绿映床。越鸟啼随风叶散，吴羹味佐酒杯长。亭边惜别重回首，颠倒看披薜荔裳。”信手拈来，清新可咏。著有《介石轩文集》传世。乾隆《吴县志》收录他为木渎东街遂初园写的一篇序。乾隆初纂修《元和县志》，徐陶璋与杨绳武被聘为总裁。

汪应铨像

清康熙五十七年（1718）状元汪应铨，幼承家学，英敏好学，有过目不忘、过目成诵之才；又勤奋好学，手不释卷。稍长从乡里前辈陈董策、曾倬等游，以文才著名乡里。他熟读经史，“于经史靡所不窥”，所作文章“苍古典奥，诗渊源选体，而出入于韩、苏”（王豫《江苏诗征》卷七十三）。著有《期颐衍庆堂诗集》《容安斋文集》《容安斋诗集》。诗歌律绝兼工，风格“高朗谐畅”。有《题读书楼》诗云：

> 人生何谓富？山水绕吾庐。人生何谓贵？闭户读我书。君构读书楼，楼与山水俱。藏书数千卷，任君畋且渔。山水契动静，读书友轩虞。眺望连近远，梦寐俱恬愉。此身置太古，此心游太虚。回视尘世间，富贵吾土苴。

傲视富贵，以读书权当富贵，志趣非同一般。沈德潜评此诗为：“山水、读书不能相兼，读书楼在山水间，天下之乐无以加焉，然知其乐者几人？沉溺于土苴者纷纷矣！”钱仲联《梦苕盦诗话》从汪应铨《容安斋诗集》中摘出许多佳诗佳句：《西湖泛舟》云：“漫追渔钓出晴湖，五月风光媚笋蒲。新雨野阴浓似染，晚烟山色淡如无。橹声破梦仍余困，酒气熏人旋欲苏。醉里不知城堑里，绿汀白雨冷鱼凫。”饶其画意，雨字复。《与张野航连床宵话》云：“梅花树下正相思，欲半开时寄一枝。纸帐竹床香绕屋，共君话旧写新诗。”《夜雨》云：“每闻夜雨即沈吟，岂为思多不自禁。合眼也知寻住处，总应不是昔时心。”《池上》云：“幽闲池馆抵山村，小树梅花白板门。多事断云穿缺月，遣人惆怅立黄昏。”小诗亦有情韵……《喜陈大亦韩得解》三联云：“前辈定推真举子，后生应有读书人。”喜字写得酣足。他多才多艺，又擅长书法，风格圆劲透逸，人们以能争得其墨迹珍藏为荣。他曾参与修纂《湖广通志》《江南通志》。晚年，曾经主讲钟山书院。

五

毕沅是苏州状元中一位文武兼备的人物。武者，官至兵部尚书、湖广总督，是位封疆大吏；文者，著作等身，是清乾隆年间（1736—1795）著名的文人、诗人、学者。毕沅从小受到舅舅张少仪与母亲张藻（娄东著名女诗人）的熏陶，15岁便能诗，后又师从著名诗人沈德潜和吴派经学大师惠栋。开府西安时，吴竹屿、严东有、程鱼门、邵二云、洪亮吉、孙星衍、钱十兰等一时名流都翕集幕中，流连文酒，殆无虚日。袁枚《随园诗话》卷十一云：

> 吴中诗学，娄东为盛。二百年来，前有凤洲，继有梅村。今继之者，其弇山尚书乎？《过吴祭酒旧邸》诗云："我是娄东吟社客，瓣香私淑不胜情。"其以两公自命可知。然两公仅有文学，而无功勋，则尚书过之远矣。尚书虽拥节钺，勤王事，未尝一日释书不观，手披口诵，刻苦过于诸生。诗编三十二卷，曰《灵岩山人诗集》。灵岩者，尚书早岁读书地也。

毕沅才思横溢，其诗很有气势，如飞瀑万仞，不择地流。洪亮吉云："毕宫保沅诗，如洪河大川，沙砾杂出，而浑浑沦沦处，自与众流不同。平生所作，歌行最佳，次则七律。"（洪亮吉《北江诗话》卷一）"诗文下笔即成，不拘一格，要旨自运性灵，不违大雅之旨"（易宗夔《新世说》卷二）。潘瑛、高岑认为，毕沅诗法得传于其舅张少仪夫子，清灵隽雅，纯任性情。毕沅所作《忆梅词》回忆早年读书木渎灵岩时曾到光福邓尉探梅，以及与光福好友徐坚的深情交往，很能见清灵隽雅风格。诗云：

香山溪，灵岩麓，翠微深处吟堂筑。门巷寂寥嵌空谷，手种梅花一千本，冷艳繁枝绝尘俗。此花与予久目成，任教消受书生福。春云荡漾日温暾，万顷寒香塞我门。一桥残月数村雪，茫茫玉蝶飞无痕。西山前，上下崦，一树老梅花万点。危石支，古苔染，覆我钓鱼矶，映我藏书庵。尘缘未了出山去，回首别花花不语。北走燕云西入秦，问梅精舍知何处？岁云暮矣风雪骤，春信枝头应已透。官斋清酒话江南，驿使芳音断亲旧。天涯人远乍黄昏，料得花还如我瘦。风光旖旎路迢遥，卅年抛掷孤云岫。松林翠羽梦何如，缭绕南枝更北枝。花灵曩日盟言在，垂订还山在几时？醒来凉月已三更，疏影依稀素壁横。香落琴弦弹一曲，尔音千里同金玉。花如不谅予精诚，请问邓尉山樵徐友竹。

毕沅在木渎灵岩山麓筑灵岩山馆，馆中有问梅禅院。聂铣敏说他诗歌大雅不群，有渔洋风味。他诗学杜甫，卓有成就，方恒泰《橡坪诗话》云："学杜而得其悲凉壮阔者，于毕秋帆制府见之。"而他的《赠定西将军阿云岩阁部》十首，则气势磅礴，雄伟壮丽。其实，毕沅是个多面手，兼收并蓄，各体兼备，诚如清符葆森《怀旧集》所言：其"诗体华实并美，斐然作者之林。"文章下笔即成，不拘一格，堪称一代大家。舒位《乾嘉诗坛点将录》称他是"玉麒麟"，赞其"智勇功名，天下太平"。

"三元"钱棨善诗能文，在朝廷时屡司文柄，可惜诗文大多散佚。《江苏诗征》录其七律二首，风格不失沉着雄迈。《晚晴簃诗汇》录其诗五首。徐世昌评其《湘舲诗稿》风格"和平蕴藉"。《题话晋斋画梅册子》诗云："记曾踏雪铜坑路，初月昏黄旧崦西。醉眼倦开香似海，春风才到玉成蹊。一枝影杂檀栾好，片石寒生烟霭低。今日画图重省识，江乡宛转梦凄迷。”由画册想起当年光福邓尉探梅，流露出浓浓的思念家乡之情。钱棨善书法，初学颜真卿、柳公权，又学“二王”，书体韵美流畅，严谨中见变化，匀称中见跌宕，毫无馆阁之气。

清乾隆五十五年（1790）恩科状元石韫玉，从小聪睿，笃志好学，遍读群书，卓荦有特识。才思敏捷，作诗援笔立成，风发泉涌，取法唐、宋名家，又能破唐、宋门户而自立。钱仲联《乾嘉诗坛点将录》中将他列为“步军协理头二十六员”之一，称他是“金钱豹子”。法式善《梧门诗话》云：“石琢堂廉访诗，格高律细，胎息唐贤。王柳村谓与秦小岘、阮云台皆江左正声，非谬也。”潘焕龙《卧园诗话》摘录其《岳阳楼》等诗，都堪称精品佳作，云：

> 东吴石琢堂韫玉廉访《独学庐稿》，诗极秀洁。《岳阳楼》云：“萧萧木落系兰舟，遥指君山似髻浮。孤雁一声天在水，斜阳千里客登楼。鱼龙浪静沧江晚，橘柚霜寒白屋秋。生遇圣明全盛日，江湖廊庙两无忧。”《舟行杂诗》云：“渡头谁问孝廉船，秋水如蓝一棹烟。无恙布帆天上坐，此来原自五云边。”“酒旗风飐杏花村，野店人稀掩筚门。鹍鸪一声山雨足，板桥绿到旧潮痕。”

石韫玉为诗以纪事见长。他任四川重庆府知府时，正值四川等地白莲教起事，清政府派四川总督勒保任经略大臣，节制五省军务，镇压起义军。勒保曾调他到军营幕府，总理行营事务。在此期间，他写下七律《即事杂诗》十八首，每首诗后都作注释，记述了战争的经过和他本人的经历，很有气势，成为后人研究白莲教起义的重要资料。

石韫玉晚年家居，召集吴中耆旧，结成“问梅诗社”，自清道光三年（1823）始，至清道光十三年（1833），共集会140多次，参加者有黄丕烈、尤兴诗、彭希郑、彭蕴章、董国华、潘世璜、吴廷琛等苏州名贤，以及梁章钜、陶澍、林则徐在苏名宦，初春常结伴行吟邓尉“香雪海”；又举办“碧桃诗会”，与张邦弼、顾莼庭、沈清瑞、赵开仲、景书常等唱和其间。

石韫玉学识博洽，文章“贯串古今，尤长于经世之学”（《清史列传》卷七十二）。著有《独学庐诗文集》《竹堂类稿》《竹堂文类》《花韵庵诗余》等数十卷（后合并至《独学庐诗文集》）。他还是位有名的戏曲作家，传世的杂剧有《伏生授经》《罗敷采桑》《桃叶渡江》《桃源渔父》《梅妃作赋》《乐天开阁》《贾岛祭诗》《对山救友》《琴操参禅》九部，合称《花间九奏》，均取材于古代文人故事。其中，《对山救友》是写明代状元康海为救李梦阳往见刘瑾，遭清议痛责的故事，剧中主要人物和主要事件都有史实根据。石韫玉写此剧的目的是为康海辩诬。状元写状元戏，在中国戏曲文学史上也属罕见。石韫玉多才多艺，书画琴棋，无所不精；又好篆刻，承顾苓“塔影园泥”风格，端庄稳健，有《古香林印稿》行世。他又是位著名藏书家，筑有“独学庐”“凌波阁”等，藏书四万余卷。

清乾隆五十八年（1793）状元潘世恩天资聪颖，器宇端凝。早年时，潘世恩父亲潘奕基以手批《史记》《汉书》、魏晋六朝典籍的方式教授子孙，“俾知文章源流”。潘世恩16岁时参加童子试，终日端坐不离席。吴县知县李昶亭觉得很惊异，于是将他拔置前列，并出对考他，云：“范文正以天下自任。”潘世恩应声对答：“韩昌黎为百世之师。”李知县又云：“青云直上。”他对答：“朱绂方来。”李知县见他如此才华，赞叹不已，连声说道：“此童子将来必定富贵!”（陆以湉《冷庐杂织》卷一）后来，知府胡世铨评他试卷，曾有“安排作状元宰相”之语。祁嶲藻《思补斋诗集序》云：

> 公以名胄天挺应运，早岁掇巍科历清要……言之成文，歌之成声，公之自见其志者，亦于是乎综众妙而通神明……应制纪恩诸什，忠尽之志之溢于赓飏者也；友朋往复诸什，胞与之志，流于咏叹者也。至于读书论古、感旧述情，诚直温润，瀹沦无涯，则言之无所不包，志之无所不贯也。俨乎若崇山，敦乎若蒸云，道协气宣，播为风俗，盖天实笃之而亦所遇之有以成其志矣。

陶樑《思补斋诗集序》云：

> 吾师太傅芝轩先生……所作纪遇、怀人、咏物诸什，早已略窥涯涘。私心谓公禀赋既殊，种福尤厚，庞鸿纯固之气，溢为词章，如风行水上，自然成文；如绛云在霄，卷舒自如。以拟李、杜光焰，燕许手笔，昌黎北斗，永叔洪河，洵足方轨齐轸。

潘世恩诗自写胸臆，有清超之致。有《寒蝶》诗云：

> 生长花丛里，秋来见亦稀。
> 最怜芳草歇，犹傍故园飞。
> 旧梦红墙隔，空阶落叶围。

伶俜好将息，转眼又芳菲。

其诗敦厚温柔，深得唐人三昧，卓然成家。潘世恩著有《思补斋诗集》行世。

潘世恩为学一本程朱，而不为门户之见。清嘉庆十九年（1814）六月至道光七年（1827）四月，他曾归家先丁母亲忧，后又供养父亲终老并丁忧。在此十余年间，他遍读群书，“尝取周文至李二曲四十三家之言，撷精揽要”（冯桂芬《太傅武英殿大学士文恭潘公墓志铭》）。学问醇正，学识渊博，著有《熙朝宰辅录》《有真意斋文集》《思补斋笔记》《读史随笔》《清暑随笔》《读史镜古编》等多种。在朝时曾任《四库全书》总裁、《皇清文颖》馆总裁，负责《全唐文》缮刊。其书法学赵孟頫，圆润秀发，具灵性之态。曾一度仿效乾隆皇帝承平富丽之书迹，及至晚年力变原平稳少变的风格，用墨注意干湿，落笔随意大度，渐趋豪放。

清嘉庆七年（1802）状元吴廷琛“髫龄资颖，疑有宿慧”（朱琦《赐进士及第四品京堂前云南按察司棣华吴公墓志铭》，下同），后从师顾礼琥研习科举。16岁“初应县试，压其曹”。布政使对他在县试中出色表现也很欣赏，曾以“喜此子文成五色，卜他年浪透三层”之楹帖相赠；后又把他招至公署书斋，当时正是牡丹花盛开，赋诗属和，吴廷琛写下“凭将天上无双种，开作人间第一花”诗句，在场大臣听得连连点头，连连合掌称好。吴廷琛“文章遒隽，诗感时论事，宗法杜少陵。身处林泉，系怀魏阙，但素恶炫名”。曾是“问梅诗社”社员，与石韫玉、韩桂舲、彭苇闲、朱琦、尤春帆等咏觞欢乐。他平生不屑章句，通贯经典。中年以前，他致力于政务，概勿著录，晚年始订成《归田集》《归田草》等。他与陶澍、梁章钜、朱珔、朱士彦、顾莼南、卓秉恬结为“小沧浪七友”，经常雅集相聚，吟诗唱和。另有诗作《池上草堂诗集》行世。

清嘉庆十三年（1808）状元吴信中，写得一手好文章，当年父亲为御史时，弹劾权要，声震朝野，而这份奏折稿就出自他手。著有《玉树楼诗文钞》。状元吴钟骏智能超常，读书能过目不忘。13 岁已读遍十三经与《国语》《国策》《史记》《汉书》《楚辞》《文选》，且“背诵不遗一字”（清同治《苏州府志》卷八十四），以“少年才子”闻名吴中。研究经书、地理、韵音、文字，领域广泛，著述丰富，著有《禹贡举要》《师汉斋经义杂识》《群经音辨录》《说文段注辑览》《骈雅辑证》《汉书地理志校勘记》《悟云书屋诗文集》等。

常熟翁同龢为晚清大家，其“诗法力追昌黎、山谷，为一时斯文宗主，世比之欧阳公”。缪荃孙《瓶庐诗稿序》云：

> 公著述甚多，流传较少。先是文端公《知止斋诗》十六卷，体近中唐，音多古调。鼓鼙风紧，未平海上之孙恩；牛斗芒寒，难获江南之刘展。已少承平之象，渐多凄怆之音。公之诗则春云出岫，秋月丽天。抉四始之源流，怡事书画；分九霄之謦欬，酬答宾朋。德甫、正三，卓然鼎足。而观《华严》之经，有事君不终之慨；读《西亭》之画，有种松守墓之嗟。因归牧而感催科，慨登瀛之归外界。两集之诗篇如此，一时之气象可知。

其诗歌风格清隽无俗韵，徐世昌《晚晴簃诗汇》称他“生平本末，具见于诗。淹雅端和，不失先氏矩矱。七言古体，笔力放纵，渊颖坚凝，青丘隽上，殆兼擅其胜。尤以戊子至戊戌十年间为菁华所在”。钱仲联《论近代诗四十家》云：“翁心存、同龢父子名宰相，俱以工诗闻。心存《知止斋诗集》，恪守乾、嘉矩矱……松禅老人诗，以有关书画金石之作为最工，时抒悲愤。如《临吴渔山真迹》《临倪文正画二绝句》，皆身在江湖，不忘魏阙者，不仅如陈衍所云‘清隽无俗韵’而已。至其他题跋诸篇，考据精审，亦饶诗味，非翁方纲之以‘抄书当作诗’者可比。”其诗文清超古隽，不落恒蹊。著有《瓶庐诗稿》《瓶庐文钞》行世。

苏州末代状元陆润庠天资颖悟，四岁即辨四声，七八岁能为韵语。十岁读完九经，博学多识，谙熟掌故，才思敏捷，文章典雅，叶昌炽说他“岳读升湮，疆圻锡赍，代言应制，运笔如飞，往往朝受命，夕进御”（叶昌炽《皇清诰授光禄大夫太保东阁大学士赠太傅陆文端公墓志铭》）。陆润庠曾为苏州拙政园远香堂撰写长联，曰：“旧雨集名园，风前煎茗，琴酒留题，诸公回望燕云，应喜清游同茂苑；德星临吴会，花外停旌，桑麻闲课，笑我徒寻鸿雪，竟无佳句续梅村。”又为虎丘山憨憨泉撰书：“在山泉清，出山泉浊；陆居非屋，水居非舟”联，既写出憨憨泉的自然可爱和人世的混浊，又巧妙地勾勒出月驾轩似屋非屋、似舟非舟的形态特征，可谓雅俗共赏、诙谐有趣。虽说属对、撰联是古代读书人的“童子功”、拿手活，但也有高低之分，堪称佳联。

六

苏州状元中，诚然没有出顾炎武、惠栋这样的大家，但是彭定求的理学、毕沅的考据学、陆增祥的金石学、洪钧的历史地理学，都取得了较大的成就。

清代统治者为了加强统治，大力提倡尊孔读经，并将程朱理学作为官方哲学，于是出了汤斌、张伯行等一批理学名臣。彭定求父亲彭珑即以研习理学闻名，彭定求少承庭训，11 岁随父攻读理学，并拜清初著名理学家汤斌为师，“于宋诸子之遗书，潜心默识，于近世儒者尤得力于王文成、高忠宪二公”（张伯行《彭侍讲祠记》）。他治学以陆九渊、王阳明为宗，曾作《高望吟》七章，以此表达他对陈献章、王阳明、邹守益、罗洪先、顾宪成、刘宗周、黄道周等“七贤”的敬仰之情。《清稗类钞·教育类》曾记述他讲王阳明理学的情况：

> 长洲彭勤止，名定求，学宗王阳明，晚年解组，家居讲授，益提倡“知行合一”之说。时有作书极诋阳明者，彭见而悯之，以为人谓阳明倡“良知”之说，病其为禅，则“良知”两言，出于《孟子》，岂并孟子将病之乎？又谓明之亡，不亡于朋党，不亡于学术，意以此归狱阳明。嗟夫！诚使明季臣工以“致良知”之说，互相警觉提撕，则必不敢招权纳贿，则必不敢妨贤虐忠，必不教纵盗戕民。识者方恨阳明之道不行，不图诬之者颠倒黑白，至于斯极也。

同时期的王适庵也是一位潜心研究王阳明的理学家，以为王阳明有“三立”（立德、立功、立言）之成就，曾从王阳明全集中摘编成《三立编》一书，请彭定求为该书作序，序略云：“王文成公天挺人豪，为学历几变，而入于深造自得之域，其曰致良知也，即明明德也。合知行，融博约，彻动静，孜孜以克己改过，拔本塞源为教，直接尧舜以来圣圣传心之统，故其功之成如披却导窾而不劳，其言之发如掘地涌泉而莫遏。合三者而卓乎有立，实为振今铄古之一人，与天壤昭垂不敝者矣。”（彭定求《南畇文稿》卷一）王阳明是浙江余姚县姚江人，属“姚江学派”。彭定求的《姚江释毁录》就是一部为“王学”辩诬的专著。

彭定求治学并不株守王阳明一家之言，对宋明各派都力求“洞见本源”，诚如张伯行“以不欺为本，以践形（行）为要，体认真切，洞见本源”。他称朱熹“仔肩圣道，旷代挺生，精神贯注于四书五经，气力笼盖于百家诸史，阐幽达微，使世世来学均戴罔极之恩，而俨乎为学统大宗百代不祧之祖，非旁支别派之所敢望也”（彭定求《南畇文稿》卷二）。他曾编纂《儒门法语》一书，汇集宋以来的理学名家言论。《四库全书总目提要》介绍此书云：

> 是编凡录宋朱子、陆九渊，明薛瑄、吴与弼、陈献章、王守仁、邹守益、王敬臣、罗洪先、王畿、顾宪成、高攀龙、蔡懋德、魏校、罗伦、冯从吾、吕坤、孟化鲤、刘宗周、陈龙正、黄道周二十一家讲学之语，少或一二条，多至十数条。定求自有所见，即附识于后。其卷首题词有云：“功殊博约，候兮顿渐，自朱、陆立言始。要之，入门异而归墟同，无容偏举也”云云，可见其宗旨矣。

彭定求的学术文章收录在《南畇文稿》《南畇续稿》中，《四库全书总目》评述此书云：“定求之学出于汤斌，斌之学出于孙奇逢，奇逢之学出于鹿善继，善继之学则宗王守仁传习录。故自奇逢以下，皆根柢于姚江。而能参酌朱、陆之间，各择其善，不规规于门户之异同。定求是集，于文章之有关于学术者，尤所留意。而持论则兼采二家，无所偏倚云。”除上述讲到的学术著作外，彭定求还有《明儒蒙正录》《密证录》《汤潜庵文集节要》《小学纂注》《孝经纂注》《学易纂录》《周易集注》《不谖录》，以及《周忠介公遗事》《仁孝先生事略》等，可谓著述丰富，而且他还担任《全唐诗》总裁，为中国文化做出了较大的贡献。

毕沅学识渊博，平生好著述，铅椠不离手，凡经史、小学、金石、地理、文物，无所不通，是一位卓有成就的学者。著作浩繁，有《传经表》《经典文字辨证书》《释名疏证》《篆字释名疏证》《老子道德经考异》《夏小正考注》《晋书地理志新补正》《三辅黄图》《关中金石记》《关中胜迹图志》《中州金石记》《说文旧音》《音同义异辨》《续资治通鉴》《西安府志》《史籍考》，还有校注《墨子》《山海经》《吕氏春秋》《晋书·地理志》等，堪称一代大家。清王豫称他“长厚好学，召致名士，考订经史，下及金石碑版，纠讹正谬，付之梓氏，厥功典籍不小”。易宗夔《新世说》卷二云：

> 毕秋帆性好著书，铅椠不去手。谓经义当宗汉儒，故有《传经表》之作。谓文字当宗许氏，故有《经典辨正》及《音同义异辨》之作。谓编年之史莫善于涑水，乃博稽群书，考证正史，始宋迄元，为《续资治通鉴》二百二十卷。谓史学当究流别，故有《史籍考》之作。谓史学必通地理志，故于《山海经》《晋书·地理志》皆有校注。

《山海经校注》是毕沅平生的得意之作。《山海经》是我国古代最早的一部小说体地理书，在先秦典籍中独有风貌，自古称为“奇书”。所记五方之山八方之海，包括了山川道里、金玉矿产、鸟兽昆虫、殊国异域、八方民俗等内容，保存着上古时代人们生活的记录，是研究古代地理、历史、神话、宗教、民俗、医药、生物、矿物、祭祀的重要文献。书中所载精卫填海、夸父追日等神话故事，恢诡夸诞，令人赞叹，被称为我国古代神话传说的渊薮。但是，该书文字脱漏严重，奥涩难读。乾隆后期，毕沅对《山海经》重新进行校注，对篇目、文字、山名、水道一一考证。其自序云：“役于官事，校注此书凡阅五年，自经传子史百家传注类书所引无不征也。其有阙略，则古者不著，非力所及矣！既依郭注十八卷，不乱其例，又以考订目录附于书。”由此可见，其态度之认真，下的功夫之大。

毕沅十分注重金石文字对治史的重要作用，认为金石文字之在六朝者，多足资经典考证。其唐后所载地理、职官及人物事迹，亦可补正史传之伪误。于是，他用数年时间，辑成《关中金石记》八卷。钱大昕为《关中金石记》所作之序云：“关中为三代秦汉隋唐都会之地，碑碣之富，甲于海内。……所得金石文字，起秦汉讫于金元凡七百九十七……钩稽经史，决擿同异，条举而件系之，正六书偏旁，以纠冰英之谬，按《禹贡》古义，以探汉瀁之源，表河伯之故祠，绸道经之善本，以及三藏五灯之秘，七音九弄之根。偶举一隅，都超凡谛，自非多学而识，何以臻此？”

毕沅尤爱好法书名画，清乾隆五十三年至五十五年（1788—1790），曾命钱泳在他苏州景德路寓所刻《经训堂帖》12 卷，其中有怀素《千字文》、赵孟頫所藏《兰亭序》、徐季海《朱巨川告》、蔡襄自书诗稿、苏轼《橘颂》、陈与义诗卷、朱熹《城南诗》、虞集《诛蚊赋》、赵孟頫《枯树赋》等墨迹珍宝。毕沅死后，“家产荡然，家人辈拓之为糊口计”（钱泳《履园丛话》卷二十三，下同）。至清嘉庆末，《经训堂帖》“岿然独存，金石之可贵如此”。

毕沅著作最著名、最有影响的，要数《续资治通鉴》。读过历史的人都知道，宋代司马光的《资治通鉴》记载从战国至五代1360余年历史。此后史学家多仿照此书体例而续作，如南宋李焘的《续资治通鉴长编》，明薛应旂的《宋元通鉴》，明王宗沐的《续资治通鉴》。薛氏之书，内容多舛讹，且着重表彰理学；王氏之书，内容过于简略。两书取材都依据明代官修《续通鉴纲目》，成就不高。清初，昆山徐乾学撰《资治通鉴后编》，以宋、元两代纪事为主。徐氏曾获得李焘《续资治通鉴长编》残稿为参考资料，又曾主修《大清一统志》，得以多窥地方志书，并得到著名学者万斯同、阎若璩、胡渭等人协助，故成就远胜薛、王，尤其是地理部分，论述较为精详，但由于当时四库馆尚未开设，《永乐大典》藏于秘阁，许多重要资料无法得到利用，因此其书的缺陷仍较大。鉴此，毕沅决心完成这一前人未竟之大业。他得到当时史学家邵晋涵、章学诚、钱大昕等人的协助，亲自定体制，通纂全书。经过20年之不懈努力，四易其稿，终于写成《续资治通鉴》，凡220卷，计230余万字，纪事上起自宋太祖建隆元年（960），下迄元顺帝至正三十年（1370），与《资治通鉴》正好相衔接，填补了我国编年体通史上的空白。

《续资治通鉴》可称为后来居上之作，它以徐乾学的《后编》为基础，参考《永乐大典》中辑出的李焘《长编》和李心传《建炎以来系年要录》等书，叙事详而不芜，于辽、金及宋末之事增补最多。

陆增祥像

又取《资治通鉴》之例，自撰《考异》，附于正文之下，对史事的虚实和史料的真伪都有细致的分析。后人对此书给予较高的评价，梁启超曾评说：“盖自此书出而诸家《续鉴》可废矣！”

清道光三十年（1850）状元陆增祥（1816—1882），字魁仲，号莘农，太仓人。父亲陆树熏，举人，善书法，精研六书。陆增祥从小受到家庭的熏陶，小时见父作篆籀书，即效仿，父亲于是“喜授以六书之学，辄通晓其义”（俞樾《布政使衔湖南辰沅永靖兵备道翰林院修撰陆君墓志铭》，下同）。他“少通六书，及长益劬于学”（《清史列传》卷七十三），居官不废学，对金石有较深入的研究，对历代文字更有独到的见解。他博学多识，著述相当丰富，著有《八琼轩金石补正》（又名《金石萃编补正》）《三百砖录》《吴氏筠清馆金石记目》《元金石偶存》《篆墨述诂》《札记》《楚辞疑异释证》《古今字表》以及《红鳞鱼室诗存》。其中最著名的是《八琼轩金石补正》。

陆增祥性好金石文字，搜罗遍天下，曾搜集汉魏以来碑志3500余方，撰成《八琼室金石补正》130卷，“订正金石款识名物”（《清史稿》卷四百八十六），著名学者何绍其佩服其精。他曾收集汉、魏、晋、宋、齐、梁古砖数千块，并随身携带。相传他辞官回乡时，古砖装了满满的数十箱，船渡黄河，有盗贼见如此笨重，以为必定是金银财宝，拦路抢劫，等到开箱一看，方知全是砖块，连呼倒霉，以为碰上了疯官，狂笑而去。回家后，陆增祥悉心治砚著述，精选古砖300块，“琢为砚，拓墨本跋之”，按编年撰记，写成《三百砖录》。他还将自己书房命名为“三百砚斋”。陆增祥与浙江德清俞樾为同榜进士，两人志同道合，交情甚密，常相往来，品茗切艺，以研金石为乐。

除毕沅、陆增祥之外，苏州状元中擅长考据的还有好几位，韩菼的《孝经衍义》《诗疏草》《春秋左传句解汇镌》，陆肯堂的《三礼辨真》，石韫玉《独学庐全集》中的《读左卮言》《汉书刊讹》《袁文笺证》，潘世恩的《读史镜古编》，等等，都是颇见功力并有一定影响的著述。支伟成在《清代朴学大师传》中为徐元文和毕沅立传，可见徐元文的朴学成就也绝非一般。

清同治七年（1868）状元吴县洪钧是一位历史学家，为我国的元史研究作出了重要贡献。二十五史中的《元史》修成于明初，由于史料缺乏，时间仓促，史法杂乱，讹漏甚多，故成书之时批评之声即随之而起。洪钧在出使欧洲期间，看到多种关于蒙古的史书及研究专著，如俄国人贝勒津所译的古代波斯人拉施特的《史集》，俄国人哀忒蛮的《铁木真传》，德国籍土耳其人哈木耳的《奇卜察克金帐汗国史》，亚美尼亚人多桑用法文著成的《蒙古史》，以及英国人霍渥儿特、奥人华尔甫的《蒙古史》等。他觉得应用这些史料来补充订正《元史》，肯定有很大的作用和意义。于是，他组织随从译员将这些著作译成中文，又旁征博引，将大量汉文史籍与西方史料进行比勘互证，对《元史》补充订正，终于完成《元史译文证补》。

洪钧写作此书相当艰苦，他不懂外文，便请翻译口述，自己笔札记录。他治学严谨，凡涉及某国史事或人名、地名等翻译中的疑难问题，就到该国驻俄使馆求教，一丝不苟。陆润庠在该书序言中说："稿经三易，时逾两年，而始成书，名之曰《元史译文证补》。证者，证史之误；补者，补史之阙也。惟其中数卷，掇拾散漫，未及定稿。"回国后，洪钧忙于总理各国事务衙门大臣的政务，但仍"一灯中夜，犹孜孜为之无倦容"。临终前，他将此书原稿留给其儿子洪洛，将抄出的清稿交给挚友加亲家陆润庠（女儿嫁洪洛）和沈增植，并嘱托说："数年心力，萃于此书，子为我成之。"在陆润庠的帮助下，书于清光绪二十六年（1900）刊行问世。《元史译文证补》开创中国史学界利用域外史料研究本国历史的先河，为后代史学家所推崇；此书也奠定了洪钧在中国史学史上的地位。

苏州末代状元陆润庠曾经抢救保护《永乐大典》。这部大典是明代编纂的大型类书，也是世界上编纂最早、篇幅最大的一部百科全书。《永乐大典》于明永乐元年（1402）开始纂修，至永乐五年（1407）方才完成，全书共有 22 870 卷，约 3.7 亿万字。但是因印刷耗费巨大，后被搁置，只保存手抄正、副善本各一套。清代时，原书正本藏于乾清宫，副本藏于翰林院。清嘉庆二年（1797）乾清宫失火，正本被付之一炬。清光绪二十六年（1900）六月，八国联军入侵北京，位于东交民巷的翰林院由于靠近使馆区，当时也沦于战火之中，珍藏的《永乐大典》副本也难逃厄运，其中 11 095 本善本几乎全部遭到焚毁，余下约 400 册也几被掳掠一空，最后仅剩残存的 64 册。陆润庠深知这批国宝的价值，就悄悄地将其运回家中保存。民国元年

（1912）教育部获悉后，即派员前往陆府，并将其珍藏的 64 册残卷运回，除留下 4 册用作展览外，其余 60 册均移交京师图书馆收藏，成为现在国家图书馆首批《永乐大典》藏品。太平洋战争发生后，陆润庠抢救保存的 60 册善本中有 35 本被转移到美国国会图书馆，后又被转移到台湾台北故宫博物院。中华人民共和国成立后，人民政府专门派员到国内外追索回购，迄今国家图书馆善本部已搜集到 161 册，其中商务印书馆捐赠 21 册，原苏联国立列宁图书馆赠还 52 册，列宁格勒大学东方系赠还 11 册，德国赠还 3 册，通过购回和其它单位、个人赠还的有 11 册，现除台湾保存有 60 册外，还有近 200 册散落在 10 多个国家的约 30 多个图书馆，其中经陆润庠之手抢救保存的占到 1/6 左右。陆润庠冒险保存文化典籍，功不可没！

苏州状元中曾有多人参加府志、县志的纂修，为保存与传承历史、文化贡献了自己的聪明与智慧。现存明代《姑苏志》，凡 60 卷，“续历三十余年，更六七郡守”（王鏊《重修姑苏志序》，下同），就是以状元吴宽纂修的稿子修成的。早先明弘治中，开始编纂《姑苏志》时“裁决于吴文定公宽”，后来郡守相继离任，“书竟不就，然文定之惓惓是书，虽病在告，未尝释手淡墨，细书积满箱案”。王鏊重修时用八月纂成，而“举例一依文定之旧”。查看《姑苏志》卷首“修志名氏”身份，吴宽是礼部尚书，王鏊是吏部右侍郎。缪彤纂修过《苏州府志》，汪应铨修纂过《湖广通志》和《江南通志》，毕沅修过《西安府志》，潘世恩、石韫玉曾任《苏州府志》总裁，徐陶璋曾任《元和县志》总纂……此外，石韫玉、吴廷琛曾参与重修沧浪亭、倡建“吴郡名贤总祠”，多名状元为家乡府学、县学、寺庙撰写碑文，为传承、弘扬优秀文化做出了贡献。

七

苏州文人历来重视书法、绘画艺术，而参加科举考试，一手漂亮的毛笔字更是非常重要。苏州状元在这方面都有相当的造诣，其中堪称书法家、画家的也不少，即便是武状元也是儒将。宋代，武状元周武“身兼文武，能赋诗，工大字”（叶绍翁《四朝闻见录》卷五）；“文辞敏赡，作大字称独步，其制《清源庙记》叙神赵昱助己克敌事，甚灵异”（清雍正《昭文县志》卷五）。武状元林嘌亦以善书法著名当时，志书说他“性至孝，工书法”（顾震涛《吴门表隐》卷十四）。《宋元明清书画家年表》和《中国美术家人名辞典》等较权威的工具书中收录的苏州状元有22位，分别是吴宽、朱希周、毛澄、顾鼎臣、文震孟、申时行、孙承恩、徐元文、韩菼、归允肃、王世琛、汪绎、毕沅、石韫玉、陆肯堂、彭启丰、潘世恩、陆增祥、翁同龢、翁曾源、洪钧、陆润庠。

明代苏州状元书法成就最高的当推吴宽，他宗法苏东坡端庄淳朴、凝重厚实的风格，一反当时吴中盛行的纤巧媚美书风。明代书法家邢侗在《来禽馆帖》中曾评说：“匏翁吴中前辈，行谊擅绝，不直文翰之工尔也，书法法苏学士，浓颜厚面，祛去吴习。”王鏊说他“作书姿润中时出奇倔，虽规模于苏而多所自得”（王鏊《震泽集》卷二），注意继承，贵能创新。吴宽擅长楷、行书，尤工行书，也作草书，常临唐代怀素《自叙帖》，狂奇豪放，几达乱真的妙境。最为珍贵的墨宝神品，要数明弘治十二年（1499）八月十九日为营救同乡著名书画家唐寅而写的《乞情帖》，凡280字，行书。这封信札是写给他的一位亲眷，一气呵成，丰润厚实，雄健庄重，用笔淳朴古拙，深得苏轼字体“藏峰画中，力在字外”的艺术笔法。因为是私人笔札，毫无雕琢粉饰之迹，天真自在之趣跃动于字里行间，为不可多得的神化的书法珍品。其真迹曾在1937年初举办的“吴中文献展览会”上展出。

王世懋称赞：“吴中盛事，原博（吴宽字）书法第一。”吴宽“平生学宗苏氏，宗法亦酷肖东坡，缣素、流传”（《四库全书总目提要》卷一百七十一），开启吴中书坛一代新风，直接影响稍后步入书坛的祝允明、文徵明、王宠等人，最终出现了以吴门书法为主体的明代中期的书坛昌盛时期，一时书法名家辈出，王世贞也不无感叹地说道：“天下书法归吾吴！”吴宽的传世书迹墨宝较多，其《种竹诗卷》《题赵孟頫重江叠嶂图诗》等都是艺术精品。此外，吴宽还是个鉴赏家，精于书画鉴赏，所著《匏翁家藏集》中不仅记载了许多著名书家及其作品，而且还有不少有关书学理论的著述。

毛澄也善书法，王世贞《国朝名贤遗墨》中录有他的书迹，工整而浑厚。朱希周工颜体楷书，学唐颜真卿，“一生不作一行草书，书

吴宽所书扇面

极谨细”，真可谓书如其人。顾鼎臣工书法，楷书字迹秀媚，酷似赵孟頫，王世贞《国朝名贤遗墨》亦录其书迹。申时行善真、行、草书，有《赐闲堂帖》行世，苏州博物馆藏有他的行书《尧峰七言诗》轴。洞庭东山槎湾石屋岭许裕甫墓曾出土申时行的一把行书折扇，扇面上书有《兴福寺》《石公山》两首五言律诗，此扇现藏于吴中区文管会。

文震孟出身书画之家，是位颇有名的书法家，其“书迹遍天下，一时碑版署额，与待诏埒”。明末，苏州许多宅第、寺院、园林都有他的墨迹，枫桥寒山寺中有他撰写的楷书《寒山寺重建大雄殿记》碑，苏州虎丘山塘街上的“吴葛贤之墓”碑碣亦为他所书。近人陈去病曾见过文震孟的许多手简，其《五石脂》载云：“予尝睹公手简甚富，其书直远轶高，顾诸贤上，宜乎《点将录》中，目为‘圣手书生’，询足征焉。”有件《捣衣曲长卷》，长丈余，素缣已作黝状，每个字都五寸多大，“墨沉淋漓，极龙蛇飞舞之致，洵乎天人不与凡俗同也”，卷上有周顺昌、韩菼等明清两代名人题跋甚多，为文氏传世家宝。苏州博物馆藏有他的行草七言诗轴和鼎阳行书寿诗册，苏州碑刻博物馆和一些苏州园林中有他的手迹碑刻，江阴徐霞客纪念堂有他的行书和楷书石刻手迹。其书法不似曾祖文徵明那样秀丽飘逸，而更接近欧阳询和苏东坡书风。

王士禛云：“本朝状元工书法，世祖爱欧阳询书，壬辰邹忠倚、戊戌孙承恩皆法欧书。圣祖工‘二王’法，己未归允肃、壬戌蔡升元、庚申汪绎皆法《黄庭（经）》《乐毅论》者。”（阮葵生《茶余客话》卷十七）他同时提到孙承恩、归允肃、汪绎三位苏州状元。汪绎学“二王”，擅长《黄庭经》《乐毅论》，风格秀润，足见其成就。他又能绘画，赋有生活气息，曹寅有《题汪东山修撰〈秋帆图〉》诗云："七条秋水作琴声，一路清晖侍母行。究竟主恩忘不得，觚棱寒影画初程。雨榻虫灯对简书，广陵新涨足鲈鱼。天涯满眼孤帆兴，梦里东皋薄笨车。"其六世孙曾珍藏《种芋图》，图寓风木而作，汪绎自题云："莫泥衡山旧公案，十年宰相竟何为。"

徐元文书学米芾和董其昌，康熙皇帝对他那两手书法很欣赏，曾命他临写过米芾《绝句》和董其昌《般若波罗蜜多心经》。为此，康熙皇帝特题赠"鸢飞鱼跃"四字。王世琛父亲王铨精书法，善绘事，故王世琛书画兼善，其山水画笔墨腴润，取景大方，绝无拘牵束缚之态。汪应铨书法圆劲透逸，当时人们都争求其墨迹，作为墨宝珍藏。常熟市博物馆藏有他行书条幅，为不可多得的精品。彭定求、彭启丰祖孙都以善写瘦金体著名，而彭启丰则由宋徽宗而直追薛曜，复加以碑版，入行书、楷书之中；彭启丰晚年又寄情丹青，所作山水图落落大方，有元代倪瓒、黄公望笔致。毕沅博雅好古，"金石书画之属，搜罗极富，有佳者，不惜巨金以易之"，闲时亦染翰墨，颇见功力。他曾刊刻《经训堂法帖》12 卷，将自晋至明名家法帖汇于一书，曾产生巨大影响。张书勋早年曾得到舅舅金石家、书画家徐坚的艺术熏陶，"书法赵文敏，肖其神"（清道光《苏州府志》卷一百二）。"三元"钱棨书法，初学颜真卿、柳公权，又学"二王"，书体韵美流畅，严谨中见变化，匀称中见跌宕，毫无馆阁之气。石韫玉尤工隶书，归田后更是潜心著述和书法；清嘉庆十二年（1807）尝绘《竹石图》，称赞者颇多。寒山寺有他为观音佛像图题写的"现千手眼"篆书，右上盖有"庚戌状元"篆文印章，边款"大清嘉庆戊寅六月十九日"等字样。潘世恩书法学赵孟頫，圆润秀发，具灵性之态。

清代，苏州状元中书法成就最高者当推清末翁同龢，人称“乾、嘉以后一人”。他早年学书从习欧阳询、褚遂良入手，崇尚瘦劲。中年后，转师颜真卿，取其浑厚，又兼学苏轼、米芾，书出新意；晚年，得力于北碑，平淡中见精神。他作书喜悬臂，注意笔力。《清朝书画录》云：

> 善书法，幼年专工欧、褚；中年用力于平原，虽蝇头小楷，皆能悬臂书之；五十后更出入苏、米，又沉浸北朝碑，汉隶《礼器》《乙瑛》《张迁》诸碑。晚年益趋平淡，几与刘文清抗衡。

《清稗类钞·艺术类》亦云：

> 叔平相国书法不拘一格，为乾、嘉以后一人。说者谓相国生平虽瓣香翁覃溪、南园，然晚年造诣实远出覃溪、南园之上。论国朝书家，刘石庵外，当无其匹，非过论也。

马宗霍《霎岳楼笔记》云：“松禅早岁由思白以窥襄阳，中年由南园以窥鲁公；归田以后，纵意所适，不受羁缚，亦时采北碑之华，遂自成家；然气息淳厚，堂宇宽博，要以得鲁公者为多。偶作八分，虽未入古，亦能远俗。”同时代的杨守敬在《书法迩言》中说：“翁松禅亦学平原，老苍绝伦，无一稚笔，同、光间推为天下第一，洵不诬也。”清末书坛，帖学盛极而衰，碑学大兴，书风由媚美纤细而转为雄浑古朴；而翁同龢博采众长，对唐代颜真卿和北魏碑版潜心揣摩，参以己意，写出了有自己艺术个性的书法艺术作品。其书法艺术的主

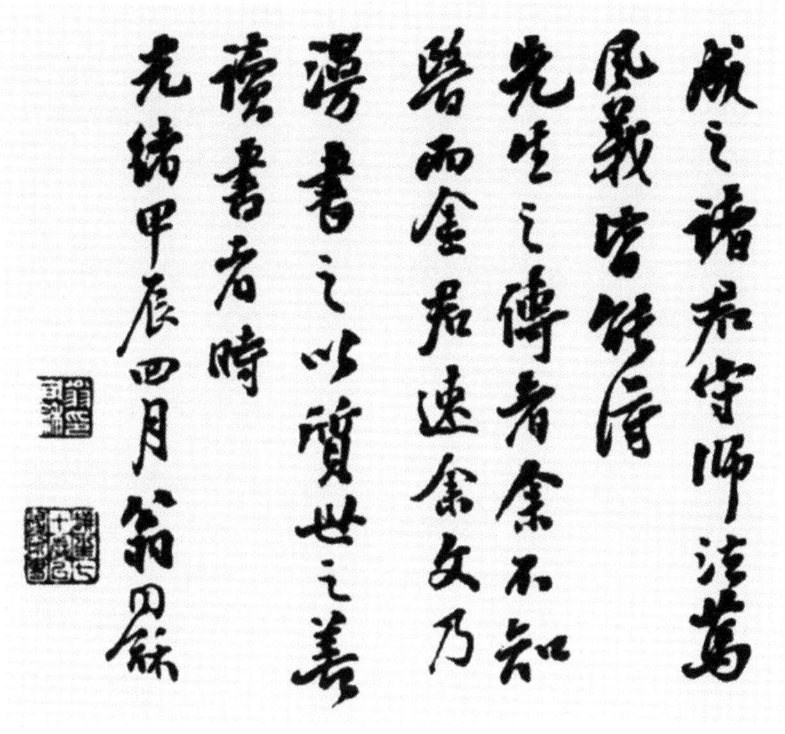

翁同龢书法

要特点是：苍老遒劲，刚健婀娜，纵横跌宕，力透纸背，含蓄朴茂，组佩雍容，淳厚宽博，深得颜真卿书法之精髓。翁同龢“晚年学隶，兼回腕作书，力追静穆”（《重修常昭合志》卷二十，下同），成为一代有影响的书法家，“人得片纸，珍若兼金”。

翁同龢还善绘画，间作山水、木石及杂画，“以笔力奇肆出之，不为画家规则所拘束，随意点染，古趣盎然。更有题咏，弥觉隽逸”。有《翁松禅山水画册真迹》《翁瓶笙书屏集扇集》传世。《中国美术全集》收有他的《论画语》行书条幅，原件藏吉林省博物馆，此行书笔势健拔生动，通篇有典雅秀丽之气。《中国书法史图录简编》录有他写给毓川兄的“每临大事有静气，不信今时无古贤”行书对联。翁同龢曾藏晋王羲之青玉《十三行》拓本，八国联军洗劫北京时，为日本人掠去。

洪钧也擅长书法，早年学苏轼、米芾，兼钟繇神韵，小楷娟秀清丽。晚年专攻碑版，喜作擘窠大字，字字都入碑意，苍润雄劲，质朴高古，为世人所重，是位颇有造诣的书法家。苏州博物馆内有块“鹤与琴书之室”匾，系洪钧墨迹。

陆润庠是清末著名书法家，无论小楷还是大字，都写得平衡端庄，具有谦谦君子之风，书风清华朗润。他擅长行楷，意近欧阳询、虞世南笔法，圆润丰满，雍容华滋，享誉一时。据说，当年慈禧太后十分喜欢他的书法，陆润庠投其所好，精心抄写了一部《红楼梦》进呈给慈禧。苏州园林名胜中至今保留着他的许多墨迹，如为拙政园所写的“十八曼陀罗花馆”擘窠行、楷匾额，笔圆体方，外柔内刚，没有雕饰之火气，却有锋芒内敛之含蓄。其题墨笔力劲峭，水墨淋漓，“三真六草为天下宝”。他能联擅书，时有“双璧”之誉。他所题上海豫园小东门国药店匾额“童涵春”三个字，润笔费高达白银100两；北京“荣宝斋”“韵古斋”额均由其书写。2003年3月中国嘉德公司在北京瀚海周末小型艺术品拍卖会上，以无底价推出竞拍的22副对联中，陆润庠作品拍出了2.2万元的最高价，每个字的价值达千元。他又精于鉴赏书画，光绪间曾奉敕审定内府经籍、书画，钤有“凤石眼福”“甲戌状元”“臣润庠奉敕审定内府经籍金石书画”等印章。

近代著名画家、收藏鉴赏家吴湖帆是状元吴钟骏的后裔，受家庭影响，从青年时代起吴湖帆即有志收藏清代状元的书扇册页，共收得清代状元书扇 72 幅，其中苏州 24 幅（缺毕沅、陆增祥），并装帧成册，成为一件名贵的历史文物。20 世纪 50 年代，吴湖帆将它们捐献给苏州市文管会，现藏于苏州博物馆。这些状元书扇以诗词歌赋为内容，注意书法艺术，正、草、篆、隶各体兼备，风格各异。常熟汪绎的七言行书，有“天气妍和水色鲜，闲吟独步小桥边”之句，诗意清新，字体为赵孟頫行书，柔润潇洒，外柔内刚，清秀大方。常熟翁同龢的书扇面为放归后所书，临魏碑“舍百鄣则鹏击龙花，悟无生则凤生道树，五道群生咸同斯庆”，苍劲雄迈，古朴浑厚。“三元”钱棨的扇面为行草，秀逸滋润。苏州的两对祖孙状元——彭定求与彭启丰、陆肯堂与陆润庠，两对叔侄状元——吴廷琛与吴钟骏、翁同龢与翁曾源的书扇面收全。尤其罕见的是潘世恩与吴其濬、朱昌颐、林鸿年、钮福保五状元合作一扇，他们中状元的时间跨清乾隆、嘉庆、道光三朝，凡 45 年。

八

苏州状元中还有精通医学的，明代顾鼎臣对眼科治疗尤有独到研究，曾著《医眼方论》和《经验》等医书。清末陆润庠传承家学，亦精于医学，曾为慈禧太后把过脉、看过病；光绪皇帝“欠安，召陆润庠诊治”（《申报》1908 年 2 月 24 日 04 版）。他患有哮喘病，自治方子治疗；还曾任过朝廷管理医局副大臣、上疏“奏保医局提调”，亲自创办总局一所、分局四所，活人无数。

诚如古人所说：“科第之得不得，在衡文之中不中，与其之人品、学问，原不相涉；不是中鼎甲、掇巍科者，就有学问也。”（钱泳《履园丛话》十三）但是，通过本章叙述，我们完全可以得出这样的结论：苏州状元绝大多数是有真才实学的人，遗憾的是他们的聪明才智由于受社会制度等方面的束缚，还没有得到充分发挥。尽管如此，苏州状元在文化、艺术方面所取得的成就及其所作的贡献，为历史所铭记，永远值得苏州人骄傲！那些认为苏州状元没本事的人，只能说明自己的无知；至于调侃、嘲笑说苏州状元是靠卖鱼、靠女人而流传的人，更是品位低下，俗不可耐。

风云变幻 宦海沉浮

——苏州状元在官场

状元是中国封建社会文官政治制度的产物。科举，说得通俗点，就是统治者通过科目考试的方法，选拔各级政府的管理人才，维系自己的统治。唐太宗李世民见到新科进士汇集榜下，得意地说道："天下英雄，入吾彀中矣！"即通过科举将天下的英雄全部揽入皇帝的掌控之中，为其服务，为其所用。然而，由于人们长期以来对科举制度的作用与意义缺少真正的了解，往往以思想家、科学家、哲学家、军事家、文学家、艺术家的标准去评判状元、衡量状元，因此会得出一些令人啼笑皆非的结论。

中国是世界上最早建立完善的文官政治制度的国家，而这种世上最早、最完善的文官政治制度的具体表现，就是科举制度。"学而优则仕"，人们要想做官，改变自己的环境和社会地位，唯一的出路就是参加科举。钱仲联先生曾在为笔者拙著《苏州状元》（纪传体）所作"序"中指出："就历史之进程言之，科目选举之制，在当时不失为进步。"金诤在《科举制度与中国文化》中称科举是中国对世界的贡献："可以毫不夸张地说，文官选拔促成的考试制度，是中国文化对世界文化的一大贡献，现行欧美、日本等国采用的文官考试制度，究其根源，是在中国科举制度影响下发展起来的。”余秋雨先生称科举制度是一项“创举”，他在《远征和失序》一文中说道：“无序对文明的葬送，比其他任何力量都严重，甚至超过战争……因此，对一种悠久漫长的文明来说，为了避免无序的损害，惟一的办法是组建一个既有文明职能，又有管理权力的体制。中国古代通过科举取士而组建文官体制的办法实行了一千三百余年，有效地维持了中华文明的秩序……这次到其他几个文明发祥地一看，更明白那实在是我们祖先的一个天才创举。”

通过层层考试，折桂夺冠的状元在感受中魁的惊喜与荣光之时，朝廷已开始对其封官任用。明洪武十八年（1385）殿试刚结束，皇帝朱元璋即授新科状元丁显为翰林院修撰。从此，这便成为定例：新科状元初授官都为翰林院修撰，官阶从六品；第二、第三名正七品，赐进士及第；第二甲从七品，赐进士出身；第三甲正八品，则同进士出身。清代沿承明制。

二

状元的主要舞台是官场。众所周知，官场上暗流涌动，诡谲迷离。那么，苏州状元在官场的表现又是如何呢？

唐代吴县状元陆扆历任中书舍人，兵部、户部侍郎，尚书左丞等职，为官勤政爱民，忠直清正。然而，生不逢时，两度为相，二起二落，最终被杀。唐乾宁三年（896）七月，陆扆任同中书门下平章事。因脾气直爽，敢于直谏，做了两个月的宰相就被赶下台。唐乾宁四年（897）二月，重新授予工部尚书；八月转为兵部尚书。唐光化二年（899）正月，又拜为中书侍郎，光化三年（900）四月，兼户部尚书。

深得唐昭宗赏识，后“进阶特进，兼兵部尚书，加食邑五百户”。不久，同中书门下平章事，再度出任宰相，进封吴郡公。唐天复三年（903）二月，再次罢相谪职。陆扆反对宦官与奸臣，一心为保卫大唐帝国，最终在史上有名的“白马驿事件”中，被朱全忠投入黄河，时年59岁。

吴县苏检是唐乾宁元年（894）甲寅科状元，曾任洋州刺史。唐昭宗巡幸凤翔，苏检随行，拜为中书舍人。唐天复二年（902）六月，苏检由副宰相韦贻范推荐给宰相李茂贞，拜工部侍郎、同中书门下平章事。李茂贞与朱全忠通好，选苏检女儿为景王妃，以巩固恩宠。唐昭宗回到京城发觉此事后，将苏检流放到环州（甘肃东北部）。不久，当了八个月宰相的苏检亦因事被朱全忠杀死。陆扆、苏检生不逢时，都死于非命，成为苏州状元中下场最惨的两位。

宋代苏州第一个状元黄由，为人正直，敢于直言。宋孝宗时，太监甘升为入内押班，用事20余年，招权市贿，与曾觌、王忭相与盘结，士大夫无耻者争相攀附。黄由在廷试“对策”中就谈及甘升一伙结帮之事，并直言不讳地发表自己看法；后又在宋孝宗面前加以揭露。最终孝宗觉察了甘升的阴谋，将其治罪藉赀。黄由曾经奉命出使金国，全节而归。宋宁宗即位后，擢其为礼部尚书兼吏部职，准备重用，而就在此时发生了所谓的“置伪学籍”事件。起初，程颢、程颐传习孔孟儒学，经过罗从彦、李侗传至朱熹，其学大兴，但多为流俗不便，被视为“道学”。当时韩侂胄掌权，为了排斥异己，将理学定为“伪学”，赵汝愚、周必大等59人都被列为“伪学”举荐之人，由尚书省部籍记姓名，间慢差遣。黄由不顾个人安危，连夜上奏：“人主不可待天下以党与，不必置籍，以示不广。”（明洪武《苏州府志》

卷八十六，下同）劝说皇帝不能将受过理学的人都指为“伪党”，更不能采取“置伪学籍”的办法录用官员，这对治理天下很不利，且这样做只能叫人看出皇帝不够宽宏大量，不能容纳不同学派的人。黄由因此被御史张岩指弹为“阿附权臣，植立党羽”，被逐出朝廷，出任成都知府。黄由官至正奉大夫，刑部尚书兼直学士院天章阁侍制学士、黄龙万寿宫宝谟阁学士，封吴郡开国侯，“食邑一千七百户、实封一百户”。卒后，追赠太子少师，入祀乡贤祠。

昆山卫泾中状元后，授官承事郎、添差镇东军签判。当时有个惯例，状元初任期将满，要向执政的宰相通书致谢，然后“遇次榜延唱颁召命，以某日降旨入修门”。卫泾不懂官场规矩，任满后没有通书致谢，因此虽有传召之命，但有司不让他入国门，“于江上六和塔下，几三个月不得见”。正巧好友郑侨以吏部侍郎应召入朝，在钱塘江畔遇见卫泾，十分惊奇地问其为何在此，卫泾便将自己的情况叙述了一番。郑侨听罢非常气愤，马上进朝当面请问宰相，宰相结结巴巴地说：“此人差点要忘了。”于是，卫泾被传旨召见。后历任秘书省正字，兼吴王、益王府教授，进校书郎、著作郎，宋绍熙元年（1190），兼任司封郎官，后遭贬出任淮东、浙东二路提举，直至宋宁宗

卫泾像

继位（1195）才召回，任尚书右郎官。宋庆元三年（1197）任起居舍人，并署工部尚书职，充任贺金主生辰使。回来后，除直焕章阁，知庆元府沿海制置使。

当时，韩侂胄以外戚执政专权，妒贤嫉能，排斥异己，势焰熏灼，大臣都畏其势而阿附于他。卫泾不为势怵，结果被罢官回乡，里居昆山石浦近10年。辟西园，取范仲淹“先天下忧而忧，后天下乐而乐”之言，名其堂为“后乐堂”。宋开禧元年（1205）十月，卫泾得旨回朝，后任中书舍人兼直学士、吏部左侍郎兼侍读。两年后，调任吏部尚书，代礼部尚书。后因请诛韩侂胄有功，先后任御史中丞、端明殿学士、签书枢密院事兼中大夫、参知政事，被封为昆山县开国伯。当时，太师、右丞相史弥远勾结皇后杨氏，网络私党，权势日盛，卫泾准备上疏除掉史弥远。不料此事泄密，反被史弥远劾罢，贬官潭州知州，后转任扬州知州。宋嘉定七年（1214）返朝，任资政殿大学士，知隆兴府。宋宝庆二年（1226）七月以病致仕，进封吴郡开国公。十月病逝，赠太师，追封秦国公，谥“文节”。

明清两代的翰林院是国家培养储育人才的首重之地，“敦本务实，以眇眇之身，任天下之重，预养其所有为”，既承担最高级的学术研究及文件的起草，修史、著作、草拟有关典制文件、图书收藏与整理，同时又肩负着为国家储备人才、传送中央最高层官员的职责。翰林院掌典制文件，与最高统治者有直接的接触。翰林院内自高到低，设大学士、学士、侍读学士、侍讲学士、侍读、侍讲、修撰、编修等官。清康熙以后，翰林官自大学士以至编修，人品端方、学问纯粹者常被选荐入直南书房。入直的翰林，应制赋诗，评论字画书史，常在君王之侧，故号称“文学侍从”。而教育皇子皇孙的师傅，通常也是简选翰林官充任。明清时，由翰林而得以入阁拜相者众多，至于六部长官无不来自翰林，以致形成“非进士不入翰林，非翰林不入内阁”的朝政格局。

除一甲三名当即授予翰林修撰、授翰林编修外，其余进士结合殿试名次，并需经过严格审查，考核优胜者才能进入翰林院。入翰林院后，还时加试以分别高下，予以升转降黜。前面提到的庶吉士，在翰林院中称为馆选，三年满期，称为“散官”；散官后，根据考核成绩高低相应授官。

翰林院是状元通向显官高爵的“中转站”。状元直入翰林院为修撰，跻身仕途的起点就较高，至于此后的宦海沉浮，政绩大小，则与时代的治乱盛衰，皇帝的喜厌好恶，以及状元个人的性格、气质、才能密切相关。

苏州状元中，施槃、陆肯堂、张书勋、翁曾源等为官仅止于翰林。出身洞庭东山的施槃，中状元入翰林仅一年时间即病逝。在短短的一年里，施槃充分利用翰林院藏书多的有利条件，取翰林院中秘书竟日读之，大有进益，以勤奋刻苦而闻名于时。病重时，翰林院同僚为他四处求医，每日都有人前往视病。病逝后，众翰林无不哭吊，痛惜不已，朝中馆阁诸公都有挽幛，门人私谥“庄禧先生”。

陆肯堂从小嗜学，长期沉溺书斋，身弱多病，中状元后不久便提出乞归静养。康熙皇帝十分爱惜他的才能，曾命内阁学士哈山带了御医上门为他治病。清康熙三十五年（1696）八月二十六日，不幸病逝翰林院，年仅 47 岁。张书勋由翰林修撰转升右中允、入直上书房续学；任翰林侍读时，丁母忧回家，守孝期间突发心血管病而逝。翁曾源中状元不久，即因病归里，从此不再复出，是苏州状元中最无作为、最无成就的一位。

二

古代文人为官有一项荣耀美差，即为皇帝、皇子、皇孙讲课、当老师。这是关乎江山社稷的大事，因而要能胜任这一差使的人是百里挑一的，要求其人品端正、学识渊博、博古通今。吴宽、毛澄、朱希周、顾鼎臣、文震孟、徐元文、缪彤、韩菼、彭定求、归允肃、陆肯堂、彭启丰、钱棨、潘世恩、翁同龢、洪钧、陆润庠等苏州状元都担任过皇帝的师傅。

吴宽品行宏亮粹夷，遇事慷慨敢言。担任东宫太子朱厚照（正德皇帝）师傅时，特别认真。当时，朝中宦官不想让太子接近儒臣，常常用一些琐碎小事来打断或中止讲读。吴宽上疏弘治皇帝，说道："东宫讲学，遇到天寒暑热或刮风下雨就停止，每月初一、月半或遇节令就停止，一年中真正读书学习不过几个月，一月中不过几天，一天又不过几刻。这样，讲读的时间少，停学的时间多，难道还能再以其他小事来妨碍皇子读书学习？古人八岁从师读书，就居宿在外，目的是要离开身边的人，安心读书，亲近正派人。平民百姓都知道要这样做，何况太子将来是要做天下人主的。"弘治皇帝听了觉得十分在理，便采纳他的意见，传令今后皇太子读书之日，宦官一律不准打扰。

毛澄也曾担任过朱厚照的师傅。朱厚照是孝宗皇帝长子，生性聪颖，调皮顽劣，曾换过几任师傅。毛澄对 10 多岁的朱厚照循循善诱，采用讲故事的方法启迪他，朱厚照很是开心，对毛澄很尊敬。当年中秋节，朱厚照参加皇帝的中秋赏月夜宴，孝宗问他近来学习如何，师傅教得怎样，他回答说："毛师傅进讲条理清晰，明白易懂。"孝宗听了很是高兴，马上传旨叫毛澄参加夜宴。皇帝特赐夜宴，在封建时代是十分荣幸的喜事，令朝廷大臣们羡慕不已！明弘治十八年（1505）孝宗皇帝病逝，15 岁的太子朱厚照即位。明正德元年（1506），毛澄被擢为左庶子，直接为皇帝讲筵。明正德四年（1509），宦官司礼监刘瑾指摘《会典》小疵，处分当年参与编纂的各位修纂，正在家丁母忧的毛澄也被降为翰林院侍讲。服阕还朝，进侍讲学士，执掌翰林院院事，后又迁礼部侍郎。明正德十二年（1517）五月，拜礼部尚书，官至一品。

嘉靖皇帝登基后，在文华殿开课讲读，顾鼎臣担任经筵日讲官，他"音吐畅达，启沃敷陈，每称上意"（翟銮《顾鼎臣墓志铭》，下同）。明嘉靖六年（1527），他以翰林学士身份为嘉靖皇帝进讲范浚的《心箴》，深深感动皇帝，"赞成大业，至发明洪范，忠诚剀切"。从此，皇帝对他更加信诚，免除每天朝参，"竟入讲殿"。顾鼎臣亲自撰写《中庸》《大学》等经史的讲义，规劝皇帝发奋图强，励精图治，"无以小康自阻，语意激励，上益嘉纳"，君臣关系日益密切。

文震孟曾担任过明天启皇帝、崇祯皇帝的讲官。讲学时态度严肃认真，并常常联系实际情况，进行规劝开导，有"真讲官"之称。有一次，他给崇祯皇帝讲《鲁论》中"君使臣以礼"一章，结合当时许多大臣遭逮捕的情况，反复规劝讽喻，崇祯皇帝动心降旨，释放了尚书乔允升、侍郎胡世赏等一批大臣。有一回，崇祯皇帝听讲时将右脚搁到了左腿上，这在一般人看来是件日常生活的小事情，但文震孟认为极不文雅，有失天子尊严。正巧讲到《五子之歌》中"为人上者，奈何不敬"几句，文状元便加重语气，同时用眼睛盯住崇祯皇帝的脚，崇祯皇帝急忙用衣袖掩遮，慢慢地把右脚放了下来。按照惯例，讲官一般是不讲《春秋》的。崇祯皇帝即位之初，大有励精图治之志，认为《春秋》有裨治乱，于是传令挑选合适人进讲。大学士钱士升推荐文震孟，他深入浅出，援今引古，引经据典，讲得十分生动，崇祯皇帝听了非常满意，特地赐宴招待，以示嘉奖。

曾被人称为“真讲官”的还有归允肃，由康熙皇帝亲自选定。康熙皇帝是清代最有作为的君主，好学博识，对汉文化的学习十分重视，因而他挑选讲官要求很高，甚至有点苛刻。康熙皇帝曾几次下诏慎选讲官，内阁大臣们几次开列名单报呈奏请，均因不合圣意而被否定。一天，康熙皇帝在大臣们再次议论人选时，忽然从袖管中抽出一张纸片，上面题写着“归允肃”三字。其实，这是康熙皇帝经过平时多次观察而定的合适人选。后来，归允肃没有辜负厚望，在御前进讲《周易》《毛诗》等，举止端详，得体大方，讲解条理清晰，敷奏明畅，引例详明，不震不竦。因此受到称赞夸奖，著名学者汤斌为此曾深有感慨地赞叹：“讲筵得正人，天下有赖矣。”（钱泳、徐锡麟《熙朝新语》卷一）。因此，后人有“公在讲筵，正人动色；置身青云，盟心白日”的赞语。

在归允肃之前，状元徐元文也是深得康熙皇帝称许的讲官。清康熙十四年（1675），康熙皇帝曾对讲官们说：“经书屡经进讲，我心里已熟晓了；而宋代司马光的《资治通鉴》一书，事关前代得失，对治理国家很有帮助，请翰林院安排讲官次第进讲。”这下可急坏了那些死啃四书五经的迂儒。最后，徐元文被推举为讲官。担此重任后，徐元文根据《朱子纲目》，选择其中的重点，先讲儒经之论述，然后结合自己的研究心得，演绎发挥，按期进讲，博得康熙皇帝的赞赏。

徐元文曾因江南“奏销案”而栽过跟头。明清时，江南一带赋税重，不要说普通百姓不堪负担，就是官宦乡绅之家也难以按时如数交纳，往往一拖数年。从清顺治十八年（1661）起，朝廷便加紧对所拖欠赋税的催收清理。巡抚朱国宁刚愎自用，不顾民情民意，眼看收缴工作困难重重，便将所属苏州、松江、常州、镇江四府所有拖欠租税的官绅，无论拖欠多少，一律加上“抗赋”罪名，造册上报户部。朝廷下令：欠赋税的举人、秀才全部除名，欠赋税的官员则统统降职，共计处分文武绅衿 13 517 人。这就是历史上著名的江南“奏销案”。徐元文同榜探花叶方蔼所欠税粮折合当时官制铜钱一文，照样也被黜职，夺官回乡，民间曾有“探花不值一文钱”之谣。徐元文也被列入此案名单，由翰林院修撰谪降为銮仪卫经历。为此，徐元文特地乞假回乡，辩释其事，花了两年时间才查核清楚其属“错划”，后官复原职。

翰林官直接接触帝王、太子，升迁机会自然要比一般人多。相传，有一次状元毕沅参加一年一度的皇帝耕种籍田仪式，典礼结束后，乾隆皇帝坐下稍事休息，忽然空中传来清脆悦耳的布谷鸟鸣声。乾隆皇帝略作思考，随即问随从官员：“布谷鸟与戴胜，是同一种鸟还是两种鸟?”当时毕沅就在皇帝身边，答道：“戴胜就是布谷。”并讲清其出典。乾隆皇帝含笑首肯，当即又以《戴胜降于桑》为题，命毕沅赋诗一首。毕沅沉思片刻，援笔立就，乾隆皇帝龙颜大悦，从此便有了重用毕沅之意。其时，西北多事，边疆时起风波，乾隆皇帝想到毕沅，认为他“才可大用，非词臣能尽其蕴”（《清史列传》卷三十），将他从翰林院调任甘肃巩秦阶道。从此以后，毕沅逐步成为乾隆朝的一代重臣、封疆大吏。

当师傅能亲近皇帝、皇太子，因此也经常遭人忌妒暗算，“三元”钱棨就曾吃过这样的苦头。钱棨是乾隆皇帝亲自点中的清朝第一位“三元”，很受宠爱，担任上书房师傅，负责教习皇子、皇孙。清乾隆五十四年（1789）三月的一天，乾隆皇帝兴冲冲地来到上书房视察，想看看钱棨是怎样教育皇子、皇孙的。可是，当他走进书房一看，发现室内空无一人；再查看上书房的入直门单（考勤表），发现从二月三十日至三月初六，钱棨等师傅竟然全部未报到，乾隆皇帝觉得很奇怪，殊出情理之外。乾隆皇帝把皇十七子和军机大臣刘墉找来，当面询问其中原因。皇十七子回答说：“阿哥等每天都到书房，而师傅们则往往不到。”乾隆皇帝听了十分生气，他认为皇子们的年龄都逐渐长大，学问已成，或许可以不必按日督课，但皇孙、皇曾孙和皇玄孙们则还年幼不懂事，正当勤奋学习的时候，岂能稍有间断？乾隆皇帝为此特地下旨：“师傅等俱由朕特派之人，自应各矢勤慎，即或本衙门有应办之事，亦当以书房为重。况现在师傅内多系阁学翰林，事务清简，并无不能兼顾者，何得旷职误公，懈弛若此！均著交部严议！”钱棨结果被“革职留任，八年无过，方准开复”（《清史列传》卷二十八）。而殊不知这是和珅设局下的圈套，钱棨有口难辩，对他仕途无疑是个沉重打击。

三

在状元的官宦生涯中，视学、典试是极其重要的履历。明清时，特别是明代中叶以后，学政及乡试、会试主考官的人选日趋严格。清雍正皇帝曾特地颁发考试典试官之令，只限翰林及进士出身的部院官方能担当此任。而状元的出身、才学、声望出任考官，自然是最合适不过的人选，因此苏州状元大多有过视学、典试的经历。

视学、典试，又称“衡文”或“掌衡文”。这是一件极荣耀的事，像李鸿章这样的人物也将没有掌衡文引为终身遗憾，甚至还遭到他人嘲笑。《凌霄一士随笔》卷七记载，李鸿章久在翰林院，但在选拔考官的考试中从未被取中，因此没有当过衡文官。有一天，他与幕友在贤良寺聚会闲聊，同年杨味莼自夸其当年殿试文章如何如何，李鸿章嗤笑道：“中进士不入翰林院，可羞哉！”杨味莼回答道：“翰林一生不得衡文差，亦可羞哉！”李鸿章听罢满脸通红，将以杖叩之。徐凌霄对此评论说：“李鸿章终身未掌衡文，虽人爵荣，迥异寻常，而恒不足于此，是也。”

衡文是个名利双赢的美使。根据条例规定，各省应向前来本省主持考试的考官支付一笔报酬，作为考官的车马路费，云南最多，为800两，山东、山西最少，为400两，江南、浙江则为500两。因此有“居翰林而不任试差，此饥寒之媒也”之说。待考试结束，主考官与考中录取的举子就变成为师生关系，历任主考、迭出视学者，往往桃李盈门，令人羡慕不已。倘若其中有人登高第、中状元，考官更是荣光无比。然而，要从千百个应试者中真正发现几个人才，仅以一份试卷来判别，实在是件不容易的事。关键是其结果还要经受众多举子的议论和社会的考验，文章都是自家的好，要让众人信服、称赞则是难上加难的事，“其职之难居也，是故非才识之老成则莫宜，非文学之深醇则莫宜，非践履之方正则莫宜。”（王鏊《震泽先生集》卷十一）明代大学士王鏊的这番话，可谓道出了个中滋味。

就像今天人们形容高考是“高压线”一样，封建朝廷对科场案的处罚十分严厉。从院试到乡试、会试，一旦发现有舞弊情况，极少姑息，明清时就有多名考官因事涉科场案而葬送前程乃至性命。乾隆皇帝为此也特颁谕告诫道："凡得膺衡文之责者，当秉公取士，不负任使，以前事为鉴；倘有仍蹈故辙者，一经发觉，断不肯姑为宽贷，毋谓朕言之不豫也。"在三令五申和不小心就受到严酷责罚的情形下，学政、考官如履薄冰，心理负担很重，精力消耗十分大。康熙时，榜眼常熟严虞惇便累死在考官任上。清康熙五十二年（1713），严虞惇任癸巳科湖广乡试正考官，他"誓志挽回黜浮矫陋"（杨绳武《诰授中宪大夫太仆寺少卿严先生虞墓》，下同），重振湖广文风。期间，他尽心尽力，夜以继日，"入闱三十余日，尽万二千余卷，焚膏继晷，目击手披，摘其菁英，落其芜蔓。榜发之日，登进者既感知遇之恩，被放者亦服衡鉴之当，咸以为数十年来制科所未有也"。然而，64 岁的严虞惇因此精神心血耗尽，在闱中已开始生病，出闱后病情增剧，不到 10 天便去世。考官难当，由此可见一斑。

苏州状元尤其是清代的苏州状元，几乎都曾担任乡试、会试考官或外出视学当学政，留下了不少佳话。

明清时，全国乡试数顺天府最引人注目。自明初起，顺天府乡试一般由上一科的状元担任主考官，之后相沿成定制。顺天为京畿要地，官宦士绅云集，而其中关系之复杂，更似盘根错节。新科状元初出茅庐，处事少老练，各方面都还比较"嫩"，又因初出仕，不免又要为自己将来的仕途考虑，所以主顺天府的状元能公正处置的寥寥无几，以致顺天乡试中走后门、托人情成风，所取多声望趋势之士。清康熙二十年（1681），常熟归允肃作为上一科状元奉旨担任顺天府乡试的主考官，他为人正直，决心整顿考场规矩。到任后，他即告诫同期考官，自己蒙受皇恩，当为朝廷遴选真材，不能为自身谋私，相约

“勿通关节而徇暮夜之情，勿顾恩私而开朋比之路；绝夤缘奔竞之阶，务求实学；杜浮薄夸张之习，不采虚声”。并在正式开考那天，集合全场官吏，向神宣誓：“倘或为利营私，徇情欺主，明正国法，幽伏冥诛；甘受妻孥戮辱之惨，必膺子孙绝灭之报。诘诚具告，神其鉴之！”并再三告诫：“毋夺于威，毋诱于货，毋牵前恩，毋邀后报！”正式入贡院时，又宣读誓神文，云：“如或心存暧昧，遏抑真才，徇一人之情面，受一言之贿托，通一字之关节，神夺其算，鬼褫其魄，五刑备其体，三木囊其头，刀斧分其尸，乌鸢攫其肉。”一时场规肃然。归允肃持正不私，务求真学，唯才是选。待等发榜，一空诸弊，所得多宿学魁士。

然而，那些落第的声望趋势之士心怀不满，哄闹滋事，欲兴大狱而泄私愤，顿时形势纷乱，许多人都为归允肃捏一把汗。刑部尚书魏象枢得知此事后，对归允肃这种刚正不阿的做法十分赞赏，决意以自己朝廷重臣的身份为归允肃排解非议。一天，他让一名仆人带着一个红色的拜垫相随，亲自步行到归允肃官邸，在门外放下红拜垫，行四拜大礼，高声说道：“我为这次乡试替国家选得真人才而庆贺！庆贺！”并随即赋诗一首：

曾因一面识端人，实践躬行事事真。
不愧榜中名第一，公门取尽上林春。

见德高望重的魏象枢出面，那帮趋势之士再也不敢闹事，风波得以平息。然而，新科状元毕竟经验不足，顺天府乡试一般不再起用新科状元典试。

充当考官很是艰险，当一次考官已弄得精疲力尽，焦头烂额，而状元彭启丰历任河南、云南、江西、山东、浙江、顺天等8次乡试的考官，四次担任礼部会试考官。王芑孙称赞他“先后立朝四十年，国家有试士之典，未尝不在列，文学之任莫比”。清乾隆七年（1742），彭启丰提督浙江学政。到任后，他发现科举考试中存在不少弊病，即向朝廷奏疏学政事例：

请定条对经义画一章程。乾隆元年谕令学臣于岁科考试文艺后，就诸经中旧说异同别汇处摘录发问，依义条对，后陕西学臣嵩寿奏请于四书经义外，摘录本经四五行，令作讲议，大都敷衍塞责，且既试条对，又作讲议，亦属繁复。请嗣后不用讲议，钦遵谕旨在御纂诸经中专取先儒异同，令其条对。

请严甲商滥保商童之例。查浙省商童由盐道录送学政衙门收试，虽有禀保商结为凭，往往招别籍之人冒考顶替，请嗣后甲商如有混保冒籍入场者，照不应律治罪。

请随场出题考试岁贡。查向例考贡之年，出题一次考究，将卷汇齐送部，伏思先后一题，则考过一棚，凡陆续赴考者，预知题目，皆可宿构，请嗣后各属就近送考，随时命题，不拘先后一题例，庶得各展所长。

乡场对读不敷。请兼用四等武生查乡场对读例，用五等文武生，浙省科场需用二百名，不敷则用乐舞生，或临期招募，臣思考居四等，原无不许乡试之例，四等文生有碍场期，固难对读，若四等武生乡试在十月中，并无妨碍，请嗣后各省如五等生员不敷对读，兼用四等武生，俟对读后，免其录遗，准入场乡试，当亦踊跃从事。

奏疏经乾隆皇帝同意，交给礼部议行。彭启丰因督学有功，不久即加封左副都御史、内阁学士，但仍留学政任。清乾隆十五年（1750）八月，再次提督浙江学政，并于乾隆二十七年（1762）秋，以吏部左侍郎身份充浙江乡试主考官。

衡文须别具慧眼。清顺治年间（1644—1661），江南学政石申来苏州主持院试，曾在阅读众多试卷时发现徐元文、缪彤、韩骱的非凡才华，认定三人为状元之才。后来，徐元文、缪彤果然高中状元，韩骱本人虽然未能遂愿，而其子韩菼则夺魁，一时传为科场佳话。时人对石申的眼力推崇备至，称为“衡文巨眼”。

陆肯堂于清康熙二十六年（1687）担任丁卯科江西乡试主考官，“所得多名士”，赢得连声称誉。徐陶璋在担任清康熙六十年（1721）辛丑科礼部会试分校官时，苦心披阅，摘其菁英，从落卷中筛选得山东聊城名士邓钟岳，邓氏随后在廷试中高中状元，一时誉满京城，称为“衣钵相传”。

风度恬雅的王世琛，清康熙五十四年（1715）参与乙未科会试分校官。清康熙五十九年（1720），典试陕西。清雍正元年（1723），参修《圣祖实录》。清雍正三年（1725）冬，以翰林侍讲任山东学政。到任后，即颁布相关条例，“端士习，劝实学，斥浮伪，理以儒先为宗，镕经铸辞，不期年青齐之文体一变”（徐葆光《少詹公墓志铭》，下同）。他革除种种敝陋，“选拔尤重制义，外别试以农田、水利、漕贮等经世略，非明习者宁缺额，故一一皆得人”。因而得到皇帝赏识，“两年四迁，由学士至宫少”。正当将大

少詹公墓誌銘　徐葆光
山東學使少詹事王君以雍正七年正月十一日卒
於青州官署年五十其孤愷伯奉柩歸於九年二月
二十七日庚申葬君于長洲縣九都三十二圖藏字
圩其父給諫公塋右同年友徐葆光爲其孤誌君之
墓曰君諱世琛字寶傳號艮甫世居吳縣之洞庭東
山後遷於郡城西前明太傅文恪公八世孫也文恪
生尙寶公諱延喆尙寶生常少公諱有壬常少生承
天公諱禹聲萬歷己丑進士郵贈光少光少生永燾
永燾生希希生贈公憲文君祖也三世爲學生皆不

《少詹公墓志铭》局部

用之时，却因积劳成疾，病逝于任上，年仅50岁。

状元吴钟骏曾两次主典乡试，四次提督学政，为朝廷选拔了许多人才，朝廷上下对其渊博的学识、清正的作风及识人鉴才的眼力向有好评，誉其为“真名士”。清咸丰三年（1853）秋，吴状元因过分紧张、劳累病逝在福建学政任上，时年55岁。朝廷为褒扬其视学之功，特赐祭葬。张书勋中状元后，连续担任清乾隆三十三年（1768）、三十五年（1770）顺天府乡试考官；清乾隆三十六（1771）、三十七年（1772）、四十年（1775），连续担任会试同考官。清乾隆四十二年（1777），又以赞善身份出任湖北乡试主考官。陈初哲曾任陕西乡试正考官，清乾隆四十年（1775）、四十三年（1778）两次任会试同考官。翁同龢“光绪庚辰、壬辰两典礼闱，乙酉、戊子、癸巳三典顺天乡试，所擢多经术洞能之彦。平居延揽人才，虚心下士，一时叹为莫及”。

从“三元”钱棨身上似乎更能看到苏州状元在衡文职场中的缩影。清乾隆五十四年（1789），钱棨充任会试同考官，“拔钱楷、李钧简、庞士冠，皆知名士，后皆位卿贰”（钱思元《吴门补乘》卷五）。

清乾隆五十九年（1794），充任广东乡试副考官。回京后，转为翰林院侍读、侍讲，不久充任日讲起居注官。清嘉庆三年（1798），大考优等，升为侍讲学士，转侍读学士。同年五月，充任云南乡试正考官。乡试结束后转为云南学政，留在云南。到边远地区视学，生活起居有诸多不便，但钱棨恪守其职，勉力行事。他克服交通闭塞等困难，到云南各地视察讲学，按时考试，四处奔波，不知疲倦。他主持考试，公正严明，士人翕服，为边疆地区的文化教育事业尽心尽力。由于工作出色，次年补内阁学士兼礼部侍郎，仍留在云南。云南山区瘴湿流行，钱棨在督学过程中身染蛊疾，但带病坚持工作。是年八月病逝于云南任上，年仅58岁。钱棨只身到云南提督学政，病逝后由云南总督富纲为之料理后事，并扶柩护送回苏州。

四

苏州状元学识渊博，功力深厚，因而会被选为朝廷及国家一些重要典籍的总裁官，成为他们仕途的一部分。

编纂皇帝实录是整理平时起居注记载的皇帝言行，目的是总结得失，为后人提供借鉴，客观上起到保存原始真实史料的作用，中国历代皇帝的实录，是后人了解朝廷真实内幕、研究中国封建社会历史的取之不尽的富矿。苏州状元中，明代吴宽曾主纂《宪宗实录》，朱希周、毛澄曾主纂《孝宗实录》，申时行曾任《世宗实录》《穆宗实录》副总裁和总裁官。朱希周曾纂修《明伦大典》，毛澄曾参与修纂《会典》《通鉴纂要》。申时行是《大明会典》副总裁，“编摩讨论，更十二载而成，公之力居多”（褚亨奭《姑苏名贤后记》）。清代徐元文先后担任过《明史》《平定三逆方略》《政治典训》《大清一统志》及

"三朝国史"的总裁官。继徐元文之后，韩菼也曾担任过《大清一统志》总裁官，后又领纂《平定朔漠方略》《政治典训律例》等。清康熙四十四年（1705）皇帝第五次南巡时，命江宁织造曹寅组织一批翰林编校《全唐诗》。曹寅开馆扬州，召集10位翰林任分校官，其中有彭定求、汪绎两位苏州状元，以告归在籍翰林院修撰选任。彭定求被任命为编校总裁，校刊时间一年多，完成了900卷之多的《全唐诗》巨著。乾隆朝《皇朝文献通考》《四库全书》的编纂，嘉庆朝《全唐文》的编纂，都有苏州状元的功劳。尤其是《四库全书》，张书勋、钱棨、陈初哲、潘世恩先后参与该书的编纂工作。

汪绎像

汪绎是宦情恬淡的人，传胪之日便写下"归计未谋千顷竹，浮生只办十年官"之诗句。授翰林院修撰时，正好遇上丁丑科庶常散馆，他看到"居后同列者方利于叙俸，君独持议必待前辈赴任乃就职。舆论尤以为贤"（彭定求《翰林院修撰东山汪君墓志铭》，下同）清康熙四十二年（1703）汪绎任癸未科会试同考官，得士十人，大多是名宿。后任纂修《朱子全书》官，恩授儒林郎。因患肺病，告假回乡。清康熙四十四年（1705）三月，被选去参加《全唐诗》校刊。汪绎在扬州“客舍凄清，庖湢不具，散帙编摩，订疑晰误，虚怀咨访，心手交悴。每当朋曹广坐中，退然若不胜衣；谈谐偶及，辄使人顿消其矜躁之气。”清康熙四十五年（1706）四月因病归里，回家不到20天，于五月十二日即病逝，年仅36岁。“讣猝至，同馆诸君暨扬之人士，靡不痛悼”。彭定求特集挽诗一帙，而授之梓。纵观汪绎一生，从中状元算起至逝世仅为官9年。

除了彭定求、汪绎两位状元之外，参与《全唐诗》校刊编纂工作的苏州人还有汪士鋐、徐树本两位进士出身的翰林官。

徐陶璋也是宦情淡泊，雍正朝时一直在家居故里，精研经学，乾隆皇帝即位后应诏赴京，充任纂修实录官，负责修《雍正朝实录》。他受命后，“晨入暮归，不言劳瘁”，极端负责，呕心沥血，结果“编校心劳，得疾而殁”（清乾隆《元和县志》卷二十五），死于任上，享年65岁，可谓鞠躬尽瘁。苏州状元对待工作认真、负责的态度，由此可见一斑。彭启丰曾经上疏请求“广搜宋元以来诸儒遗书，切于理道者呈进传刊，以惠士林。诏如所请”（清道光《苏州府志》卷一百一）。“三元”钱棨曾充三通馆纂修、武英殿公校。《全唐文》编纂是清代又一重大文化工程，共计1000卷，参与此书编纂的苏州状元有潘世恩（副总裁官）、吴信中（协修官）、石韫玉（刊校官）。

苏州状元中也有外放出任知府、布政使、按察使等地方官，甚至担任督抚大臣的。清乾隆四十三年（1778）戊戌科会试，苏州状元陈初哲与于敏中、王杰、秦大成、黄轩、金榜六名状元同时出任考官，成为前所未有的盛事，一时传为美谈。会试结束后，陈初哲京察一等，授官湖北荆宜施道。不久兼任荆关榷务，他“用人明恕，胥隶罔敢作奸，国课无缺，商民不扰”（清道光《苏州府志》卷八十七），是一位不可多得的好官吏，祀乡贤祠。后来，他丁母父忧而归家，服丧守孝。清乾隆五十二年（1787）六月的一天晚上，陈初哲在苏州家中突然遭雷击，暴卒身亡，年仅 51 岁。成殓后，雷又震其尸，时称奇事。

石韫玉于清嘉庆四年（1799）出任四川重庆府知府，兼护川东道，是有清一代 64 位重庆知府中唯一状元出身的知府。当时，四川、湖北、陕西等地发生白莲教起义，作为封建朝廷的官吏，石韫玉为维护封建王朝的统治而出谋划策，尽心尽力。在镇压农民起义的战争中，他颇有军事才能。清嘉庆五年（1800），雷士旺、冉天元等起义军抢渡嘉陵江，入蓬溪，杀死清朝总兵朱射斗，并准备攻占长江重镇——重庆。身为知府的石韫玉立即下令严兵防守，还亲自率领精兵击贼于土沱，并杀死一名起义军领袖。他又制定团练法，创办团练，招募勇士，“习技勇，分班训练，更番休息”（陶澍《恩赏翰林院编修前山东按察使司琢堂石公墓志铭》，下同），警报一响，他便立即可至，重庆因此而保住了平安。其军事才能为经略大臣勒保所赏识，勒保向朝廷举荐石韫玉，并将其正式调入军营以协助军务。当时，各地起义军拟聚集川、陕、楚三省间，其中湖北樊人杰实力最强，有 10 支队伍，出没城乡，使朝廷不得安宁。朝廷决定调集重兵，先歼灭樊人杰，然后再围剿其他起义军。石韫玉得知后对勒保建议说：“莫若分兵四出，有一股贼即以一路兵追捕，使无暇劫掠。贼不得食，当自溃。”勒保听他说得在理，吩咐马上起草奏章，向朝廷陈述此主张，改变战略战术。石韫玉力主修筑长寿县城墙，采用坚壁清野、分兵合围、隔而歼之等战术；还亲自制定《宁砦方略》十二则，檄行川东、川北。在这期间，石韫玉“出入万山中，昼则上马追捕，暮则坐庐理牍”（顾震涛《吴门表隐·人物》）。清嘉庆九年（1804）考绩，名列一等。能文能武，人才难得。起义军被镇压后，石韫玉因功被朝廷赏戴花翎。此后历任陕西潼商道、山东按察使、山东布政使等职。

状元吴廷琛曾出任过浙江金华、杭州知府，直隶清河道兼护臬篆，云南按察使等地方官，守正勤政，颇有理政之才能。清嘉庆十五年（1810）任金华府知府后，他追缅贤哲，访问民瘼，锐志革新，兴建文庙，创办育婴堂……为知府六年，做了许多社会善益之举，深受百姓爱戴。清嘉庆二十一年（1816），吴廷琛调任省城杭州知府。刚到任即听到永康、东阳诸县发生旱灾，他便急忙前往巡视，勘察灾情，关心灾民生活，一路上百姓无不迎送。杭州是省城要枢，臬使治所，其他郡府的谳讼案子都汇集省府，其中许多是大案、要案和疑案、难案。吴廷琛都一一详细核审，尽量减少差错，不轻易放过一个坏人，不轻易冤枉一个好人。这在当时的历史环境下十分的不容易，也是非常难能可贵的。清道光二年（1822），他被迁擢为直隶清河道兼护臬篆。那里“畿辅京控，案若蓄丝”（朱琦《赐进士及第四品京堂前云南按察使司棣华吴公墓志铭》，下同），陈案众多。吴廷琛办事干练，白天连续鞫讯，晚上缮写奏稿，常常“至三鼓勿休，诘旦诣辕”。其他地方官见了极为推许，而他“据词入告，即蒙谕允终”，深得朝廷大臣称许。不久，吴廷琛被选任为云南按察使。在清代，云南地处僻远，交通闭塞，许多事都不按朝廷的政令办理，处理案子更是不能很好地按有关法规进行。吴廷琛到任后，严加整饬，罪必当情，处理得合情合理。当时，宜良、江川、通海三县有百姓被盗劫，而知县官却因怕被找麻烦，粉饰太平，不承认发生盗劫，只承认有偷窃，百姓于是联名控告到省里。吴廷琛精心选派手下官员前往察勘调查，经侦察查实，果真是件严重的盗劫案。吴廷琛将详情上报督抚，督抚对此竟颇犹豫为难。吴廷琛则认为这是县官有案不报、有案不查的严重失职行为，坚决主张处理此事，最后三个县令受到了罢官处分。鉴此，吴廷琛倡议制定“守望巡防之法”。从此，盗劫之风衰息，吴廷琛得到了百姓的拥护和赞颂。清道光五年（1825）六月，吴廷琛改任云南布政使，到任不久得知铜库亏乏，经调查，原因竟是厂员半偿私债。于是他彻底清厘亏乏数额，勒限追缴。一月后，东西两道报告“各厂丰收，铜政大起”，充分显示出他的理政才能。翌年九月，朝廷召以四品京堂任用，而吴廷琛宦情淡泊，想到自己年近花甲，远离家乡，云南地高风烈，自己常患咳嗽，由是借此告老还乡，赋闲调治。

五

文状元出身的彭启丰，曾做过兵部尚书。清乾隆十八年（1753），彭启丰以浙江学政调任兵部左侍郎。调兵遣将，治军布阵，毕竟不是读书人之所长，彭启丰感到这个左侍郎当得很累，便于清乾隆二十年（1755）提出回家终养。当时，他刚 50 岁出头，身体很好。乾隆皇帝看到他疏请辞职的报告，十分恼火，当即叫来问话，彭启丰因此为乾隆皇帝留下了很坏印象，后御批道：“彭启丰才本中平，办理部务亦属竭蹶，且伊系内廷翰林，以交学为职，而上年扈跸和诗，视前远逊，所学日渐荒落”，于是“著照所请，准其回籍终养”（《清史列传》卷十九，下同）。六年之后，彭启丰重新被召到京里，担任吏部侍郎。清乾隆二十七年（1762）京察，吏部郎中阿敏尔图等堂官俱列一等，而唯独彭启丰列为二等。彭启丰心里很不高兴，说此次京察是偏袒旗人，并闹起情绪来。事情传到乾隆皇帝耳朵里，乾隆皇帝很气愤，为此专门下谕，痛斥彭启丰斤斤计较、取巧市名，并列举阿敏尔图之所以被列为一等的根据与理由，以及彭启丰碌碌无为的行为。乾隆皇帝对他的评价是："人不如其学，学不如其文。"不久彭启丰被外放到浙江，充任乡试正考官。

考试结束后，彭启丰改任左都御史。大概因其表现不错，彭启丰于清乾隆二十八年（1763）六月被升为兵部尚书。任何部门的副手好凑合，一把手都难当，更何况是兵部的一把手，须要有点霸气和血性。彭启丰温和儒雅之士，尽管他亦努力想把差使干好，但终无建树，有人当面斥责他"不配当尚书，只宜做司员"。皇帝对他的印象也越坏，于清乾隆三十一年（1766）下谕，说他"自居蕴蓄，不言人过，甘效唾面自干，则不但选愞无能，其居心并欠诚实"，是"属碌碌无能为之人"，这已不单单是态度能力问题，而是关乎道德品质的原则问题。但是，乾隆皇帝最终因他学问尚优，办事本非所长，所以对他作出"降补"处理。清乾隆三十三年（1768）又一次京察，乾隆皇帝终于下诏："彭启丰才识拘牵，服官竭蹶，著以原品休

彭启丰像

致”，从此彭启丰结束了为宦生涯。或许是觉得有点过了头，清乾隆三十六年（1771），彭启丰被召入京，参加恭祝孝圣宪皇后 80 寿辰大礼，并赐游香山，参加香山九老会，赐手杖。清乾隆四十一年（1776），皇帝南巡，彭启丰赶到山东迎驾，恩赏尚书衔。彭启丰的官场喜忧参半，荣辱无常，令人啼笑皆非。封建官场之沉浮，由此可见一斑。

彭启丰“平生坦怀接物，彻去畦町，意有不可或时面折人，然过已辄忘，以故贤士大夫多乐与之亲”（清道光《苏州府志》卷八十六）。也正是脾气好、心态好，活到了 84 岁。他为人诚实忠厚，富有文才，可以当一名出色的文人，但当不了弄权术的政客，乾隆皇帝批评他“从无一言建白，一事指陈”。但不管如何，彭启丰毕竟是苏州状元中唯一的兵部尚书。

状元出身而为封疆大吏也不多见，毕沅就是其中比较少见的一个。他曾先后抚陕、豫、鲁，总督湖广，任封疆大吏 27 年之久，是乾隆朝的重臣。

毕沅于清乾隆二十五年（1760）中状元后，在翰林院待了五年，即授职甘肃巩秦阶道。到任后，毕沅曾随从总督明山出关查屯田，为明山赏识，奏调安肃道。至清乾隆三十五年（1770），擢升为陕西按察使，翌年又升为陕西布政使，清乾隆三十八年（1773）又升为陕西巡抚，一路官运亨通。由于办事卓有成就，清乾隆四十一年（1776）毕沅被赏戴花翎。清乾隆四十四年（1779）十二月，毕沅母亲病逝。按照封建礼制，父母死亡，儿子应该离职丁忧三年。可是，毕沅回家守孝 10 个月，就被“夺情”起用。乾隆皇帝下谕曰：“陕西巡抚员缺紧要，毕沅前在西安最久，熟悉该处情形。且守制将届一年，现在一

时不得其人，著前任署理，亦非开在任守制之例。”（《清史列传》卷三十，下同）

清乾隆四十六年（1781）三月，甘肃发生苏四十三（苏阿洪）起义。先是，甘肃安定（今定西）人马明心在回教中创立新教，后到循化（今属青海）撒拉族中传教，因新旧教冲突，被逐回籍。后马明心潜回撒拉族传教，新旧教又生事端。旧教教首到省控告，总督勒尔谨派兰州知府杨士玑、河州副将新柱带兵前往查拿新教首。新教苏四十三等假装旧教迎接新柱，新柱宣布官府为旧教作主，新教不遵约束即斩尽杀绝。苏四十三等愤杀新柱等人，攻占台堡，并杀死知府杨士玑；紧接着，又攻占河州城（今甘肃临夏东北），放出监犯。此事发生在甘肃，与陕西不搭界，但毕沅得到消息后，马上选派西安绿营精兵，会同西安将军伍弥泰、提督马彪等前往镇压。当苏四十三等进逼省城兰州时，毕沅又调各路官兵守御进剿，安设台站，以速邮传，并调集了充裕的粮饷、马匹、军火、器械等。苏四十三起义被镇压后，乾隆皇帝特谕云：“毕沅在陕西境内，闻有甘省逆贼滋事，即能悉心调度，事事妥协……实属可嘉。”赏给一品顶带，并交吏部优叙。清乾隆四十七年（1782）正月，毕沅因遭人弹劾而“降三品顶带，仍留巡抚任，停止俸廉”。一年之后，才复还原品顶带。清乾隆四十九年（1784）四月，甘肃盐茶厅（今属宁夏海原）回民起义，毕沅因又调集各路官兵3500余名搜剿镇压而得旨奖励。

清乾隆五十年（1785）二月，毕沅调任河南巡抚。后因办事干练，朝廷褒以“尽心民事，居心公正，深识大体”，并赐恩赏穿黄马褂。五十一年（1786）六月，擢升为湖广总督，但因伊阳县戕官首犯秦国栋等“日久未获”，不准赴新任；不久又因缉捕秦国栋不力，“仍回巡抚本任”。清乾隆五十二年（1787）六月，湖北荆州突发大水，毕沅及时拨银赈济，受到乾隆皇帝的褒奖，称他有督抚之才，“不数日即擢授两湖总督，兼理巡抚事务”（钱泳《履园丛话》卷六，下同）。清乾隆五十九年（1794），湖北竹溪县发生王占魁等传习邪教与四川查拿匪犯时差役遭殴毙的事件，毕沅因未及时奏报而受降职处分，调任山东巡抚，摘去花翎，罚缴湖广总督养廉费五年，再罚山东巡抚养廉费三年。清乾隆六十年（1795），仍授湖南总督，官复原职。是年，因协助镇压湖南苗民起义得力，“转运妥协”，而赏戴花翎，并交吏部优叙。

毕沅所处的乾隆年间（1736—1795），虽然是清王朝的鼎盛时期，但王朝已经危机四伏，湖北、四川、陕西等地相继爆发的白莲教起义，甘肃的回民和湖南的苗民起义，就是这种危机的反映。毕沅作为封疆大吏，其政绩的另一面就是对反抗清廷活动的残酷镇压，这是因为他个人的命运和朝廷密切相关。毕沅虽尽心竭力，总不能令统治者满意。乾隆皇帝在《毕沅奏续获胡胖子等并严缉夺犯伤差各犯折》中曾朱批道：“不料毕沅昏愦至此，大奇！朕之错耳。”“非此（骇异）二字所可蔽汝辜也！”

清嘉庆二年（1797），毕沅奉旨留驻湖南辰州，“综揽南北诸军事，羽檄纷沓，心规手画；久历蛮荒炎天瘴毒，积劳成疾”（王昶《赠太子太保毕公沅神道碑》）。毕沅身体肥胖，患高血压，是年五月，曾头晕失足跌跤，得中风病，左手左足麻木，继又疡生于背，但重任在肩，不敢怠慢，仍带病坚持办理公务。嘉庆皇帝闻知，特加恩赏给御房活络丸。七月初三，毕沅积劳成疾，卒于当阳旅馆，享年68岁。嘉庆皇帝“兹闻溘逝，殊深轸惜”，赠太子太保衔，并赐“轻车都尉世职，令其孙承袭”。

然而，毕沅尸骨未寒，皇帝就变脸。八月，嘉庆皇帝责怪毕沅在湖广办理“教匪”案失察过多，不予谥号。清嘉庆四年（1799）九月，又把湖广出现的“教匪潜谋勾结，乘间滋事”，全部归咎于毕沅“不能实力整顿”，以致贻误地方与时机，“迄今匪徒蔓延”，下旨称“倘毕沅尚在，必当重治其罪”，传令革去长孙毕兰庆、毕沅荫生次子毕嵩珠的世袭之职。十月，又下旨将毕沅的所有田产资蓄全部没收。一代重臣竟然落得如此结局，官场的险恶无情，由此可见一斑。

六

清同治七年（1868）戊辰科状元洪钧，因《孽海花》及清末名妓赛金花而成为妇孺皆知的人物。洪钧中状元后，仕途官运亨通，平步青云，曾当过湖北、江西学政，顺天、陕西、山东乡试考官，历任翰林侍讲、侍读、侍讲学士、侍读学士、右春坊、右庶子、詹事府詹事、内阁学士、礼部侍郎、兵部左侍郎、总理各国事务衙门行走等职，但是最值得称道的是曾以大使身份出国。

特命全权大使之职的重要性自不待言，而洪钧是我国历代状元中唯一担任过大使的，是清末颇有外交才能的著名外交官。自清光绪十三年（1887）起，他充任出使俄国、德国、奥地利、荷兰等国的大使。当时，朝廷推行闭关自守政策，国人很少了解国外情况。作为封建时代第一个出洋的中国状元公，他自恃大国之尊严，其实处处显露出中国士大夫的落后与呆板，甚至是僵化。他不懂外文，连一句洋话也不会说、不肯说；不管到哪里，他都穿着清廷官服；他不肯照相，怕被摄去灵魂；他宁肯让土布袜磨破脚，也不愿意换一双“洋袜”

(绒线袜)；除了正常办公和必要的外交礼节之外，他每天伏案阅读从国内带去的线装古书。但在国外三年多时间里，“机牙四应，建威销萌；每建一议，据理达情，执约不挠，远人慑服”（民国《吴县志》卷六十六，下同)，处处捍卫国家与民族之尊严。因而，“居海外三载，须发尽白”，可谓尽心尽职。

洪钧出使期间，中国与外国的交涉频繁，双方“辩论”都用电报往复。当时外国电报为三码，中国则用四码，费用成倍。鉴于此，洪钧创造了一种以干支代替一、十、百、千字的电报字码法，使中国与外国基本相统一。仅此一项发明，洪钧就为国家每年节省经费巨万。他还利用在国外看到的史料研究元代历史，取得了相当高的成就。他聪明、善思索，颇有政治预见，能敏锐地分析和观察国际政治形势。在任出使大臣期间，他通过对西欧各国政治、经济、文化的研究分析，特别是对国际形势的研究分析，认为欧洲将爆发战争，并及时向慈禧太后奏疏报告：“看中、欧形势而言，欧洲多事，则中国稍安。有见识者以为不出十年将发生欧洲战事。”并说：“英国则常为局外之观”“惟俄则有并吞之志”“法则复仇之心”“德则惟日孜孜以秣马厉兵为事”“俄、奥两国现在甚有违言，调兵增戎”。因此，他向清廷建议应当抓紧时机，“修明政事，讲究戒备”，“时不可失”。后来，欧洲果真爆发了第一次世界大战，验证了洪钧敏锐的政治洞察力。

苏州末代状元陆润庠曾是光绪皇帝、宣统皇帝的师傅，有生之年完成了光绪皇帝实录——《德宗景皇帝实录》。清宣统元年（1909）二月，陆润庠被任命为实录馆正总裁、实录馆稿本总裁，负责编纂光绪皇帝的实录。一般实录馆正总裁都是由首辅担任，而当时陆润庠还只是吏部尚书。选他的理由之一，是他于清光绪元年（1875）以翰林院修撰之职踏上仕途，直至光绪皇帝去世，是当时唯一经历整个光绪一朝的大臣。理由之二，是他曾为皇帝师傅，长期担任讲官，经常出入禁近，还担任随扈大臣，亲自经历光绪朝的风风雨雨，目睹皇帝周边的芸芸众生。理由之三，是他文字功底深厚，办事仔细认真。

从清宣统元年（1909）六月起，陆润庠把主要精力都集中在编纂实录上。他一方面认真组织人员，统一协调；一方面亲自编纂，夜以继日，废寝忘食。他总其原稿，博采兼收，抉摘讹误，补证阙佚，再三审订，力争做到无舛无异。历时三年，至民国元年（1912）十月，顺利完成长达 791 卷的《德宗景皇帝实录稿本》（后改定为 597 卷）。其间，陆润庠经历扈跸西安、辛亥革命、皇帝逊位等重大世变。在最动乱的日子里，他亲自与有关人员守护稿本，幸未散失。他患有哮喘，每逢秋天便发作。为了早日完成实录稿本，他克服困难，“往往中宵起坐，仍力疾勘核”（吴闻生《赐进士及第诰授光禄大夫太保晋赠太傅东阁大学士陆文端公行状》）。稿本告成后，陆润庠受到特加优奖，“授太保，以示嘉奖”。

七

在封建社会里，宰相之位是仕途最高之位、人臣之极，有所谓“一人之下，万人之上”之言，而成为状元及宰相更是读书人梦寐以求、荣耀之至的事。

在苏州状元中，则有九位状元有此殊遇，他们分别是唐代陆扆、苏检，明代顾鼎臣、申时行、文震孟，清代徐元文、潘世恩、翁同龢、陆润庠。这些苏州状元宰相，从唐到清末，横跨几个世纪，各人的性格、个性、追求、所处朝代及时势机遇，各不相同，但是他们中除文震孟外，其余都如著名历史学家吕思勉先生所说，是“柔性政治家”。当然，“柔性政治家”绝不是现在人们所说的“捣浆糊”“糊细泥”的政治家，而是处世温厚、处事谨慎小心、积极稳妥的政治家，这在申时行身上表现得尤为突出。

申时行“金榜”上，写明“徐时行，贯直隶苏州府吴县民籍，长洲县人”。祖父“秉城公育于外兄徐翁所，遂从其姓”（褚亨奭《姑苏名贤后记》，下同）申时行通籍后，才归宗复姓“申”。他科场比较顺利，先是考中应天府乡试第三名，明嘉靖四十一年（1562）壬戌科会试考中第二十八名。“廷对，阁拟第二，肃皇帝拔置第一”。此后仕途顺达，万历初，由礼部右侍郎改任吏部左侍郎，不久即入阁为大学士，参与机务；后迁升礼部尚书兼文渊阁大学士、武英殿大学士、建极殿大学士，成为万历朝继张居正之后秉政时间较长的首辅。万历朝首辅频换，其中以张居正最为著名。张居正为相时，在政治、经济、军事诸方面都有较大举措，革除弊政，推行新法，雷厉风行，大刀阔斧，政绩卓著，保守顽固派人物纷纷被罢官贬谪。而申时行则因“蕴藉不立崖异”得到张居正的器重，步步升迁。《明史》用“居正素昵时行”六字描述两人的关系，要赢得这位大政治家的信任，除了出众的才能外，恐怕最重要的应该是申时行忠厚的为人品德。

申时行与张居正两人性格完全不同，一个温和谦让，一个锋芒毕露。还有很重要的一点是，张居正任首辅时，万历皇帝还是个不懂事的孩子，又得到皇后的大力支持；而申时行任首辅时，万历皇帝已经长大，声称自己过去被张居正愚弄，要独立自主，彻底亲政，因而申时行办事要比张居正难度大得多。

张居正死后，申时行与张四维推行宽大政务，并“以次收召老成，布列庶位”，因此赢得一片赞誉，“朝论多称之”，朝廷大臣多“乐其宽，多与相厚善”。申时行初为首辅时，一些朝臣因他一向亲近张居正而对他另眼相看，甚至给以种种讥讽，但申时行不动声色，从不计较，极力表现出胸怀宽广、能容纳人的姿态，并逐渐将张居正当年制定并推行的政令一一废除，一切务为简易，得到时人好评；同时他对皇帝采取不谏劝、一味迎合的办法，自然也讨皇帝的喜欢，获取无比宠信。在万历朝争端迭起的纷乱形势下，申时行始终奉行“从中调剂，就事匡维”的处世和执政理念，调谐维持，弥患补阙。他任首辅时，正值朝臣与明神宗朱翊钧因建储而相持不下。神宗宠爱郑贵妃所生的朱常洵，明万历十四年（1586）册封郑氏为皇贵妃，大有夺嫡、让朱常洵当太子之意，朝臣们则认为不应废嫡长子，双方进行了一场长达10年的“国本”之争。为此，许多大臣因触逆神宗而被贬职遣戍。在这场激烈的争夺战中，申时行周旋其中，显得老成、稳妥、温和，既附和群臣之议，又不得罪皇帝。在双方相持不下时，他想出折中办法，讨得神宗的喜欢。明万历十八年（1590），在入宫探得神宗“恶其离间朕父子。若明岁廷臣不复渎扰，当以后年册立。否则，俟皇长子十五岁举行”的意图后，申时行马上禁止廷臣激扰皇帝。翌年，当廷臣重提册立太子之事时，他特告假回避，而密奏皇帝自己裁断。他这番调和作为，招致朝臣的非议，因此而被劾去位。

除张居正之外，万历朝最重要的大臣就是申时行，以致有人评说：“皇上断者十一，时行断者十九；皇上断谓之圣旨，时行断亦谓之圣旨。”（《明史》卷二百三十一）。著名历史学家黄仁宇所著《万历十五年》第一章是“万历皇帝”，第二章便是“首辅申时行”，足见申时行的地位与影响。

申时行自明万历六年（1578）入阁入参机务，至明万历十九年（1591）九月离位，长达十四年，“在政地十四年，孜孜以奉公体国为务”，其中为首辅九年，应该说做了不少力所能及的、有益于人民生活和社会安定的事。但总的说来，他因推行宽大简易、委曲调剂之政，务承帝旨，不能有所匡正，更没有像张居正那样轰轰烈烈地干一番事业，故政治上不能大有建白。但是，申时行主宰朝政时期，整个国家相对比较安定，朝廷亦比较平静，“天下承平，上下恬熙”“文恬武熙，海内清宴”。其实，这正是申时行这位状元宰相的政治追求和理想。他以“柔道”御天下，因此被人们誉为“太平宰相”“国之良辅”。

申时行26岁考中状元，44岁做副宰相，49岁做首辅，57岁辞官回家。“未壮而仕，未艾而相，未耆而归。勇退于急流，大隐于嚣市”（金埴《不下带编》卷二），令多少人佩服得五体投地。申时行家厅堂曾挂有一副自己撰写的对联：“有赋归来顺四时，成功者退；无心毁誉同三代，直道而行。”这副对联曾被海内传诵，可以说是他政治心态的表白。明万历三十八年（1610），常熟钱谦益中进士后，曾以词林晚辈身份，特意到苏州黄鹂坊桥申氏府第拜谒，求教从政为官之诀。申时行推心置腹地从容说道：

> 政有政体，阁有阁体。禁近之臣，职在密勿论思，委曲调剂，非可以悻悻建白，取名高而已也。王山阴诤留一谏官，挂冠而去，以一阁老易一谏官，朝廷安得有许多阁老？名则高矣，曾何益于国家？阁臣委任重责望深，每事措手不易。公他日当事，应自知之，方谓老夫之言不谬也。

密勿论思，委曲调剂，非悻建白，可以说是他对同乡晚辈所吐的肺腑之言，也是他做“太平宰相”的秘诀。钱谦益为此由衷感叹道：“太平宰相，风流弘长，至今追想，以为盛事。”申时行逝世后，被加以少师兼太子太师、中极殿大学士衔，诏赠太师，谥“文定”。正因为如此，清廷也将申时行列为历代名臣。

苏州状元宰相中的“柔性政治家”，在申时行之前有顾鼎臣。顾鼎臣33岁中状元后，仕途顺达，历任左春坊、左谕德兼翰林侍读、翰林学士掌院事，詹事府詹事、礼部右侍郎、吏部左侍郎、掌詹事府、礼部尚书。因“屡教庶吉士，监录累朝宝训、实录，成加太子太保”（王世贞《文康公像赞并序》，下同）。明嘉靖十七年（1538）八月，以礼部尚书兼文渊阁大学士入参机务；后又加少保、太子太傅，进武英殿大学士，成为明代苏州第一位状元宰相。顾鼎臣深得皇帝宠信，明嘉靖十八年（1539）正月，嘉靖皇帝南巡承天，因首辅夏言扈行随从，便命顾鼎臣居守京师，辅佐太子监国，临政代朝，特赐一颗用象牙刻的留守大印并特敕：“内自禁掖外，而都城及边陲，并大小百司庶务，悉以付卿。”翟銮《顾鼎臣墓志铭》亦载此事：“上以倚托隆重，款寄腹心，宣谕百司，悉归总摄。车驾既发，公振肃百度，和豫严正，问安密疏，数诣行在，军国要务，无不具闻。上回，深慰劳之。”民间有“代朝三月”之谚，此事自古绝无仅有。顾鼎臣深得为官之道，仕途较顺利，“自其在班行，上固已目属之。及进讲益称旨，亟欲大拜，而为故相张孚敬所阻止。然上内怜公，即言路见抨射，愈苦愈不听也。前后所赐白玉金宝束带、麒麟飞鱼蟒服、御书银章、金绮食物，不可胜计”（王世贞《文康公像赞并序》）。最后因患病噎症，于明嘉靖十九年（1540）十月卒于任，享年68岁，赠太保衔，赐葬，并派官护其灵柩归，谥“文康”。顾鼎臣辅政时间较短，前后不到三年时间，所以作为“柔性政治家”的他不如申时行名气大。

看了申时行、顾鼎臣这样的温和、儒雅的状元宰相，再看文震孟这位状元公，的确迥然不同。文震孟刚方贞介，在明天启、崇祯朝以敢于直言而称誉朝野，人称有“古大臣之风”。他才学卓著，品行端方，为世所重，明天启二年（1622）中状元时，赢得朝野相庆。按照旧例，新状元接到皇帝御批的“状元及第”名帖后，应该以晚生的身份向送帖者当场回复一帖，一是以表示感谢，二是承认自己是送帖人的门生。送帖人一般是朝廷大臣兼该科的主考官，而持皇帝御批名帖前来给文震孟报喜是太监王体仁。文震孟对此很不高兴，加上见太监低三下四的表现更是十分恶心，丝毫没有受宠若惊表现。王太监见新状元不懂规矩，特意加以挑明。没想到，文震孟给了一个令王太监非常尴尬的回复，说道：“我一个新书生，不知回帖怎样写，现在姑且以原帖奉复。”（文秉《烈皇小识》卷四）边说边要把原帖还给王太监。此举连文震孟的儿子文秉也感到十分惊讶。

当时魏忠贤与明熹宗乳母客氏勾结，把持朝政，滥施刑罚，凡正直大臣都被魏忠贤以东林党的罪名逐罚出朝。文震孟对此感到十分愤怒，上《勤政讲学疏》，希望皇帝“大破常格，鼓舞豪杰心”，不能听从别人摆布调遣，“如傀儡登场”；应吸取历史的教训，防止阉党专权，“唐宋末季，可为前鉴”。疏章落到魏忠贤手中，魏忠贤第二天乘陪同皇帝看戏的时机，摘录疏中“傀儡登场”一语，说道：“文震孟讲皇上是偶人傀儡，不杀无以示天下。”皇帝听了非常恼怒，传旨廷杖文震孟 80 杖，贬秩调外。

明崇祯元年（1628），文震孟以翰林侍读应召回京，改任左中允，充日讲官，“非痛切言不足以报称，因条时事”（徐枋《文文肃公墓志铭》）。不久，辅臣相继离开京城，魏忠贤遗党王永光等乘机报复，文震孟抗疏纠缪，因逆忤权臣，再次辞归。明崇祯五年（1632），文震孟以右庶子应召，嗣后进少詹事。当时，高迎祥、张献忠的农民起义势炽，文震孟历陈致乱之源。明崇祯八年（1635）七月，擢礼部左侍郎、兼东阁大学士，入阁辅政。他办事多与首辅温体仁不协，十一月即被弹劾落职，实际在位仅仅两个月。

文震孟曾经参加 10 次会试，终以年近半百之龄大魁天下，谁知入仕后，竟又如此受厄困。通籍 15 年，而在朝前后不满三年，不得不说是严重的人才浪费。逝世后，朝廷大臣纷纷为他请求抚恤，不成。直到明崇祯十二年（1639），皇帝才下诏恢复其原职，三年后赠礼部尚书衔，赐祭葬，封官一子。南明福王时，追谥“文肃”。章太炎、李根源认为：“吴中明清两代人物……相业则推文肃。”（李根源《吴郡西山访古记》卷一）

八

清代苏州的第一位状元宰相是徐元文。25 岁中状元，在仕途上可谓是官运亨通，一帆风顺。他历任国子监祭酒、内阁学士、翰林院掌院学士、左都御史，清康熙二十七年（1688）迁刑部尚书，调户部尚书，次年五月，拜文华殿大学士。是年 55 岁，年富力强。

徐元文谨守礼法，与大哥徐乾学性格截然不同。徐乾学为人豪侠不拘，喜欢广交朋友，爱管闲事，所到之处，门庭若市，读书人得其片言褒奖，便能身价倍增，也因此常招惹到是非。而徐元文不喜欢交结人，门庭分外冷落。偶尔有人造访，天再热，来人再熟，他都一本正经，穿戴整齐。平时走有走相，坐有坐相，即使坐一天也不东倒西歪。他很少言笑，别人开玩笑，笑得前仰后翻，他却正襟危坐，不露一齿。据载，徐元文年轻时嗜好叶子戏（类似扑克之类的游戏），但自从当上国子监祭酒之后，就完全戒绝，再不沾边染手。他与顾鼎臣、申时行等不同，敢于谏言，但内刚外柔，宽厚谦和，与同僚相处，十分融洽，人称他为“顺治佳状元，康熙贤宰相”。可惜的是，徐元文当宰相仅一年，便在清康熙二十九年（1690）六月因兄徐乾学牵涉而被弹劾罢官。休致回籍一年后，便病逝家中，年仅 58 岁。徐元文不如顾鼎臣、申时行的是，他在死后连个谥号也没有得到。谥号，是封建时代在人死后按其生前事迹给予的赐封尊号，人们特别看重盖棺论定。徐元文官至宰相，位至极品，刚正立朝 30 年，为官清正廉洁，而最终竟然没有个“说法”，不能不说是他的悲哀。

潘世恩是苏州状元乃至历位状元中享尽荣华富贵的第一人。他少年得志，清乾隆五十八年（1793）中状元，年仅 24 岁，直至清道光三十年（1850）82 岁时因病以大学士致仕，中间扣除丁父母忧回乡守孝的时间，共在朝为官达 50 余年之久。他在位时，先后担任殿试读卷官 5 次，典会试 4 次，典顺天乡试 2 次、浙江乡试 1 次，视学云南、浙江、江西各 1 次，分校会试 1 次，教习庶吉士 5 次，“所取士以千数，名臣硕儒相望。视学有治声，在云南革新生红案，在江西绝替考之弊，所部肃然”（冯桂芬《太傅武英殿大学士文恭潘公墓志铭》）。道光年间（1821—1850），潘世恩久居内阁大学士之位，而同僚的三位国相公——穆彰阿、爱新觉罗·宝兴、卓秉恬，居然都是潘世恩教习的门生，一时传为盛事。潘世恩曾作《戏赠三相公》诗以纪盛，云：

翰苑由来重馆师，卌年往事试寻思。
即今黄阁三元老，可忆槐厅执卷时。

诗传诵一时，穆彰阿称是清“二百年来所未有”的盛事。

潘世恩历仕乾隆、嘉庆、道光、咸丰四朝，仕途可以说是一帆风顺。嘉庆时，历任翰林侍读、侍讲学士、少詹事、日讲起居注官，礼部、兵部、户部、刑部侍郎；清嘉庆十七年（1812），擢为工部尚书，后转调户部、吏部尚书。后因丁母亲、父亲忧，家居10年。清道光初，复起工部、吏部侍郎，迁左都御史，再授工部尚书，调吏部、礼部、工部尚书；清道光十三年（1833），超授体仁阁大学士，寻命军机大臣，入参机务。其间还担任和兼任过《四库全书》总裁、文颖馆总裁、武英殿总裁、国史馆总裁、上书房总师傅等职。清道光十五年（1835），晋东阁大学士，十八年（1838）拜武英殿大学士，加太子太保、太傅衔。清咸丰二年（1852）壬子科乡试，潘世恩以乾隆壬子科（1792）举人重赴鹿鸣筵宴。翌年，礼部举行癸丑科会试，由于潘世恩是乾隆癸丑科（1793）状元，正逢六十甲子，照例重与恩荣筵宴，一时传为佳话。咸丰皇帝御书“琼林人瑞”匾额送到门上，特地颁发谕旨云：

予告大学士潘世恩由乾隆癸丑科一甲一名进士，历事四朝，洊登揆席。年逾八秩，望重士林，洵为熙朝人瑞。兹届咸丰癸丑科殿试之期，例得重与恩荣筵宴，业经朕亲书“琼林人瑞”四字匾额，先期颁赐，以示宠荣。兹据礼部遵旨具奏，朕心深为嘉慰。

清代大臣生前加“太傅”衔的共 5 人，能两次参加恩荣筵宴的共 8 人，状元出身官至大学士的共 14 人，而三者能占全的唯有潘世恩一人而已。

潘世恩所处的时代，国内积弊成灾，矛盾重重，外敌纷纷入侵。社稷安危，系赖大臣。他担任宰相长达 17 年，但在政治上并没有大的建树或表现出匡时济世的慧眼卓识，所以“中外不甚称其相业”，《清史稿》评说他是“恪恭保位者耳”。徐世昌《晚晴簃诗汇》也说：“文恭相宣宗垂二十年，世不甚传其相业，而在翰林时严拒和珅。文宗初年，疏荐林文忠，皆表表者。”潘世恩值得称道的仅两件事：一是坚决拒绝权相和珅拉拢，二是极力推荐起用林则徐。

那么，潘世恩凭借什么服官 50 余年，安享如此“大富贵”的呢？从几位皇帝多次谕旨中可知，潘世恩除了有品行才学之外，他待人接物格外的小心谨慎，从而赢得皇帝的宠遇。他逝世后，咸丰皇帝谕诏云：“大学士潘世恩立品端方，学问醇正……服官五十余年，小心谨慎，克称厥职。”这便是最好的注释。潘世恩去世时，咸丰皇帝特派怡亲王载垣带领侍卫 10 人，即日前往祭奠，并将其著入祀贤良祠；又赐祭葬，谥“文恭”。同时，还对潘世恩的三个孙子（祖同、祖荫、祖保）分别赏给进士、翰林院侍读、举人，准许祖同、祖保一起参加当年会试和殿试。这种恩宠礼遇，在苏州历代状元中实属罕见，唯其一人。

常熟翁同龢是苏州状元宰相中最有作为的一位。翁氏家世显赫，翁同龢与父亲翁心存均为两朝宰相而兼帝师，是谓父子宰相。陈康祺称翁家为“两朝宰相，再世帝师，三子公卿，四世翰苑”。翁同龢于 27 岁中状元后，除担任考官、学政外，还历任刑部、工部、户部尚书，会典馆正总裁，国史馆副总裁，协办大学士，军机大臣上行走兼总理各国事务衙门行走等，“立朝数十年，矢诚矢敬，有古大臣风”。

翁同龢任同治、光绪两朝皇帝师傅前后长达 30 年，是他为官及政绩的一个重要方面。清同治四年（1865）十月，翁同龢接承父亲，为弘德殿行走，担当起教育同治皇帝的重任，前后 6 年，翁同龢进讲认真负责，讲解深入浅出，每以忧动惕厉，启沃圣心，因而赢得皇帝、太后的信赖，屡受殊荣。光绪皇帝即位后，他又被任命为毓庆宫行走，担任光绪皇帝的授读师傅。从清光绪元年（1875）到二十三年（1897）西太后下令撤裁书房，师生相处长达 23 年，将一个年方 5 岁的幼儿，培养成一国君主，他花费了无数的心血。光绪皇帝身体虚弱、多病，但又秉性倔强，好用意气，闹学辍读之事常有。翁同龢耐心诱导，尽心教育，并在生活上予以慈父般的关怀。史志记载他在讲帷“于列圣遗训、古今治乱，反复陈说，曲尽其理。其调和宫廷以圣孝为本，其阐明政要以忧勤为先”。（《清史列传》卷六十三，下同）翁同龢与光绪皇帝在思想感情方面极为融洽，成为光绪皇帝最尊敬的师傅、最宠信的大臣，两人常在书房促膝独对，讨论朝政。

中状元前，翁同龢曾在刑部当过差；同治皇帝去世后，翁同龢曾一度代理刑部右侍郎；清光绪五年（1879），又兼任刑部尚书。他办事干练，执法认真，秉直持平。曾经轰动全国、家喻户晓的浙江余杭杨乃武与小白菜冤案的平反，就有赖于他。在刑部任上，他还平反山西李群儿盗墓案和安徽怀远县聚众抗粮杀官等四起量刑不当的案件，从刀下救出了好几条人命。针对狱囚多逃跑的情况，翁同龢采取改善狱囚的生活待遇、严禁滥施刑罚等措施。在吏治腐败的封建时代，他作为一名封建官僚、最高法官，能坚持依法办事，认真执法，是十分难能可贵的。

清光绪八年（1882）、光绪二十年（1894），翁同龢两度受命军机大臣行走。清光绪二十三年（1897），他以户部尚书协办大学士，遇到一系列国内外重大问题。作为一名政治家，他深深感到中国有遭受灭亡的危险。中日甲午战争失败的沉痛教训，更使他清醒地认识到不变法图强，中华民族将难以生存，于是他主张“破格求贤，冀匡时变”。为此，翁同龢不顾自己一品大员、帝师的身份，屈尊私访六品主事康有为，促膝长谈，并向光绪皇帝极力推荐康有为，说此人“通晓时事，才可大用”。在他的支持下，清光绪二十一年（1895）七月，康有为、梁启超及拥护新政的帝党官员文廷式、陈炽在北京成立维新变法组织“强学会”。在翁同龢的带领下，帝师孙家鼐、湖广总督张之洞、两江总督刘坤一等纷纷列名与会。强学会创办《强学报》，一时声势大振，但遭到顽固派的反对，军机大臣刚毅公开声称：“宁可亡国，决不变法。”强学会被慈禧太后强令皇帝下诏封闭后，应维新派要求，翁同龢又借故将它改为官书局，作为秘密联络点。康有为回广州后，翁同龢曾与他保持书信联系，共商维新变法事宜。为了使康有为请求变法的奏书能送到光绪皇帝手中，翁同龢曾两次上门疏通工部尚书松溎。康有为见上书不达，情绪低落，一度准备起程南归。翁同龢得知后，坚决挽留，并给康有为鼓气。在翁同龢积极不懈的努力下，清光绪二十四年（1898）四月二十三日（6 月 11 日）皇帝正式颁诏，宣布明定国是，实行变法。翁同龢亲手执笔，拟就了这份具有不寻常意义的诏书。

与此同时，顽固派也积极活动，联合甲午战争时的主和派，迎合慈禧太后，挑拨慈禧与光绪皇帝的关系，加紧策划政变。他们把矛头集中对准翁同龢，弹劾他“结党私政”“揽权误国”。宣布变法的第四天，慈禧太后逼光绪皇帝下令撤去翁同龢协办大学士、户部尚书职务，“念其在毓庆宫行走有年，不忍遽加严谴……开缺回籍，以示保全”，将其逐回常熟老家；同年十月，慈禧太后又下谕“革职，永不叙用，交地方官严加管束”，翁同龢成为一名“管制分子”。翁同龢回到常熟后，在虞山鹁鸽峰祖茔旁筑瓶庐山庄，自号“瓶庐居士”，并在墓庐前开凿井一口，随时准备自裁。清光绪三十年（1904）五月，翁同龢病逝于故居。临终前，他还口授遗疏，希望光绪皇帝励精图治，使中国逐渐富强。

翁同龢立朝数十年，矢诚矢敬，有古大臣风，只因秉性正直，为小人所忌，遭谗罷废，朝野惜之。身后萧然，苏州士大夫、老百姓见其清寒忠诚，无不感慨叹惜。清宣统元年（1909），经苏州地方官绅和两江总督端方奏请，朝廷才开复其原职。民国三年（1914），逊位的宣统皇帝又补赐谥号“文恭”。翁同龢的一生可以用“生不逢时”来形容，否则在政治上或许能有更多建树。

苏州末代状元陆润庠官运顺达，中状元之日即被皇帝召见，御赐冠服，人称“异数”。光绪初年，陆润庠历任乡试、会试主考官。清光绪八年（1882），也奉旨在南书房行走。后历任右中允、日讲起居注官、翰林院侍讲、侍读，提督山东学政，充教习庶吉士。清光绪十八年（1892），升为国子监祭酒。翁同龢对他非常赏识，清光绪二十一年（1895）五月，陆润庠请假归乡侍养生母程氏，翁同龢特赠《送陆凤石祭酒润庠归养》诗，云：“多难思致身，时平请归养。贤哉陆夫子，志意安可量。从来功名际，壮往速官谤。读书数十年，失路一惆怅。夫子人中龙，锦衣侍鸟舫。独居渺深念，勇退惬夙尚。三公不可易，一饭未尝忘。悠悠捧土怀，何日塞溟涨？嗟我与诸生，东门黯祖帐。”（翁同龢《瓶庐诗稿》卷六）情真意切，字里行间充满着对陆润庠的期待与厚望。

清光绪二十五年（1899），陆润庠升内阁学士兼礼部侍郎，不久擢为礼部尚书、工部尚书，兼顺天府尹、吏部尚书。清光绪三十三年（1907），充进讲大臣，参预政务大臣。光绪年间（1875—1908），曾三入南书房，担任光绪皇帝师傅。陆润庠与末代皇帝溥仪间更是难割难舍的帝师之谊，清宣统元年（1909），以吏部尚书兼协办大学士，充翰林院掌院学士。次年，授体仁阁大学士。听到消息，在京的苏州人欢欣鼓舞，聚集到位于北京前门外延寿寺街的长元吴会馆庆贺，会馆“敬止堂”中央高高悬挂“状元宰相”巨匾，集合同乡公宴请陆润庠这位为苏州人争光的状元宰相，一时群彦云集，盛况空前。明年，充禁烟事务大臣，转东阁大学士。清宣统三年（1911），授弼德院（皇帝顾问机构）院长；不久，陆润庠以品学优纯升任毓庆宫授读首席。

清末民初是中国历史上大动荡、大变革的时期，作为封建士大夫的陆润庠，思想和行为完全是为了“巩固君权”，他认为“成规固不可墨守，而新法亦须斟酌行之。若不研求国内之历史以为变通，则必有窒碍、难行之处，或且变本加厉之害”（吴郁生《东阁大学士陆文端公行状》，下同），看似稳妥，实际是保守护旧，对新法与民国持反对态度。他抱住旧的封建儒学和旧式教育，反对教育的更新。为此，他上疏在山东曲阜这块“笃生圣人之地”新建曲阜学堂，“阐明经术，提倡正学”，不能杂聘外人。他曾上疏建议撤回留东瀛学生，停西文教习，始补习中文。他认为留学生没有读前古圣贤经传则“道德风尚，概未闻知”，责怪留学生“袭人皮毛，妄言改革”，攻击民权与革命是“包藏祸心”“布其党徒，潜为谋主”，因而“久之必致根本动摇，民生涂炭”。他把新开设的中小学堂“废五经而不读”视为“祸直等于秦焚”，说成是像秦始皇焚书坑儒；甚至认为学生放暑假、星期，“毫无拘束，彼血气未定者，岂不结党为非”。因此，他极力主张“停办中小学堂，仍用经策取士”。他主张停办镇兵，停办巡警，仍用巡防队。他认为法官审判，是“黑白混淆，是非倒置”，因此应停止法律审判，“仍以听断缉捕归之州县”。

辛亥革命后，陆润庠仍留在毓庆宫当溥仪的师傅，被授予“太保”衔。但他整天闷闷不乐，“忧郁内结于胸，而不外露”。后在青岛买地筑别墅，准备退老林泉，不过“在京日多，寓青日少，夏间避暑到青，旋又晋京”。袁世凯称帝，要把清室太庙迁移，陆润庠听后“嘿然饮泣出”（唐文治《记陆文端公事》，下同）。他深感这个世道实在无法再活下去了，自己开方用药折磨自己，“日饮猛攻刻削之药”。临死前几天，他“竟日危坐，瞑目不言，亦不食”（吴郁生《东阁大学士陆文端公行状》）。民国四年（1915）八月十八日，一代状元宰相病逝于北京。上海《申报》曾刊登怀瑾撰写的《陆润庠逝世纪闻》，云：

清太保大学士陆润庠中堂，前以京师忽发起筹安会，研究君主问题，倡言改变国体，一时靡内外。陆中堂睹此种变端，即拟退老林泉，不闻世故，曾先命家属赶速收拾行囊，装运往津，附“基隆丸”搬抵青岛，载入别墅。而陆中堂于向宣统旁辞别之际，宣统帝痛哭挽留，陆以帝师之谊又难割舍，乃彼此相抱而哭，致出京延稽，惟令家属先行出京。讵陆中堂年逾古稀，以老病之身，再加以伤感，竟至一病，奄奄卧床不起。昨青岛陆之家属忽接急电，令将楠木寿椋一具，急速载运来京。陆之家人得电后，乃立即将该椋报关运上某轮，载往塘沽，折换京奉车，运送入京。然犹恐沿途或有阻碍，致为乱党暗运军火等情，故为此呈请胶海关及日军政署通电照会，俾释疑虑。迨今晨则又接电耗，谓已于二十六日早逝世，清宣统亦为恸哭失声云。

逊位的溥仪皇帝赐陆润庠“太傅”衔，谥“文端”。陆润庠善始善终，这一点要比翁同龢好得多。

陆润庠可以说是一位标准的苏州人，性格易和，温厚谨慎，办事稳妥，恪尽其职，待人接物不立崖岸，即便至位极宰相，也从不盛气凌人，始终像最初的秀才，不摆半点架子，当官处事，务循正绳。其行为虽然是封建礼教的结果，忠君守礼，因循守旧，但主要还是他温和软弱、胆小怕事、小心谨慎的性格所决定的。平心而论，他的确缺少一点政治家应有的气质、魄力与才干。

苏州特定的文化培养了苏州人特定的性格，这就是苏州状元作为“柔性政治家”不可能大有作为的真正原因所在。

青史留名　风流长弘

——苏州状元的品行

苏州状元自幼受到传统文化的教育和熏陶，品行端正，为官清正廉洁，耿直正介，刚正不阿；当民族遭到外来势力侮辱时，他们能挺身而出，奋勇抗击，坚持民族气节，在历史上留下了许多佳话美谈。

一

苏州历史上，曾出过五位武状元，他们分别是宋代的朱起宗、林𡺥、周虎、刘必成和明代的陈大猷，其中最值得称道的是宋代抗金名将周虎。

周虎（生卒年不详），字叔子，平江府常熟县人。曾祖周稹曾任广州通判，祖父周恕为乡贡进士。周虎中宋庆元二年（1196）丙辰科武状元，授殿司步军同正将，先后担任过武学谕、阁门舍人，充金国贺生辰接伴副使，知光州（今河南淮河以南，竹竿河以东地区）、楚州（辖境相当今江苏淮河以南，盱眙以东，宝应、盐城以北地区），后又任和州（辖今安徽省和县、含山等地区）知州。

和州地势险要，是当时宋、金争夺的军事重镇，“当寇冲，北兵南侵，必先陷和，以绝反顾之虑，而后一意为渡江计”（清雍正《昭文县志》卷五)。宋开禧二年(1206),金朝集中数道精兵攻围和州城。当时和州城里守兵不足2000人,敌强我弱,形势十分严峻,有人提出撤兵退保江西。周虎不为所动,态度坚决,誓死守城,在城楼灵会门上设置宋太祖、宋太宗神位,面对和州百姓父老,慷慨陈词:"吾国家守臣,一朝去此,则为奔亡之人,失节败名,生不如死;效死弗去,虽没犹存。吾计决矣!"(明崇祯《常熟县志》卷八)并"鸠诸将,誓以死守"(清雍正《昭文县志》卷五,下同)。在生死关头,他以民族大义为重。

当时,周虎母亲何氏已90岁,他劝说母亲带9岁的小孙子避难家乡,而何氏不肯,决心与城共存亡。何氏不听周虎的劝告,移居城郭,亲自为将士们送粮做饭,城中将士无不为之感动,士气大振。一天,金兵用火箭射楼橹,城中火起,敌人乘势急攻猛打。周虎手下的将领考虑到安全,劝说周虎"少避其锋",而周虎听了大怒,"挥所佩刀名紫茬者,语众曰'城即破,吾用此(刀)自刎城上。汝辈脱,归报朝廷,吾九十老母尚得温饱终余年。若此足一动,忠孝两亏矣!'"守城历时一个月,双方交战达34次,杀死金兵骁将10余名,最后还射死金兵右帅石砣础,金兵受到重创,败退而去。

和州之役虽称不上大战役,但它历时之久,并最终以少胜多,足以和韩世忠的黄天荡之役相提并论,在南宋抗金史上占有极其重要的地位。和州之役挫灭了金兵的锐气,打出了宋兵的威风,由是宋与金的议和始坚决,江淮一带从此得以安定。

和州之役胜利结束后,周虎母亲肩舆登城,散奁箧以犒劳守城将士,说道:"城不破,儿不死,诸军之力也!"将士们莫不感动流泪。朝廷褒奖周虎,周虎则推功于母亲,于是朝廷赐封他母亲何氏为"永国太夫人”，特转周虎为武功大夫。和州的老百姓出资建造祠庙，祭祀周虎母子，宋淳祐年间（1241—1252），赐名“忠烈祠”。

周虎为人倜傥，轻资财，尚义气，“平时介特，多忤用事者，故不沾赏”，后被借故“移守合肥，实夺其兵柄也，军士有刎颈以请留者”。此后，周虎还历任文州刺史、主管侍卫马军行司公事、成州团练使、侍卫马军都虞侯、提举佑神观等职。一度因忤权贵而被诬指为权党，贬谪安徽徽州。得旨自便，恢复原官。不久，母亲病逝，丁忧回乡，归居平江城区（今苏州城）雍熙寺西周瑜故宅，誓不复仕。“家居凡十二年，虽旧所部候之人坚不与接”（明崇祯《常熟县志》卷八，下同）。宋绍定二年（1229），转为和州防御使。卒年69岁，赐谥“忠惠”。志书称周虎“有大将器，功在江淮，忠节罕比；而文词赡敏，尤善大字，名重一时”。其人品高尚，能文能武，忠孝两全。

明代昆山状元沈坤则是位抗倭英雄。沈坤（1507—1560），字伯载，又字伯生，号十洲。因父为官山阳（今江苏淮安），所以沈坤以大河卫籍参加乡举。明嘉靖十年（1531）中举人，嘉靖二十年（1541）中辛丑科状元，授翰林院修撰。嘉靖三十五年（1556），擢升南京国子监祭酒。是年八月，母亲病逝南京，沈坤扶柩护送到淮安，与其父合葬，丁忧守孝。其间，正值倭寇猖獗，沿海一带百姓终日不宁，苦不堪言。地方官兵御敌不力，连战连败。沈坤见状，毅然挺身而出，聚众抗倭。他“散家资，募乡兵，教练之”（清道光《昆新两县合志》卷四十，下同），招募乡兵1000多名，亲自进行军事训练，并请好友吴承恩当参谋，人称“状元兵”。为了巩固城池，沈坤把淮安原有的两座城联结起来，在中间修筑一座夹城，使三座城城池叠绕，深沟高垒。为观察倭寇动静，以防突然袭击，又在淮安河下竹巷街的一条小河上修建一座数丈高的楼阁，取名“屯瞭阁”，派乡兵登楼瞭望，随时报警。

嘉靖三十八年（1559）四月初六，大批倭寇从长江口登陆，向淮安进犯。沈坤得到消息，马上点兵迎战，与吴承恩一起制定前击后堵的作战方案。那天，倭寇丧心病狂地纵火烧城，官兵却退，情况危急。沈坤毅然率领“状元兵”奋力反击，并以军法处罚不服从者。他“亲当矢石，射中其魁”，其余倭寇见首领被打死，不得不退兵。不久，倭寇又纠集22艘船，从泗州而下，肆意焚杀。沈坤再次率“状元兵”抵抗追击，倭寇人地生疏，慌不择路，纷纷跌进陷坑，一个个成为“状元兵”的刀下鬼。倭寇前后被斩歼800余人，元气大伤，再也不敢贸然进犯。从此，“状元兵”名震淮安大地。

巡抚李天宠十分赏识沈坤，特向朝廷推荐其才，称赞他的经略及御侮之功。同时也有仇人怨之，给事中胡应嘉和淮安太守范槚等密奏嘉靖皇帝，诬陷沈坤“私自团练乡勇，图谋背叛朝廷”；南道御史林润亦趁机弹劾，说他曾“枭败率之首，剁人两手”。昏聩的嘉靖皇帝不辨是非，竟下令将沈坤关进锦衣卫狱。沈坤未及辩明，便被折磨而死，“人皆以为冤”。后来，淮安人民为了纪念沈坤抗倭的功绩，在姚家荡修建“报功祠”；将埋葬800多具倭寇尸体的大土墩，取名为“埋倭山”，并勒碑于墩前；还把河下竹巷街那座“屯瞭阁”整修一新，正式命名为“状元楼”，此楼后曾被列为“淮安十八景”之一。

清末，翁同龢在军机处时，正遇上中法、中日战争，在对待侵略者的态度问题上，他与主和派进行了坚决的斗争，充分表现出他的爱国主义精神。清光绪八年（1882）冬，他被任命为军机大臣上行走。此时正值法国殖民主义侵略者对越南疯狂侵略，并把矛头直指清政府。法军连续进犯南谅山，窥伺广西。法国海军以游历为名，驶入福建马尾军港。在严重的边疆危机面前，翁同龢与李鸿藻等大臣极力主张援越抗法，而以李鸿章为首的一批守旧官僚抱着息事宁人的态度，主张妥协了结，放弃越南，承认越南为法国保护国。翁同龢对李鸿章的做法很不满，在军机会议上，他表示和谈本无可非议，但和谈必须讲原则，决不可屈从侵略者。

在对待黑旗军刘永福的问题上，翁同龢和主和派的斗争尤为激烈。刘永福的黑旗军是应越南政府的邀请而前往与法军作战的，曾多次挫败侵略军。清光绪九年（1883）四月，刘永福指挥黑旗军在河内纸桥同法国决战，击毙法军头目李威利，歼敌200余名。翁同龢得知消息后十分高兴，称这是“第一捷音”。在军机会议上，他提议犒赏黑旗军，授予刘永福顶戴（相当于现在的勋章），提供军饷和器械。然而，李鸿章后来竟接受法国侵略军以驱逐黑旗军作为停战条件的要挟。翁同龢气得大骂，指责李鸿章：“直视刘团为眼中钉，不知安于何心！”（《清史列传》卷六十三，下同）但是，由于李鸿章大权在握，加上慈禧太后等犹豫不决，黑旗军终因孤军无援，屡遭伤败。翁同龢对此十分忧沮，断言“日后大局可危”。黑旗军退守兴化后，法国侵略军气焰更加嚣张，决定对中国发动大规模军事进攻。翁同龢忧心如焚，他一再建议朝廷立即电令张树声、岑毓英率重兵出关迎敌，阻止敌人进犯；同时建议在滇、粤等省招募勇士，配合正规军作战。清光绪十年（1884）三月，清军驻守的北宁失守的警报传到京城，军机会议筹兵添饷，翁同龢在会上再次大声疾呼，形势危急，请赶紧饬令张、岑出关接战；并建议朝廷向世界宣布若法军再向中越边境大举侵犯，中国定将接仗。他对奕䜣在边陲危急的情况下仍无动于衷的态度忍无可忍，不由拂袖而起，与奕䜣大声抗争。中法战争失败后，国内爱国人士纷纷上书，参劾恭亲王奕䜣和军机大臣。慈禧下令罢免军机处全班人马，翁同龢革职留任，退出军机处，仍在毓庆宫行走，当皇帝师傅。

清光绪二十年（1894），翁同龢再次入军机处。是年五月，日本出兵侵略朝鲜，准备以朝鲜为跳板，对中国发动蓄谋已久的侵略战争。到军机处后，光绪皇帝传谕翁同龢，牢记上次中法战争中办理失当的教训，这次中日交涉务必振奋精神，积极发挥作用。翁同龢表示一定“佐少主，张国威”，全力支持光绪皇帝领导的反对日本侵略的斗争。然而，手握军权的李鸿章故伎重演，主张静守勿动，命令陆军“可守则守，不可守则退”，以致失去战机。中日甲午战争正式爆发后，翁同龢先后从全国调集数十万军队开往关外前线；他还以户部名义向外商银行借贷600万英镑，充作军饷和用以购置器械；又与海军衙门筹商向英国、智利等国购买军舰。黄海战役中，北洋海军遭受重创。为扭转危局，翁同龢提出陆军宜催援军速进，海军修好六舰，严扼渤海的主张。而李鸿章却命令北洋海军躲进威海卫，结果全军覆没；陆军也节节败退，导致丢掉了辽东。面对战败，翁同龢痛心疾首，多次自谴：“上无以对天造之恩，下无以慰薄海之望”“自念以菲材而当枢要，外患日迫，内政未修，每中夜彷徨，憾不自毙”。

中日议和时，日本无理要求中国割让台湾。李鸿章以日本索银为由，向户部施加压力，要求朝廷给他割地之权。身为户部尚书的翁同龢，尽管知道巨额赔款一时很难筹措，但他还是表示户部当尽一切努力，而台湾万不可割让。翁同龢向光绪皇帝力陈，如果丢弃台湾，“从此失天下心，也使我无面目立于世矣！”此后一连数日反对割让台湾，并与主和派面折廷争。当看到《马关条约》电文时，他当场头晕目眩，声泪俱下。还亲自去恭亲王府，想说服奕䜣。在军机会上，主和派孙毓汶拿着和约稿本要光绪皇帝用印，翁同龢力请展缓时日。当孙毓汶以“延误和议，贻误国邦”压制时，他严厉反驳：“苟且求和，丧权辱国，才是误国罪人！”一番话说得孙毓汶无地自容。当慈禧下令批准《马关条约》时，翁同龢战栗哽咽，与光绪皇帝相顾挥泪。当天，他在日记中写道：“覆水难收，聚铁铸错，穷天地不塞此恨也！”这种为争取国家领土主权少受损失，尽心尽力，不顾个人得失安危的爱国主义精神，永远值得后人颂扬。

二

为官勤政廉洁，体察民情，关心民瘼，是苏州状元共有的优秀品德。宋淳熙年间（1174—1189），嵊县等地连续发生旱灾，状元黄由以绍兴府通判的身份前往灾区督行荒政，不顾路途遥远、交通不便，前往灾区察看灾况与民情。见当地许多百姓已断炊数日，他马上将原来准备的粜粮一律改为赈灾粮，来不及向朝廷奏报，便擅自向灾民发放大米五万石，解救灾民无数。宋嘉定初，出任绍兴知府、浙东安抚使。到任后不久，黄由了解到嵊县山里有老虎出没，行踪变幻。有人则趁机造谣说：山里老虎“岁久有神，变化叵测”（明洪武《苏州府志》卷八十六，下同），一会儿变成和尚，一会儿变成猿狙，变幻不定，踪迹不可寻。谣言越传越玄，人心恐慌。黄由为使百姓安居乐业，决定消灭虎患，他用出钱厚赏的办法，招募猎人，组织起来，进山围捕。经过几个月时间的捕杀，山里老虎“殄灭无遗种”，当地百姓生活从此得以安宁。

状元顾鼎臣官至宰相，尽管政治上作为不多，但还是做了不少利国利民的事。他身居庙堂高位，常忧江湖黎民之苦，《顾文康公诗草》中有多首记录和描写水旱灾情的诗歌。明正德十二年（1517）六月，他写下长诗《悯雨》，其中有“丁丑夏六月，灾变良有由。不雨土膏竭，万木焦林丘。一雨浃旬朔，日夜乃不休。七月日五六，气候如高秋。雨意转荡潏，势欲漂燕幽。街市横潦集，浅深可方舟。汩没闾阎失，纵横盆盎浮。薪炭且莫购，安办米与麦？哀哉彼穷民，衣食恃耕畴……妻孥互牵抱，蓬垢同系囚。且忍顷刻活，未暇来日谋……肯以下界苦，诉与上帝不。天听或在兹，苍生其有瘳”之句，心系百姓。

明嘉靖二年（1523），曾作《喜雨》诗。嘉靖十年（1531），京师大地淫雨连绵，“沉灶坏屋，民多压溺，天下郡县亦多水灾”。顾鼎臣上疏反映水患灾情、百姓伤夷困苦之状，请求赈饥缉盗，请皇帝“宜修人事以格天心，纾民困以消隐祸”（翟銮《顾鼎臣墓志铭》），还特地写下诗表达对百姓困苦之同情。嘉靖十六年（1537）七月，又写下《苦雨喜霁》，诗云：

四方水患诚非细，畿甸霖霪岂偶然？
今日登楼望晴旭，始知云上有青天。

顾鼎臣性格柔和蕴厚，《明史》说他辅国柄政，“素柔媚，不能有为，充位而已”（《明史》卷一百九十三）；沈德符也说他事业毫无闻。然而，同时代的大学士翟銮则予以高度评价，称他“以经学立身，文章德业卓建于时……论道经邦，启沃君心，操治平之大本者，公得之矣。语嘉靖中兴相业者，当有所归也；留守居重，伊周而下，莫之再见”，为嘉靖中兴做出了贡献，人称“救时宰相”。实事求是而言，顾鼎臣做过不少实事，以下几桩诚为可圈可点。

其一，疏请丈量田亩。顾鼎臣是明代少数几个关心经济的大臣之一，是明代中期的经济学家，《明史·食货志》用了较多的篇幅记载他关于经济的主张及动议。古代的田赋是国家的重要税源，顾鼎臣很关心全国的田亩情况。自宪宗成化以来，诸王勋戚倚仗权势侵占民田之事，屡见史载。即使政治较为清明的弘治时期，孝宗张皇后的父兄也强占河间民田千余顷，甚至连宫廷内宦也强占了大量民田。勋戚豪族的大肆兼并田地，势必导致国家所掌握的额田大量减少和赋税的相应减少。明嘉靖八年（1529），霍韬修《会典》时说：“自洪武迄弘治百四十年，天下额田已减强半。”天下额田已减少一大半，国家的税收财政已难以为继。据此，顾鼎臣提议重新丈量全国田亩，清查庄田，还田于民，改革赋役制度。明世宗于是敕谕户部，清查庄田，强占的民田都须归还原主。明嘉靖十年（1531），明世宗听取顾鼎臣与户部的建议，下令查革王府以山场湖陂荒地为名强占的民田。此后，又进一步下令只准许王府留用封国之初所请庄田。清查庄田，还田于民，对赋役制度的改革，旨在抑制土地兼并的发展，增加国家赋税收入，均平人民的负担，是利国利民的措施。

其二，裁减江南赋税。江南自古以来赋税严重，顾鼎臣十分关心日益严重的江南赋税问题，同情百姓困苦。早在明正德年间（1506—1521）担任谕德时，他就曾指出，江南许多地方的粮长滋害州里间，民间往往“一人逋负，株连亲属，无辜之民死于箠楚囹圄者几数百人”。对此，他上疏改革钱粮积弊，详细分析积弊形成的原因，并一一提出对策。明嘉靖十八年（1539），身为大学士的顾鼎臣再次就江南赋税问题上疏，他说："苏、松、常、镇、嘉、湖、杭七府，供输甲天下，而里胥豪右蠹弊特甚。宜将欺隐及坍荒田土，一一检核改正。"（《明史》卷七十八）最后，嘉靖皇帝饬命巡抚欧阳铎裁减田赋，使繁重的江南赋役一度有所改轻。

其三，关心百姓疾苦，请求纾民苏困，以国家为重。明嘉靖十五年（1536），京师大地淫雨连绵，沉灶坏屋，百姓溺死无数；而全国其它的郡县也多水灾。顾鼎臣特地作《悯雨》诗，反映北地水患灾情；并上疏极论伤夷困苦之状，规观皇帝应该"修人事以格天心，纾民困以消隐祸"，得旨而行。重病临终前，他还奏疏："一、复盐法以备边计；二、兴两京、山东、河南水利，开稻田以省漕运；三、经理宣府、大同、蓟州、辽东、山西边备，以保障京师；四、复河套，经理甘肃，以保全陕；五、经松、潘，以保全蜀。"竭力主张整顿盐赋制度，根治黄河水患，兴修水利，开垦新田。他还上疏修筑昆山城，抗倭保家乡。

顾鼎臣力所能及地做了不少利国利民的实事，不失为一位能关心百姓困苦、关心朝政大事的好官吏。苏州沧浪亭《吴郡名贤图传赞》称他"泽被东南，功存桑梓；救时良相，名炳青史"，并非溢美之词。

彭启丰是个被乾隆皇帝判为"人不如其学，学不如其文"的状元，在政治上的确无所建言，但其品行还是很好的。清乾隆六年（1741），彭启丰担任江西乡试考官时，过路宿州。当地正遭水灾，而知州许朝栋赈恤不力，饥民户籍登记不实，任甲长胥吏乘机向灾民索取报册钱；凤阳知府杨毓健不实地亲查。彭启丰立即将此情况上疏。乾隆皇帝见疏后，即派两江总督那苏图查奏纠察。清乾隆七年（1742），彭启丰提督浙江学政，发现科举考试中不少弊病，条陈上疏。清乾隆十年（1745），彭启丰结束浙江学政使命回京后，对浙江猾吏奸民侵占官湖为田，以致余杭、会稽、余姚、慈溪等地湖泊淤塞，及漕运、差役、盐业等浮收多索等四方面弊端，疏陈上奏，亦得到朝廷的重视。这些事，有的根本不是他的分内事，但他仍关心上报，可谓尽心尽力。

状元毕沅在督抚地方时，能体恤民情，关心民瘼。清乾隆三十五年（1770），甘肃由于连年旱荒，民众“解渴争泥水，充饥尽草根”，“四年三遇旱，十室九关门”，各县官仓告罄，亟待拨粮救济。毕沅将此情况详加陈奏，得旨赈抚，并将全省所积欠的种子、口粮银共400万两全部豁免，使百姓得以喘息。清乾隆三十八年（1773），黄河、洛河、渭河泛滥，朝邑（今陕西大荔）境内27个村庄受灾，冲塌民房8900余间，受灾人口达2万余人。毕沅亲赴灾区，察看灾情，分别赈恤，活人甚众。在任山东巡抚时，他奏请蠲免历年积欠的赋税487万石、常平社仓粮50余万石。

清乾隆五十年（1785）二月，毕沅调任河南巡抚。上任之日，他即实地调查，并将情况呈奏上疏：“河北一带，未得雨泽，各属仓储，因连年积歉，蠲缓散赈，所存无多。请截留漕粮二十万石，以备赈借之需。”（《清史列传》卷三十，下同）乾隆皇帝同意他的请求。接着，他又奏请将百姓所欠钱粮一概予以缓征。清乾隆五十二年（1787），湖北荆州府江水暴涨，堤溃城决，淹没田庐，人民死者以数10万计。毕沅得到襄阳飞信，即日先发藩库银40万两，星夜解楚赈济救灾。

像这样的水旱乃至霜冻灾害，毕沅在任上屡屡遇到，却都能积极筹划，尽力赈济，尽最大努力减少损失，恢复生产，保障民生。正因为如此，皇帝多次对他褒奖、赏赐，称他是“尽心民事，居心公正，深识大体”。与此同时，他督饬地方加紧水利建设，防患未然，曾浚泾阳龙洞渠，灌溉民田，疏通睢州龙门滩和荆州窖金洲；曾疏请修襄阳老龙堤、常德石柜堤、潜江仙人堤，凿四川、湖北大江险滩，方便云南铜运；还奏请兴修监利、江陵、公安、广济、黄梅县等堤，增添打筑荆江鸡嘴坝及万城的堤工。清乾隆五十年（1785）五月，毕沅又奏准以工代赈，疏浚河南贾鲁等河。尽管他是为朝廷设想，旨在加固皇恩，但这也在客观上使百姓得到了益处。

状元陈初哲曾任湖北荆宜施道。是年，长江遇上罕见的水灾，江水暴涨，两岸沙堤冲毁。陈初哲亲自率领和指挥荆宜官兵与百姓抗洪救灾，修筑堤坝，连续奋战七天七夜，终于堵住洪水，使百姓免遭损失，安然渡过难关。他还将自己的全部俸禄捐赠给当地灾民，灾民对此感激万分。后兼任荆关盐督，尽心尽职，公正清廉，得到上司的好评。

状元石韫玉担任陕西潼商道时，正值陕西、山西闹灾荒，而山西尤为厉害，米价暴涨，每石涨到银 17 两，许多百姓饿死。石韫玉毅然打开官仓，出售粮食，赈济山西灾民。有人劝他不要出售，以免损害朝廷利益，给自己造成麻烦。石韫玉回答道：“山西百姓也是朝廷赤子，吾不能眼睁睁看着他们饥馁饿死！”清道光三年（1823），吴地遭受水灾，百姓无米可炊，忍饥挨饿。石韫玉力请当政者免除米税，通商贩以应急，并劝助赈济。清道光十一年（1831），淮北遭灾，大批难民流到苏州，石韫玉力劝当政者先收容留养，然后分批资送回乡。清道光十四年（1834），吴地又遭水灾，他不顾 80 岁高龄，再次劝捐赈饥。

状元吴廷琛为政守正勤政，颇有理政之才。清嘉庆十五年

(1810)，出任金华知府，他到任后即追缅贤哲，访问民瘼，锐志革新，兴建文庙，创育婴堂。为知府六年，曾做过许多社会善益之举。金华城外有座双溪桥，由于年久失修，严重毁坏，一遇涨水，桥旁常常翻船，成为当地一大公患。前任官吏与当地绅士曾几次想要重新修建，但每次都因所需资金巨大而作罢。吴廷琛经过一番细致的调查寻访，采取劝谕集资捐募的办法，用了三年时间修复桥梁，消除了祸患。当地老百姓感恩不尽，要取名“吴公桥”，但吴廷琛坚决不同意，将桥改名为“通济桥”。清嘉庆二十一年（1816），吴廷琛调任杭州知府。刚上任不久，便听到永康、东阳诸县发生旱灾，即急往巡视。老百姓得知新太守来慰问视察，“遮道迎送几数万”。他积极采取措施，使得灾情很快得到了缓解。

苏州末代状元陆润庠为中国近代工商实业做过贡献。清光绪二十年（1894），陆润庠因母亲生病，乞养回乡，应请总办苏州商务。次年，中国因甲午战争失败而被迫签订《马关条约》，规定苏州、杭州等地被列为通商口岸，并允许日本人在通商口岸设立工厂。清光绪二十二年（1896），丁忧在家的陆润庠抱着从外国人手中争回权利的宗旨，积极投身实业兴国之列，接受两江总督兼南洋大臣张之洞的建议，筹银2万两，从英国购置机器，在苏州盘门外（今南门人民桥南堍下）创办苏纶纱厂，纱厂拥有纱锭1.82万枚，职工2200人。不久，又创办苏经丝厂，有缫丝车208台，职工500人。两厂额定资本100万两。翌年，两厂建成开车，成为苏州近代最早的民族工业企业。两家工厂合为一大公司，陆润庠被推选为经理。两家工厂在当时属于国内规模较大的工厂，与沪上名厂不相上下，生产经营状况良好。清光绪二十四年（1898），《官书局汇报》报道：“苏纶纱厂开办，已用一万八千二百纺锤……每日工作二十小时，每礼拜（星期天）停工，每年可出棉纱线一万四千捆，约用工人二千二百名，分两班更番。”同年四月，两江总督刘坤一在奏折中称：“嗣由该绅（陆润庠）将两厂事宜悉心筹画，次第经营，得以逐渐就绪，所出丝纱足与上海有名厂相埒。”

与此同时，陆润庠还为振兴苏州的商业积极谋划，创议在苏州阊门、胥门之开辟马路。此前仅有水上交通，为“振兴市面”（1931 年 11 月 24 日《申报》11 版，下同）。在他的号召下，“邑人踊跃乐徙，不二年而阊、胥马路之衔接，忆呈十里红尘”。继以沪宁铁路线，选定在阊门、齐门之交设立车站，从此“吴门之繁华，集中金阊矣”。

清光绪二十四年（1898）四月，陆润庠服阕届期，例应入都供职。离开之前，陆润庠妥善处理，“集众议筹议，由襄理厂务之绅士、候选郎中祝阿榆取具殷实的保订，立章程合同，承租包办五年；各股及存款之息依期照付，盈亏均与老股无涉，并举在籍之广东候补知府吴景萱为总董、翰林院编修费念慈、内阁中书潘祖谦相助为理，遇事由江苏藩司会同商务局督察商办，以期官绅协力维持厂务，益臻妥善。”在他的精心协调下，苏经丝厂、苏纶纱厂出租给了纸业商人祝阿榆，实现顺利交接。陆润庠虽然未能大展宏图，没能像南通状元张謇那样成为实业家，但他为民族工业所作的筚路蓝缕之功，则将永垂史册。

三

苏州状元为官清正廉洁，正气凛然，谦虚而有雅量，不少状元公是谦谦君子，曾留下许多美德佳话。

明代状元吴宽温雅和厚，一生“行履高洁，不为激矫，而自守以正”(《明史》卷一百八十四)。弱冠之年，他即负重名，人们慕名求见，吴宽常常回避。他中了状元，当了尚书，回到家里也都“屏驺盖焉”。亲朋好友有事来求他向地方官员说情，通通关系，打个招呼，吴宽总是温言却之。当亲眷朋友再次求他时，他就说：“当我是平民百姓就是了。”

吴宽的品行、功业、学识，在苏州历代人物中堪称典范。他中秀才时，家中经常受到催征胥吏的骚扰。当时，吴宽已经很为士大夫们看重，父亲也很有声望，但他家并没有因此而逃避官差。有人劝他去官府打个招呼，吴宽总是说：“算了，家家户户都是这样，就当我没名就是了！”有时实在难以过关，他就瞒着父亲私下给胥吏几个钱，从不愿意借势压人。乡里有几个无赖，曾几次尾随吴宽的轿子寻衅滋事，旁人都为他不平，要与他们论理，吴宽反劝说旁人不要与之计较。这些无赖又去剜掉吴宽为府学所作的碑文上的名字，官府要追究此事，吴宽却劝阻说：“我的文章本来就不值得长期保存，我的名字更是不值一提，请千万别为此把事闹大！”官府见他本人都是这样的态度，也就不去追究了。当时的长洲县令为人傲慢，常看不起吴宽。多年之后，该县令进京述职，当时吴宽已官至吏部侍郎。吏部尚书从侧面了解到此人曾有亏于吴宽，想就势罢免他，特征求吴宽的意见。吴宽回答说：“此人虽无很好的政绩，但也还不至于到罢免的地步。”尚书公佩服吴宽的雅量，就将此人派到另外一个地方当知府的副手。

这绝不是吴宽胆小怕事，而是他宽容大度、仁厚恬淡的表现，史志称他“宏亮粹夷，无矫矫之行，然遇事慷慨敢言”“人有寸长，必极道之，赖以成名者甚众。宪孝间，朝野仰垂三十年”(清乾隆《长洲县志》卷二十三，下同)。他中状元后，以翰林院修撰的身份留东宫，充任太子（弘治帝）讲官。许多人向他贺喜，说他学识渊博，当之无愧，而他却推辞再三，皱着眉头说："我怎能担当如此重任呢！"由于他人品、才学俱佳，东阁大学士谢迁向华盖大学士刘健建议引吴宽入阁共政，但刘健忌妒不肯，以为谢迁与吴宽有私情。为此，谢迁十分愤怒地说道："吴公科第、年纪、声名、威望都比我早、比我高，我谢迁实在自愧不如，怎能说我有私情于吴公呢？"不久，谢迁引退，推举吴宽接替自己而未果，朝廷内外许多人都为吴宽惋惜不平，吴宽自己则非常平静，反而安慰别人说："我本来就没有什么想当大学士的念头！"同朝为官的王鏊在为吴宽所撰《文定吴公神道碑》中评价他为人："公端清渊穆，不溷溷为同，不峣峣为异，士无贤愚，见者靡不归心。宽亦保合兼容，不见畛域。平生不闻有毁誉之言，亦不见愠怒之色，其古所谓大雅君子者乎。"正因为他有谦谦君子风度，所以能赢得朝廷内外的尊重。

状元朱希周刚毅正直，高雅淡泊，"惇谨诚厚，性自规矩，以状元及第，六品二十年不迁，意澹如也"（文震孟《姑苏名贤小纪》卷下），不妄取予，从不伸张。他做南京吏部尚书时，适逢官员考察期，张罗峰为大学士宰相，有欲庇者三人，欲去者二人，托人喻意于朱希周。朱希周不听，严格按照有关规章制度办理。考察结束后，张罗峰声称南京吏部考察不公，下令要重新考察。朱希周当即上疏说："吏部职责唯有考察一事最为重大。臣到南都吏部已经四年，自到任以来即留心体察，颇得其实。现在命臣重新再考，则是臣四年留心者未必可信。若一时所访者又岂能尽公，显然是臣之不称职。乞即罢臣，别委一贤明者任之，则庶无亏损于圣政。"（何良俊《四友斋丛谈》卷十）随即辞官回乡。

致仕后，朱希周居住苏州城里吴趋坊。当时那里十分热闹，“纷华相属”，而他“萧然一室，庐舍单敝，服御俭朴”，以致有许多人不知道他曾是公卿达官。他德高望重，“盛德为天下师表”（王世贞《弇山堂别集》卷五）。文徵明常对人言，“我辈皆有过举，惟玉峰混然一纯德人也”（何良俊《四友斋丛说》卷十）。乡里后进之士或有放荡不检点之举，人们就以“何以见朱公”来教育，甚至以“恐玉峰先生知之”来吓唬。朱希周乡居30年，“中外论荐者三十余疏，竟不复起”（《明史》卷一百九十一）。巡按御史彭宗皋对他的德行十分钦佩，决定为他修建一座“崇德坊”，朱希周坚决不同意；后来建造时，有人寻得一对废弃了很久的石柱，朱希周坚决要求送回，最后经人再三解释方罢休，但他寻找到石柱的主人，自己支付了一笔钱。此后，他干脆结庐吴县阳山祖茔旁，以文史自娱，远离闹市。文震孟感慨云：“夫大臣居乡，非独清谨贵也，有所系乡之重轻乃贵”（文震孟《姑苏名贤小纪》卷下）。

昆山徐元文官至宰相，清康熙二十九年（1690）因官场倾轧而被弹劾，上书请求退休，被批准以原品休致。诏令一下，他当天就离京动身。当时，交通要道是京杭大运河，船至山东临清关时，把守关口的官吏受人指使，率领隶卒登船进行全面搜查，连夫人船上的坛坛罐罐都翻了个遍，结果除衣物外，只发现数千卷图书，以及刚领取的光禄馔金（退休金）300两银子而已。反对派本来想搜出些受贿、贪污之类的罪证作为把柄，没想到如此结果，反倒使徐元文的清官名气更响。逝世时，他的全部家当不满百金，吴江徐电发《哭相国立斋公八绝句（其七）》云：“相门清节谁人问？含殓无能值百金。地下四知原不负，九重应自鉴丹心。”清风亮节，丹心可鉴。

缪彤宦情淡泊，家居20年，热心家乡文化、教育、公益事业。他曾掏钱创办书院，取孔子“君子有三畏，畏天命，畏大人，畏圣人之言”语意，命名“三畏书院”，把教育与培养家乡人才作为自己的大事。他“唯率乡之后进，讲学课文”（道光《苏州府志》卷一百），放下状元公的身价，甘为人梯，并亲自刊印明代儒学大师曹端的《家规辑略》、蔡清的《密箴》、刘宗周的《证人社约言》作为书院规范与纪律，书院培养了很多人才。清康熙十二年（1673），缪彤出资修建苏州府学前的状元坊；清康熙十九年（1680），他又出资修建长洲县学文星阁，并撰重修记；翌年，他再捐资修建吴县县学圣殿；清康熙二十四年（1685），江苏巡抚御史汤斌重建吴县县学尊经阁，缪彤率先出资捐助。不久，他应邀编纂成了清代苏州第一部府志《(康熙)苏州府志》，洋洋82卷，填补明《姑苏志》之后170余年间历史文化空白，为后来乾隆、道光、同治府志提供了许多重要的历史资料。康熙皇帝当年曾诏谕江苏巡抚汤斌奏荐吴地“以道义自持者”，缪彤列为首位。

韩菼以文章闻名天下，是当时的大名人，但他十分谦虚持重，从不肯炫耀自夸。清康熙二十六年（1687），担任内阁学士兼礼部尚书的他，曾请假回乡养病。一天，他驾着一叶小舟出门游览，正巧碰上长洲县令出门，衙内胥吏前呼后拥，争抢行驶，把韩菼乘坐的船撞翻。韩菼掉到水里，成了一只落汤鸡。他的随从很不服气，要去找县令算账，但韩菼坚决制止。一时看热闹的人都不知道他就是大名鼎鼎的韩慕庐。沈德潜曾评价韩菼有“三大行”：学殖深醇，文足经国；公忠事主，精白一心；为国引贤，不立党同。韩菼初入监时，受知于祭酒徐元文；而徐乾学更是他的“伯乐”，乡试时担任主考官的徐乾学更力排众议，亲拔其文。后来，徐乾学罢归领书局于洞庭东山，修《大清一统志》，但他的仇人仍不放过，江苏巡抚傅腊塔承意兴大狱，“尽拘其党”（易宗夔《新世说》卷一，下同），要彻底铲除他的党羽。徐乾学昔日门生纷纷躲避，“或讼言攻之，冀自洗涤”，甚至有人趁机攻击，以此来洗白自己。当时，韩菼正好在籍居苏州，“独昕夕造门，助其讨论排纂，且为别白于在事者……识者服公之高义。”徐元文有《韩学士菼》盛赞其道德品行，诗云：“矫矫韩学士，高视薄浮壒。寡虑泊无营，立言道所赖。痛饮非徒然，寄赏不在外。物情任回遹，揽古意自泰。心清白雪照，兴逸朱霞会。”清康熙三十九年(1700)，他竟“自陈无政事才”（陈康祺《郎潜纪闻三笔》卷六），请求免去礼部尚书官职。

彭定求淡泊名利，“性好朴素，不事营进”（清乾隆《元和县志》卷二十五，下同）。官太学数年，“常减俸钱以资”生活困难者，而自己则一件纻袍数年不换。在翰林前后不足四年，便引疾归里，潜心经术。有一年，他家造楼房，上梁那天朋友都去祝贺。有位朋友精通阴阳风水，看后对彭定求说：“从阴阳学角度来看，你家的楼太高了。不过这对你家倒没什么，只是可能会对邻居家带来不利。”彭定求听了觉得这是大事，岂能置别人而不顾，更不能碍了邻居，于是下令锯柱子。朋友们都劝他不必，自家安适就行了，而彭定求则说：“楼矮一点高一点没关系，同样可以安稳地住，千万不能妨碍邻家。”最后，彭定求还是坚持把柱子全部锯短一尺。康熙皇帝也称他不管闲事，是学问好、品行好、家世好的“三好先生”。

吴县石韫玉性格随和，平易近人，不立崖岸，在官场里不拉帮结派。生活俭朴，安贫乐道，为官清廉。自 35 岁及第入朝为官，至 52

岁辞官回乡，在朝内朝外共做官 18 年，曾经掌管潼关商道税务，做过山东布政使，官阶从二品，但无寸田尺宅，以至家乡抵质于他人的祖上旧屋也无法赎回，只得将家安到长子石同福为官的浙江紫阳山。他真正做到了“随身衣食仰给于官，不别治生以长尺寸”！

两朝帝师、一品宰相的常熟翁同龢为政清廉。任户部尚书时，清朝政府曾向某国借过一笔巨款。事后，经办人送来一笔“回扣”，翁同龢坚决不收。第二天早朝时，他特将此事奏明光绪皇帝。光绪皇帝听了大怒，下令秘密调查瓜分这批“回扣”的官员。后来，此事不了了之，原因是慈禧太后本人也拿了“回扣”。戊戌变法失败后，翁同龢被罢官而回乡，离京之日，文渊阁大学士荣禄知道他平时清廉，靠俸禄为生，没有肥水外快，相对贫困，便送去1000两银子，说是权作他的盘缠费，而翁同龢坚决不收。翁同龢为官数十载，并未在老家常熟添置产业，回到老家后竟无屋可居，无地可耕，只好租赁城中方塔前街张姓的几间房屋住下。他有诗写道：“自我归田庐，田庐无可归。赁屋方塔下，闭户聊息机。”堂堂宰相，如此清廉，实在难能可贵！最后落到穷得过不起年，只得将收藏的书画、朝珠送到典当，以度年关。

四

苏州人文质彬彬，以致旧时上海滩上流传“宁愿与苏州人相骂，不愿与宁波人讲话”的谚语。事实上，苏州人感情世界是极丰富的，就像平静的太湖有时也有风浪大作、咆哮汹涌一样，苏州人柔和、低调、不张扬，柔中有刚，在一些原则性的问题上，不会无原则地退让、迁就，更不会做任何的交易。苏州状元耿直正介，敢于直言，刚正不阿，甚至连生命也不顾，即使像吴宽这样的谦谦君子、好好先生，遇到原则性大事也会慷慨敢言。

宋代状元刘必成是个敢于直言的人。宋嘉熙元年（1237），“七士同叩阍，极言时事，必成实为之倡”（明正德《姑苏志》卷五十一）。考中状元后，他曾两次入阁轮对，在宋理宗赵昀面前慷慨陈述边事，援古证今，侃侃不挠，“上深褒美。次日宣谕宰臣曰：‘必成所言极好。’”后来，刘必成所言之事，“皆行之”。（清乾隆《姑苏府志》卷五十八）刘必成先任阁门舍人，后任青、浔知州，官至湖南安抚副使，卒于任上。著有《三分诗集》。

明弘治年间（1488—1505）连中状元的昆山毛澄、朱希周既是同乡，又是礼部同事，他俩都以直言敢谏著名。明武宗朱厚照是史上少有的昏君，荒淫无耻，荒唐可笑。他先是重用宦官刘瑾等“八虎”，让他们分居要职，擅权跋扈；后又宠信佞臣钱宁、江彬等人。为制止武宗的荒唐行为，身为礼部尚书的毛澄先后上疏数十次之多。明正德十二年（1517）八月，武宗因听说宣府（今河北宣化）多美人，便突然乔装微服出访，出昌平，至居庸关。刚上任三个月的礼部尚书毛澄率领侍郎王瓒、顾清等官疏请回宫。武宗根本不听劝告，反而派太监谷大用守关，拦截追谏的大臣。到宣府后，江彬为武宗特地建造了外镇国府第，将北京“豹房”中的珍玩、女御运至第内，武宗乐不思蜀，久留不返，还自称是“总督军务威武大将军总兵官”，不久又改称为“威武大将军朱寿”。毛澄频频疏谏，都不被理睬。翌年正月，武宗自宣府还京，自称打败了鞑靼小王子，取得了胜利，命令朝中文武百官一律戎装郊迎。毛澄认为这不合礼法，提出上疏，但武宗不听。四月，武宗下诏称“威武大将军总兵官朱寿统率六军”，再次外巡，抵山西大同，又自山西至陕西榆林，车驾所至抢掠良家女子数十车，以随其后，远近骚动，百姓纷纷逃匿。毛澄见皇帝如此不成体统，屡疏驰谏。十二月，毛澄联合廷臣再次疏谏，云："去岁正月以来，銮舆数驾，不遑宁居……臣等处重城，食厚禄，仰思圣体劳顿，根本空虚，遥望清尘，忧心如醉。伏祈趣驾速还，躬亲祼享，宗社臣民幸甚。"（《明史》卷一百九十一，下同）而武宗仍执迷不悟。

明正德十四年（1519）二月，明武宗还京不久，即谕礼部："总督军务威武大将军、总兵官、太师、镇国公朱寿遣往两畿，瞻东岳，奉安圣像，祈福安民。"毛澄见皇帝如此胡闹，联合 110 多位官吏上疏规劝，坚决阻止南巡。武宗恼羞成怒，竟下令逮捕 6 人，下锦衣卫狱；罚跪午门外 5 天的达 107 人，或杖死，或降职，或罢官。毛澄不顾自己生命安危，接连冒死上疏 5 次。在一片反对声中，武宗终于罢休南巡之举。是年六月，宁王朱宸濠在江西南昌起兵谋反，武宗要亲自出征，南下示威。毛澄等上疏，谏止皇帝亲征。武宗不听，只顾南下。后驻跸留都南京，久不回京。毛澄连连上疏，力争请还。明正德十五年（1520）十二月，都御史彭泽因平时与佞臣钱宁不睦，又与王琼有隔阂，王琼便借故弹劾、陷害彭泽。武宗命廷臣会议，众人都不敢发言辩护，毛澄独自站出来为彭泽辩白，主持公道，慷慨陈词，彭泽因此而免祸。

明正德十六年（1521）三月，明武宗猝死"豹房"后，毛澄、朱希周经历了一场"大礼议"之争。明武宗没有儿子，依照兄终弟及的祖训，毛澄与大学士梁储等到安陆（今湖北钟祥）迎朱厚熜（明世宗嘉靖皇帝）即位登基。明世宗的父亲朱祐杬是明宪宗朱见深（成化皇帝）的第四个儿子，封为兴王，明正德十四年（1519）死后，谥

“献”，故又称“兴献王”。嘉靖小皇帝即位没几天，便下诏令朝中大臣集议他亲生父亲的尊号和相应祭礼，意欲尊其父为皇帝。从此，围绕礼仪为焦点，明世宗与大臣前后争论了三年之久，这就是明代历史上著名的“大礼议”事件。在这场争论中，毛澄以礼部尚书身份，旁征博引，疏议尊明孝宗为皇考，改称世宗生父兴献王为皇叔父，兴献王妃为皇叔母，并联合大臣上谏。明世宗实在无奈，便派一名太监偷偷跑到毛澄府第，在毛澄面前长跪不起。毛澄见状，惊骇不已，急忙扶起，询问原委。太监说道：“这是皇上派我来的，人谁没有父母，请你尚书公务必带头更换疏议，以成全皇上。”说着，从怀中拿出一袋黄金珠宝，说啥也要给毛澄。毛澄勃然大怒，厉声说道：“老臣年老昏乱，但绝不能毁坏典礼！独有一议，不再参与议礼！”于是，毛澄以病为由，接连上疏乞归。明嘉靖二年（1523）二月，世宗答应毛澄致仕还乡。结果，毛澄病逝在归途中的兴济，皇帝深悼惜之，辍朝一日，赠少保，谥“文简”。后人评价毛澄“素宽厚，端恪不妄，交游平居，言不出口，至临大事，持大议，侃侃不可夺，其于是非义利之际，屹如也。可谓公正有守，得大臣之体者矣”（清康熙《昆山县志稿》卷十三）。

朱希周是明正德十六年（1521）到礼部任右侍郎的，刚上任即遇上“大礼议”之争。他作为毛澄的同事、部下，遵循典礼，抗疏争议。明嘉靖三年（1524），世宗诏令礼部，要称兴献王为恭穆皇帝，并催促礼部造具仪册。当时，朱希周独理部事，他率领郎中余才、汪必东等疏谏，曰：“陛下考孝宗、母昭圣三年矣，而更定之论忽从中出，则明诏为虚文，不足信天下。祭告为渎礼，何以感神祇。且‘本生’非贬词也，不妨正统，而亲之义寓焉。何嫌于此，而必欲去之，以滋天下之议。”（《明史》卷一百九十一，下同）群臣谏疏，都被留中。于是，大家决定到左顺门跪伏请愿。群臣伏阙时，朱希周先走告各部大臣：“群臣伏阙，公等岂能坐视？”并亲自参加跪伏行列。跪伏大臣越来越多，达到230多人，从上午辰时跪到午时（上午7时至下午1时），大臣们情绪激昂。其间，皇帝曾两次传谕，但大臣们仍不起来。明世宗大怒，派锦衣卫逮捕为首者。众人大哭，哭声震动阙廷。明世宗更加发怒，下令逮捕四品以下官吏134人，遭廷杖的五品以下官员共180余人，其中被锦衣卫杖死的有16人；命朱希周待罪，随时听候处理。朱希周不顾自己安危，上疏请求释放关押的官吏。翌年，朱希周被调任南京吏部尚书，不久受权贵排挤，后称病乞退。毛澄、朱希周两位状元在这场史无前例的“大礼议”事件中，都以恪守典礼、刚正不阿而赢得时人的称道。

文震孟是东林党魁，在天启、崇祯朝以敢于直谏而称誉朝野。文震孟才学卓著，品行端方，刚正贞介，以经论气节，领袖东林，自顾宪成、高攀龙之后，他“以故家硕望崛起，而执东林之牛耳，当世之士咸翕然归之，无异词焉”（陈去病《五石脂》）。他居官期间，正逢阉党专权。他不畏其威，先后触逆魏忠贤及其遗党，连遭廷杖、贬职，甚至削职为民。

明熹宗朱由校称帝（天启皇帝）后，由乳母客氏和宦官魏忠贤把持朝政。魏忠贤滥施刑罚，凡正直的大臣都被他诬以东林党的罪名，惨遭横祸。文震孟一出仕即置身家性命于不顾，挺身而出，从国家社稷的安危出发，抨击奸阉，议论政事。中状元才5个月，他即上《勤政讲学疏》，疏云：

今四方多故，无岁不蹙地陷城，覆军杀将，乃大小臣工卧薪尝胆之日。而因循粉饰，将使祖宗天下日销月削。非陛下大破常格，鼓舞豪杰心，天下事未知所终也。陛下昧爽临朝，寒暑靡辍，政非不勤。然鸿胪引奏，跪拜起立，如傀儡登场已耳。请按祖宗制，唱六部六科，则六部六科以次白事，纠弹敷奏，陛下与辅弼大臣面裁决焉。则圣智日益明习，而百执事各有奋心。若仅揭帖一纸，长跪一诺，北面一揖，安取此鸳行豸绣、横玉腰金者为。经筵日讲，临御有朝，学非不讲。然侍臣进读，铺叙文辞，如蒙师诵说已耳。祖宗之朝，君臣相对，如家人父子。咨访军国重事，闾阎隐微，情形毕照，奸诈无所藏，左右近习亦无缘蒙蔽。若仅尊严如神，上下拱手，经传典谟，徒循故事，安取此正笏垂绅、展书簪笔者为。且陛下既与群臣不洽，朝夕侍御不越中涓之辈，岂知帝王宏远规模。于是危如山海，而阁臣一出，莫挽偷安之习；惨如黔围，而抚臣坐视，不闻严谴之施。近日举动，尤可异者。邹元标去位，冯从吾杜门，首揆冢宰亦相率求退。空人国以营私窟，几似浊流之投。詈道学以逐名贤，有甚伪学之禁。唐宋末季，可为前鉴。

疏章落到魏忠贤手中，屏而不奏。乘天启皇帝看戏时，魏忠贤摘录疏中“傀儡登场”之语，说：“文震孟讲皇上是偶人傀儡，不杀无以示天下。”于是，天启皇帝传旨廷杖文震孟，贬职调外。一气之下，文震孟告归故里。

崇祯皇帝即位后，文震孟应召回京。他挺身而出，与魏忠贤遗党王永光作斗争，抗疏纠谬，结果又一次逆忤权臣，再次归隐家乡。明崇祯五年（1632），文震孟再次应召入京，擢为右庶子，嗣后又进少詹事。明崇祯八年（1635）七月，文震孟擢为礼部左侍郎兼东阁大学士，入阁辅政。入阁后，他与首辅温体仁不协，被劾落职，在位仅两个月。清初归庄《题吴郡名贤小记》云："公自登第，即以直言忤珰削籍；及居政地仅两月，又以权相相龁而罢。虽未有设施见于天下，而正直刚明之节概，天下皆信之矣！"（归庄《归庄集》卷四）后人称赞他"吴中三孟，文位最隆；绳愆纠谬，大臣流风"。文震孟品德高尚，刚正节气，不仅名震当时，且永垂后世。

清代顺治皇帝的"佳状元"徐元文也以敢于直谏著名。康熙初，开设捐例，即捐纳一定数量的钱粮便可以得到一个官职；如果三年内称职或不发生什么事，即可由上级官员保举，升转为其他的官；后来又准许捐银者可以免保举，直接迁转。这样，势必有一批有钱无才无德的人当官，而且谁钱多谁官就做得大，官场必将更加腐败。徐元文坚决反对这种鬻官办法，请求降诏。在廷议时，徐元文争了三天，不避权贵，直言相陈，阐述利害。最后，他的建议终于被采纳。福建总督姚启圣屡次纵恣谲诈，欺骗朝廷，浙江副都统高国相恣兵虐民，两淮巡盐御史堪泰徇庇贪官，候补御史萧鸣凤蔑礼轻狂等，徐元文都曾先后弹劾，从不畏惧强御权贵。

最令人敬佩的是他在康熙皇帝面前直谏，请停止派巡按一事。康熙皇帝即位后，为加强满族统治，准备派遣满族三品以上的大臣巡按全国各省。皇帝圣旨，谁敢违反，大臣们都默不作声，唯独徐元文极力上谏抗争。康熙皇帝问道："明代就有御史巡按的旧例，现在为何不可以有？"（《清史列传》卷九，下同）徐元文说："明代虽有巡按，但御史地位低，虽然允许参与弹劾督抚，然而巡按不称职，督抚反过来可以弹劾巡按，这样互相钳制、互相制约，所以没有什么大的害处。如今三品以上大员与督抚爵位相等，又有满汉亲疏之分，督抚岂敢贸然弹劾巡按？倘有贪婪之人恣行无忌，那老百姓将受害无穷！”康熙皇帝听了勃然作色，说道：“照你这样说来，我所派的竟无一个正派的啦！”徐元文顿首回答：“皇上选拣任命时，自然是妙极一时之选，但百密难免疏忽，何况人是要变的。在皇上身边，没有权力，自然都检敛廉洁；但当一旦衔命出使，远离京城朝廷，非真有操行者是不能始终如一的；再说所派的几十个人中，怎能做到人人都能坚守节操？假使有一个人品行不好，那么就有一省受害！”康熙皇帝听罢默然良久，最后废止了这个决定。当时，朝廷上的官员受到震慑，有的紧张得汗都出来了，只有徐元文侃侃而谈，就像平常一样。他还上疏请稳定西南，革除“三藩”弊政。

以文章著名天下的韩菼，平时沉默寡言，好像不善言辞似的，但遇到大事，则持论侃侃，刚直不阿。当年廷试之日，他在对策中，对吴三桂等“三藩”指陈深切，毫无顾忌，力言“三藩”当撤，皇帝为之动容。修永定河工程时，道府官吏采用捐纳办法，户部上疏请推广，独韩菼认为不可，坚决反对。祭酒阿理瑚奏请将已故大学士达海从祀文庙，韩菼在部议时说道：“从祀巨典，论定匪易。达海造国书，一艺耳，不合从祀之典！”御史郑惟孜上疏，说：“京城国子监生中多江、浙人，并有冒籍赴试者，请全部发回原籍应试。”韩菼驳斥道：“京师是首善之地，远人向化，闻风慕义而来。若因一两个不肖之子，便更改原来制定的规则，将国子监生统统驱除，太学空空，不是一个国家所应有的！”江南布政司张万禄亏空库银30余万两，朝廷将问罪，制府阿山上疏为张万禄辩解，说：“库银亏空，主要是皇帝多次南巡造成的，不是侵牟贪污。”（方苞《礼部尚书韩公墓表》，下同）有人乘机在康熙皇帝面前说：“阿山与张万禄是姻亲，所以帮张万禄说话。”康熙皇帝大怒，将此事交给九卿大臣议决。众人都认为阿山应该定为死罪“大辟”，韩菼则正色说道：“阿山与张万禄是姻亲，那是私情，但他所说的话却是事实，是公道的！”所以，后来康熙皇帝指责他：“九卿会议之处，不为国事直言，惟事瞻徇，所行殊不逮其学！”韩菼从此失宠。方苞说韩菼仕途一帆风顺，旦暮且入阁为相，似乎很快有希望当宰相，但是遭到同列忌之，最终没实现状元加宰相的愿望。

苏州状元为人正派，不喜欢巴结权贵以达到自己升官发财的目的。和珅是清乾隆时的权相，炙手可热，许多人纷纷上他的“贼船”，而苏州的毕沅、钱棨、潘世恩三位状元就是不买他的账，就是不肯上“贼船”。钱泳在《履园丛话》卷六曾记载一则毕沅冷待和珅的故事：

> 时和公相声威赫奕，欲令天下督抚皆欲奔走其门以为快，而先生（毕沅）澹然置之。五十四年夏，和相年四十，自宰相而下皆有币帛贺之。惟先生独赋诗十首，并检书画、铜磁数物为公相寿。余又曰：“公将以此诗入《冰山录》中耶？”先生默然。乃大悟，终其身不交和相。

以一张白纸，十首小诗以及书画、铜、磁（瓷）数物作为寿礼，是不得已而为之。场面上的礼已到，你这位贪得无厌的权相又能如何。这实在是棋高一着。

钱棨是清朝第一位“三元”，荣耀无比。和珅心想将他罗致自己门下，岂不为和氏门府增光？于是，他几次示意并托人表示愿意收钱棨为门生。钱棨本来对和珅的所作所为十分不满，恨透其人，说啥也不愿与和珅同流合污，意志坚不可夺。为此，和珅搞“鬼把戏”，更换上书房入直门单（考勤表），串通皇十七子，让乾隆皇帝到上书房去查看钱棨教习皇子皇孙学习的情况，又特地将钱棨支开。乾隆皇帝发现钱棨无故缺席，便作出“革职留任，八年无过，方准开复”的严厉处罚。后来，幸亏乾隆皇帝发现其中的问题，四年不到又擢升钱棨为右赞善。

潘世恩入朝后，和珅也多次想将他收为门人，而潘世恩屡招不应，为世人所称道。

五

孝、悌、忠、信、礼、义、廉、耻八德，是中华民族的传统美德，苏州状元在这方面也留下了许多美谈佳话。

明代吴宽仁厚慈善，重友情，讲义气。明人王锜《寓圃杂记》记载了两个故事：吴宽有位朋友叫贺恩，出身儒业之家，精通《易》学，“学者争集其门，终日恳恳，不厌指教，去而取科第者凡若干人，遂以‘易师’称吴中”（吴宽《解元贺君墓志铭》）。贺恩是明成化四年（1468）乡试第一名解元，而吴宽是同科举人。次年，例试礼部会试，结果贺恩因病不成。此后三试报罢，只身住在京城。原本身体虚弱，加上精神负担，状貌羸然，望之可惊，不久又染上了瘵疾，身边没有钱，旅店老板逼迫他搬走。吴宽毅然将他接到家里，专门腾出一室，并请来医生治病，煮药、膳、床褥等都亲自动手张罗，问寒问暖，倍加关心。明成化十九年（1483）十月三日，贺恩因病转剧而亡，吴宽掏钱为他买棺材、衣衾入殓，并身穿丧服，站在灵柩旁。有人来吊唁，吴宽一一代为应答跪拜致谢，早晚进出都作揖叩头。吴宽将其遗物一一收检，封识甚密，妥善保管；并将贺荣的妻子吴氏及两个幼小孩子收养家中；特地含泪撰写《解元贺君墓志铭》，铭文有“抱美玉兮来售，历长路兮止息……形惨惨兮魂茫茫，藐藐稚兮在吾侧……嗟死者之纷纷，奚名誉之籍籍。唯好修而有文宛……”之语。次年二月三十日，贺恩之兄贺慈扶柩回苏，身为翰林院修撰的吴宽又撰写《祭贺其荣文》，深情叙述两人多年亦师亦友的交往，不禁孤怀感伤，出涕涟涟；还特地赋《送贺其厚迎其弟解元其荣丧南归》，诗云：“临别匆匆把客裳，爱君谁比四明狂。只从门外看扶柩，肯信诗中咏阋墙。诸子读书应不废，故人沿路定相将。明朝我更成寥落，西馆尘生六尺床。”情真意切，感人至深。

吴宽父辈朋友何耕在乐会县（今海南岛东南）当县令，任满罢官后，因贫困而无钱回老家，旅泊在海南。正在这时，何耕的弟侄在苏州欠了官府许多钱，无法还债，巡抚牟俸发公函叫何耕即刻回来还官银。何耕接函后，立刻启程，妻子儿女都留在海南。何耕千里迢迢回到家，未进家门便被关进了牢门，而且一关三年，衣食不给，还常遭殴打。吴宽正好有事回苏州，听到此事后，就跑到巡抚衙门，一面恳求官府缓用刑罚，一面拿出所带的所有银钱；因银两不够，又写文章发起募捐，代何耕弟侄还清了欠款。何耕出狱后，跪在吴宽面前哭泣谢恩，何耕因妻子儿女在海南，又得返回海南，临行前，吴宽又给了一笔路费。

最为人感动的是为营救著名书画家唐寅，吴宽甘冒危险写信雪冤求情。唐寅才高遭嫉，因科场贿赂案而入狱，处境险恶。吴宽得知此事后，不顾自身安危，不怕受到牵连，主动写了一封《求情札》（又称《乞情帖》），为唐寅辩解雪冤，情真意切，反映了吴宽仗义执言的高尚品德。

朱希周性格恭谨，一循古礼，即便盛暑依旧衣冠必整，以事亲孝顺闻名乡里。他中状元后，因父亲在外为官，母亲一人家居，便称疾乞归，陪伴母亲。母亲逝世，他亲自扶棺至张家湾，“徒跣行六十里，人以为难”（清道光《昆新两县合志》卷二十）。而后父亲逝世，他又自旅邸徒跣回里，奔号承次（清康熙《昆山志稿》卷十四）。

顾鼎臣是父亲顾恂57岁时与家中婢女杨氏的私生子，一生下来就被顾恂老婆吴氏嫌弃，后被养父带到太湖之滨光福，拜镇上一位徐姓老先生为师。在徐老夫子的教育下，顾鼎臣学业大进。中状元后，他回到光福谢师，不料先生已去世，师母生活十分困难。师母为他煮茶，在水将开时，灶前突然断了柴，师母便将一把麻丝塞进灶膛，终于烧开了水。顾鼎臣见状百感交集，便拿出300两银子，以酬师恩。而师母决意不收，婉言谢绝。顾鼎臣回京后，伏案疾书，上奏皇帝，请求表彰师母。正德皇帝很为顾鼎臣真情所感动，特准定俸给以补助，以解徐老夫人暮年的后顾之忧。顾鼎臣出资为师母建造了一座“然松园”，亲自为“然松园”和“绩断厅”题词，表示不忘老师一家之恩。此厅全用楠木，直至20世纪70年代初才拆除。

文震孟从小懂事，七岁丧母，他哀痛哭泣感动旁人，被称为“孝童”“圣童”。后来父亲去世时，他更是悲痛欲绝，哀毁骨立，杖击不起。在父母墓前守孝三年，绝迹城里，吃的是蔬食，住的是草棚。他秉性耿直，嫉恶如仇，没有半点虚伪，没有丝毫圆滑，《明史》用“刚方贞介”四字概括其性格品德。这样的优秀品质实在是难得，后人赞美他“有古大臣风”。

清代状元韩菼对恩师徐乾学一往情深。徐乾学是韩菼的伯乐，因性格疏放、为官树敌太多而遭弹劾。清康熙二十九年（1690），徐乾学罢官回家，领书局于太湖中的洞庭东山，开馆修《大清一统志》。而他的对手仍不罢休，拼命寻找种种罪证，欲置他于死地而后快，因而他平时的朋友、门人纷纷躲避，不敢再与徐乾学来往。唯独韩菼百般宽慰，并挺身周旋，为徐氏兄弟辩白申诬，使其避免了大狱。知事者无不叹服他不图势利、始终如一的高贵品格。

彭定求曾以孝友著名当时。清康熙九年（1670），父亲彭珑在广东长宁县因逆忤知府而被诬，行将入狱。26 岁的彭定求得知消息后，在除夕之夜冒雪前往，渡钱塘，沿富春，过玉山，下瑞虹，溯章江，上赣石，取道信丰崎岖丛山、灌莽蛇虎之区，山水跋涉 4000 余里，历时 40 来天赶到广东长宁，见了父亲抱头痛哭，呜咽不能语，士民环观唏嘘，无不为之感动。他帮助父亲到广州求见巡抚，为父亲辩白雪冤，彭珑最终得以浩歌归田，绝事后之忧。清康熙二十八年（1689）正月，父亲在家病逝，当时彭定求因事在安徽凤阳，未能与父亲见上最后一面，他怆怛不自胜，终生内疚，一到家里，他扑抚在父亲的棺材上恸哭不绝。从此以后，每年父亲忌日前半月，他即斋居吃素，谢绝一切往来，哀慕如丧时，直至终身。他曾经倡修长洲学宫、先贤徐汧祠，镌刻同里王仁孝《语录》、汤斌《汤子遗书》。

状元徐陶璋是个孝子，丁忧父母丧，“三年泣血，未尝见齿”（清乾隆《元和县志》卷二十五，下同）。他生平居心和厚，交朋友乐易坦白，无机心械，曾经说道：“缯薄则裂，器薄则缺，薄未有可久者。”有人傲慢为难时，他则说：“我置其不善而思其善，则蒂芥不留于胸矣。”以“三元”著名的钱棨幼年即以孝顺闻名乡里，母亲高夫人病重时，他曾听别人说用亲人腿肉煎药可以治愈，毅然割下一块大腿肉，煎煮中药，给母亲服用。陆肯堂是天性孝友，笃于仁义。父亲早逝，他事奉祖父，抚养异母弟弟，都尽孝尽责。兄弟姐妹中有孤儿的，他都出资抚养，并都助成家业。陆增祥 10 岁时，父亲陆树熏因赶考而病死在京城。他一路膝行迎丧，路人无不感动。清道光二十四年（1844），兄弟同时考中举人，不久兄陆增福病死，家道中落，为奉养母亲、寡嫂，他一再放弃会试；后来母亲发了脾气，强令他进京应考，终于一举夺魁。

苏州末代状元陆润庠“一身兼祧两房”，继嗣伯伯陆绍修，伯伯逝世时，陆润庠只有 3 岁，仍由生身父母抚养。生父陆懋修去世后，他把生母程氏迎到京城侍奉养老，然而老太太因“水土不服，手足麻木”（1895 年 6 月 14 日《申报》12 版，下同），多次吵着要回去，最后回到了苏州，虽然年老，但饮食如当，生活还能自理。而陆润庠因“忝直内廷，荷蒙天恩优渥，未敢乞养”。清光绪二十一年（1895）春节后，79 岁的程氏血气就衰，出现中风症，“手足不能自运，近更语言蹇祉”，家中又无兄弟。陆润庠“闻信之下，方寸瞀乱，坐卧不安”。于是他向皇帝上疏请求归养，疏中写道：“想臣母病中思子尤有甚于臣之思母者，再四思维，惟有仰恳天恩，俯念臣家无兄弟，亲母衰病，恩准开缺回籍，俾得养亲。”

六

明代何良俊曾在《松窗梦语》中说过这样一段话：“苏州士风，大率前辈喜汲引后进，而后辈亦皆推重先达，有一善则褒崇赞述，无不备至。”作为士的代表——苏州状元都十分敬人爱才，很少沾有妒忌贤能的陋习。

明代苏州府第一位状元施槃发现并资助一位小和尚的故事，曾经传为一时美谈。明正统五年（1440）初，吴江有个大和尚曾携带其弟子到京城求渡，离京前去拜访了上一年刚中状元的少年施槃。施槃发现大和尚的徒弟神骨秀润，眼睛炯然，气质不俗，于是当即劝他改业习儒。在征得大和尚的同意后，施槃将小和尚收留了下来，并出钱供他读书。四个月后，施槃身染重病，临终前，他又将小和尚托付给松江钱溥，还出了一笔银钱，嘱托钱溥好好培养、教授小和尚。后来，这个小和尚果然考中举人，隶籍京师。20年后，当年的那个小和尚又回到吴江当县丞，特地买舟到吴县东山拜谒施槃墓，以谢当年之恩。他见墓地隘陋，而且近水，恸哭不已，即向彭巡抚申请，重新择地迁坟。巡抚准其所求。明天顺五年（1461），施槃墓迁至原墓东三里的偃月岗南麓，“匝以石垣，表以石门”，请当年同科进士钱溥重新撰写墓志铭，同时在施槃故居前建造了一座高大的“状元坊”。

明代申时行尊重人才，尊重文人，他与布衣王稚登友好交往一辈子更是传为佳话。申、王两人同里同庚，一个贵至宰相，一个是布衣终生，但是申时行始终特别尊重王稚登。沈德符《万历野获编》记载一则“元旦诗”故事：申时行为官时即与王相善，辞官回乡后，每年农历大年初一必作一首七言律诗以示王稚登，王稚登即和诗答谢，申时行收到后便把两首诗“并粘壁间，直至岁除不撤”；次年大年初一，申时行再作诗，王稚登再和诗，一直坚持到王稚登去世，“凡二十一年，岁岁皆然”。钱谦益亦载：“每岁除夕、元旦，与王伯谷倡酬赋诗，二十余年不阙。吴趋委巷，歌楼僧舍，词翰流传，互相矜重”

（钱谦益《列朝诗集小传》）。由此足以看出，申状元的处世为人及其人品。他“天性挚笃，事继母黄太夫人至老不衰；中表昆弟周恤备至；抚视徐氏一门如其族，伏腊祀之如其先”（叶向高《特进光禄大夫左柱国少师兼太子太师吏部尚书中极殿大学士赠太师谥文定申公墓志铭》，下同）。他曾购置申氏义庄良田800亩，“以赡其族”；指定其中150亩“以资贫士”。此外，申时行关心、支持苏州的公益事业，当官时曾捐俸修葺吴县学明伦堂；与韩世能倡修北寺塔，又倡议并捐款修建言子祠。辞官后，曾出钱修葺火神庙、文昌阁、光福塔、光福虎山桥等。明万历二十七年（1599），他捐田200亩填补吴县役田缺额。后又为县学捐田50亩，去世前还倡议捐修娄门石塘。

清代毕沅以礼贤下士著名当时，有古代孟尝君之遗风，是苏州历史上格局与成就最大的人物之一。他为人仁厚，博雅和易，见人有一善，必咨嗟称道；好施予，重然诺，笃于朋友；爱才若渴，身边常名士云集。时人潘瑛《国朝诗萃初集》云：

> （毕沅）生平经济恢宏，才兼文武。而好古爱才，有天下龙门之望。王梦楼侍读屡以公命见召。瑛以老母故，未获瞻韩。而吾乡余少云秀才、邓石如布衣，咸荷恩宠，备述风仪。

聂铣敏也说：“毕秋帆尚书节制两湖时，彭简斋、王梦楼、洪稚存诸前辈俱客署中，一时风雅特盛。”（聂铣敏《蓉峰诗话》卷七）《清代学人列传》中也有记载：

> 公识量闳远，喜愠不形于色。遇僚属以礼，不执己见，人人

皆得尽言……生平笃于故旧，尤好汲引后进，人有一艺长，必驰币驰请，惟恐其不来；来则厚资给之。一时名儒才士，悉为罗致幕下。每值公余，诗酒酬唱无虚日。

朋友门人谁有困难，他总是慷慨解囊，接济银子千百两也在所不惜。著名诗人黄景仁才气骏发，笔力矫健，然而脾气怪癖，狷狭寡谐，不愿出仕，不肯做官，又没有朋友资助，因此生活贫寒。一天，毕沅读到他“一家俱在西风里，九月寒衣未剪裁”的诗句，马上派人送去银子 50 两。后来，毕沅又为他出资谋得县丞之职，可惜黄景仁未来得及到任便病逝。于是，毕沅又出资抚养其母亲，还为他整理出版诗集。程晋芳初入幕府时，毕沅即勉励他多读些书，程晋芳回答自己没有钱买书。毕沅当即传令：“程老爷倘若买书，只请给钱便是。”程晋芳因此得以博览群籍，后来考中进士，在翰林院当了 10 年编修。程晋芳因慷慨好客而负债累累，无奈之下告假赴陕找毕沅。到毕沅府署住了一个月后，程晋芳便逝世，毕沅素衣哭泣，设主受席，经纪其丧，赡其遗孤，代他偿还债务，并派人送其灵柩回江苏。

在毕沅幕府里待得最久的是阳湖（今常州市）孙星衍。他是“毗陵七子”之一，清乾隆五十二年（1787）榜眼，著名藏书家、目录学家、校勘学家、书法家、经学家，袁枚称他为“天下奇才”。此人恃才傲慢，脾气古怪，不拘礼俗，“狂而好狎侮人”，还喜欢骂人，毕沅幕下门客都讨厌他。有一次，严长明等人忍无可忍，联名写了一张揭帖，要求毕沅驱逐孙星衍，最后说：“如果留孙某者，众人即卷堂大散。”毕沅听了很不高兴，说道：“我请来的人，你们怎么能赶走呢？即使不与他共处，也还是有别的办法啊。”于是特地为孙星衍构筑一室，让他单独居住，待遇比以前更好，还增加薪俸。洪亮吉作为一名亲历者，曾深有感慨地说道："公爱士尤笃，闻有一艺长必驰币聘请，惟恐其不来，来则厚资给之。余与孙兵备星衍留幕府最久，擢第后始散去。"著名文人汪中与毕沅没有见过面，有一次跑到毕沅衙门，递给门卫一张小纸条，只说住在某某客店，转身便走。纸条上写道："天下有汪中，先生无不知之理；天下有先生，汪中无穷困之理。"毕沅拿到纸条后，哈哈大笑，立即派人送去白银500两。毕沅宽宏而有雅量，一次路过一座寺院，老僧出来热情招待，两人谈得十分投机，毕沅忽然开玩笑地问道："一部《法华经》，不知有多少个阿弥陀佛？"老僧从容而道："荒寺老衲，深愧钝根。大人是天上文曲星，作福全陕，自有夙悟，不知一部四书有多少个'子曰'？"毕沅不禁一愣，深赏老僧机敏狡黠，是个人才，于是捐俸置田，作为庙产，并出资修葺寺院。其爱才惜才竟然如此，实在难得。苏州状元尊重人才，尊重知识，由此亦可见一斑。

康熙时的徐元文在这方面也做得十分突出。清康熙十八年（1679），徐文元被任命为《明史》监修总裁官，为了修好这部一代之书，他不顾别人劝告，疏请征求天下遗书，同时疏荐聘请一批反清的硕儒遗老，如李清、顾炎武、黄宗羲等。后来，顾炎武、黄宗羲以"老疾不能就道"为由，不愿合作，不肯参加修撰工作，徐元文便组织力量搜集他们所著的书籍，还派人上门请益征求意见。后又以史馆需要人，荐举当年不愿参加博学鸿儒科的曹溶、汪懋、黄虞稷、姜宸英等人。这批人都有明显的反清复明情绪，其著述中反清的"反动言论"也不少，而徐元文积极举荐，需要多大的勇气，冒多大的风险！

潘世恩力荐林则徐、姚莹，颇受后人称道。鸦片战争爆发后，在如何对待洋人与洋务这个问题上，朝廷内外态度不一。有人主张坚封疆域大门，不与接触；有人主张疆域大门照开，正常合理的商贸交往要坚持，只是对帝国主义用鸦片毒害中国人民应予以严厉打击。当时，两广总督林则徐针对御史骆秉章条陈有关办理洋务的奏疏，提出了处理洋务的五条章程，道光皇帝将此章程提交军机处议论。潘世恩在会议上坚决支持林则徐，他说："招徕之道，得其情而后可以服其心；而制驭之方，峻其防而后可以祛其弊。未有内治不严，而能使外夷畏威奉法者也。该督等所议定章程五条，或为变通旧例，或循守成规。通商所以裕民，贵兴利而除弊；抚近即以柔远，在因时而制宜。应如所请，行之以实，持之以恒，则夷情悦服而海防肃清矣。"（《清史列传》卷四十，下同）在他的支持下，这些章程得以推行。清道光三十年（1850）三月，咸丰皇帝即位后诏举人才。潘世恩不顾自己82岁高龄，向朝廷极力推荐林则徐，称林则徐是"历任封疆，有体有用。所居民乐，所去民思"，林则徐因此得以大用。同时，他还保举因奋力抵抗英军而遭投降派耆英打击的前福建、台湾道姚莹。为国为民，寻觅人才，高风亮节，品德模范。

维新变法运动的主要人物康有为是经翁同龢发现并推荐给光绪皇帝的。清光绪十四年（1888）十一月，康有为在从广东南海到北京参加顺天府乡试期间，曾投书翁同龢和潘祖荫等人，其所作的形势分析给翁同龢留下了深刻印象，认为康有为乃天下奇才。清光绪二十一年（1895）春，康有为偕同弟子梁启超等人入京参加会试，而翁同龢正好担任此科阅卷大臣。据王庆保《驿舍探幽录》载，康有为本来并未被录取，是翁同龢在搜集落卷时，特地将其卷子找出来，康有为才得以中式，并被确定为第三名的。又据康有为自编年谱载，殿试时，翁同龢打算拟康有为为状元，“有援用之意”，但因另一个阅卷大臣李文田的阻挠而未果，最后只中了二甲第四十六名，翁同龢为此深表惋惜。后来，翁同龢向光绪皇帝力荐康有为通晓时事，才可大用；当光绪皇帝问康有为的才能时，翁同龢认为康有为“才胜臣十倍”。可以这样说，没有翁同龢这位“伯乐”，康有为这匹“千里马”只能老死厩中；没有翁同龢的推荐和帮助，康有为的维新主张不可能实施，历史上也就没有“戊戌变法”。

七

在热心社会公益、文化教育事业，造福桑梓的事情上，苏州状元大多不遗余力。清代石韫玉晚年在家乡积极参与善堂、义局，修桥铺路，修寺观，施絮糜等社会慈善事业。据顾震涛《吴门表隐》记载，清道光八年（1828），石韫玉与另一名苏州状元吴廷琛等倡议在沧浪亭西修建吴郡名贤总祠（俗称“五百名贤祠”），“各系赞语，端书勒石”，以旌表先贤，激励后人；并且还采集无像郡贤千百人，亲书位式，呈请附祀。清道光十二年（1832）自夏至秋，苏州持续干旱，大田龟坼，居民饮水都是问题，巡抚林则徐忧心如焚。告假在家的石韫玉将光福铜观音像自宋以来祈雨祷晴无不灵应的信息告诉给林则徐。为了百姓生活，林则徐入乡随俗，派布政使梁章钜、陈銮、按察使额滕伊等于七月二十五日（8月20日）到光福，将铜观音像迎入苏州城，供奉于天宫寺，亲自率众官焚香致敬，“三日而雨。初一又雨，至初五日，大雨滂沱一昼夜”（石韫玉《观世音菩萨铜像灵应记》，下同），旱灾得以解除，“岁事转歉为丰，百姓踊跃，欢声遍于四野”。第二年春夏，苏州霪雨不止，至秋天农田大批庄稼被淹死，稻谷都烂在田里。林则徐带领官员再次到光福，请铜观音像入城以祈晴，迎供于盘门开元寺，焚香祭祀，不日天气便转晴。此后，石韫玉参与重修光福寺，并亲自出面延请高僧主持光福寺。

清道光十二年（1832），石韫玉参与重建祭祀汪琬、韩菼、顾希喆、张大受、惠士奇、尤侗、宋实颖的“广乡贤祠”，并亲自书题“后进之师”匾额，撰书“作者七人仕学皆成盛业，奋乎百世乡邦长诵清芬”楹联。清道光十四年（1834），苏州发大水，石韫玉虽年迈生病，仍带头捐款赈饥。苏州定慧寺后有纪念宋朝苏东坡的苏公祠，祠内有苏文忠公像及所书《归去来辞碑》，年久而废。是年，石韫玉联合状元吴廷琛、郡绅顾沅、按察使李彦章倡议重建。在他的影响下，总督陶澍、巡抚林则徐、织造豫堃、布政使陈銮、按察使怡良、盐运使俞德渊等率属捐廉助成。清道光十六年（1836），他倡修吴县学宫。是年，朝廷下诏采访贞节，他与蒋庆均等同邑绅士专门设局，下里弄，跑乡村，采得未旌者3000余口，咸荷旌典。同年，他与程仁藻等捐募重建娄门宋朝古桥——永安桥。石韫玉曾先后主讲杭州紫阳书院、江宁尊经书院，直至病逝，20余年间培育了众多弟子，为吴地的文化教育事业作出了巨大贡献。其门人、江苏巡抚陶澍称他“凡乡中有善举，公必出为领袖，始终无倦”（陶澍《陶文毅全集》卷四十五）。

状元吴廷琛回到家乡后，应聘担任苏州正谊书院掌院，讲经传学，培养学子不遗余力。期间，有关苏州赈荒歉、筑郡城、立祠堂、济穷困等社会公益之举，他都积极支持，肩任无少。苏州城里市河纵横交贯，由于长年不疏浚，河道淤塞不畅，清道光十五年（1835）春，他与潘师乾等倡议疏浚，并出资捐钱，使苏州的河道及环境得到明显改善。清道光二十一年（1841），他倡议重修长洲、元和合用的县学（俗称“长元学宫”），“首葺大成殿，次启圣祠、东西两庑以及棂星门、黉门、戟门，四围缭垣以次修整”，历时9个月，共花费银子3000余两，“构坚致丹，臒炳蔚琛”（吴廷琛《重修长元县学记》），并亲自撰写重修记。

最值得一提的是，明代顾鼎臣曾疏请筑昆山城，以御倭寇。昆山县城早期时列竹为栅，至宋代仍然如此。元至正十七年（1357），知州费复初为防浙东海寇，始筑土城。因为没有坚固的城墙，所以屡遭海寇骚扰。明嘉靖五年（1526），邑人都御史周伦以昆山濒临东海要地，屡遭倭寇抢盗，疏请筑砖城，没有结果。嘉靖十七年（1538），顾鼎臣入阁后，想到家乡濒临大海，土城倾圮，常遭海寇抢劫，于是传言巡抚欧阳铎、巡按御史陈蕙、知府王仪，疏请沿海无城墙的州县次第修筑砖石城墙，以防倭寇。他亲自拟就《筑造城垣保安地方疏》云：

> 巡抚应天等府地玄都察院右副都御史欧阳铎题云云等因，奉圣旨“该部知道，钦此”，续该巡按御史陈蕙题前因，通抄到司，案呈到部，臣等看得直隶苏州府所属一州七县，实东南财赋渊薮，每岁供亿糙白粮米、金花银、绢布及课办料解等项，通计三百八十余万。府州县仓库收贮、转缴钱粮，动以百十万计。但地方东临大海，西滨震泽，北并大江，南通湖泖，盐徒、海盗时常窃发，势甚猖獗，不无觊觎窥伺。而昆山一县尤为屏蔽要地。旧有城垣，颓废已久，近年以来，即被盐盗烧劫，居民惊惧。虽经节议修筑，切缘前此官司任事不力，以致因循岁月，迄无成功。

今该抚、按官勘估议处，思欲保障地方，以为公私经久之计。会题前来，又称人民乐于听从趋事，相应依拟，合候命下。本部移咨巡抚、右副都御史欧阳铎，及咨都察院，转行巡按监察御史陈蕙，各照原议事理，将用银两于该县丁田内查数均派，倘再不敷，仍行该府陆续处给，买办物料，雇倩丁夫，选委贤能官员，专一管理。务使费少功多，一劳永逸，勿得迁延縻费，贻累地方，责有所归。中间未尽事宜仍听抚、按官临时计处，工完之日，各令造册，奏交清册，送部查考。其他州县城垣相应修筑者，亦听议拟，斟酌缓急，次第举行。缘系筑造城垣，保安地

昆山顾鼎臣崇功祠

方，及圣旨“该部知道”，事理未敢擅便，谨题请旨。

经他奏准，昆山首先修筑城墙。他又带头捐出皇帝给他的“惠养故旧”赐金，为士民倡导，云：“昔疏广以天子之赍惠养故旧，吾欲用之筑城。”此次筑城是在元代土墙遗址上，“入木于土，累石于足，封砖于表”（清康熙《昆山县志稿》卷二，下同）。明嘉靖十八年（1539）二月动工，次年五月竣工，总共花费“白金四万八千余两”。新城墙“周一十二里，计长二千三百八十七丈，高二丈八尺，垛四千五百八十七”；筑旱门六座，水门五座，“为雉堞四千五百八十七垛”；城外濠河，“长二千三百五十九丈，宽六丈，深五尺”。这种用木桩为筋，以石为基，用砖块包砌的城墙，在当时可称得上是固若金汤的建筑工程。此后，昆山人民凭据这坚固的城墙，多次击退倭寇的侵犯，其中明嘉靖三十三年（1554）坚守90天，昆山城得以保住，使城内居民及附近乡民数十万人幸免于难。为纪念顾鼎臣上疏筑城之功德，明嘉靖三十八年（1559），巡抚都御史张景贤具奏，在昆山马鞍山阳慧聚寺法华堂故址修建“崇功祠”，大学士赵贞吉撰写《太子太保文康顾公崇功祠碑记》。其碑记刻石，至今保存完好。

八

提起苏州状元，人们常常会将其与风流才子联系起来，以为他们都是些拈花惹草的情场老手，大概是受“唐伯虎点秋香”之类戏文的误导。其实，苏州状元的行为相当检点，还留下不少夫唱妇随、夫妻恩爱的佳话。

明代朱希周科场得意，24岁便高中状元。他的婚姻也比较美满，夫妻真心相爱，相敬如宾，感情笃深。封建社会，男子纳妾是正常的事，达官显贵无不妻妾成群，仆僮如云。然而，朱希周一生没有纳妾。妻子死后，他独居兀坐终日，几席无倾倚，对亡妻眷念至深，并且再未续弦。这在当时社会实属罕见。

文震孟与夫人陆氏是表姊弟。陆氏长二岁，17 岁嫁到文家，婚后夫妻十分恩爱。为支持丈夫专心应考，让他庐居天池山竺坞安心读书，陆氏承担起全部家务，日夜操劳，含辛茹苦。文震孟在科场屡屡失利，夫人总是给予安慰。明万历三十八年（1610）四月，39 岁的陆氏不幸病故，文震孟自己再次落第，双重打击使文震孟悲痛欲绝。12 年之后，年近五旬的文震孟终于金榜题名，授官任职，陆氏遂有宜人之赠，又有孝妇之褒。文震孟感慨万状，思念亡妻恩德，乃将其改葬新阡；又不远百里到常熟求好友钱谦益为妻子撰墓志铭。他对钱谦益动情地说："妻子嫁到我家凡 23 年，平时从不戴珠玑之饰，也不御纨绮之衣。有一次想换一个藤枕，左思右想，因需 50 钱而作罢。对这些吾妻都能怡然处之。当年病危时，她曾嘱咐家人以嫁时衣作敛，并说不用美木，不用厚葬。这是考虑到我不富裕……想到这些，我怎能无腹悲痛呢！"（钱谦益《收斋初学集》卷五十八，下同）文震孟深知妻子志向意趣，所以特恳请钱谦益作铭，说道："吾妻自幼读书，识道理，其生前尤知文章为可贵。"钱谦益亦为之感动，援笔立就，赞评道："以文起为之夫，而闺门之相助，俨若执友，似续之计，至脱簪珥以图之也，可不谓令妻乎？""宜人之相文起，盖夫妇而朋友者，禽息之精阴庆，而鲍叔之魂默举，我知其亦若是则已矣。"又说，乃"天作之合，以相文起者也，相之于鸿鹄未孚之日，迨其毛羽丰矣，六翮成矣，中道弃之，而不及见其遐举，此文起之所以腹悲而未已也”。文震孟夫妇真可谓天作一双，地造一对。文震孟在妻子病逝后决不再娶，仅有陆氏为他觅置的侧室袁氏为伴。

毕沅夫人汪氏，相传是“其尊人祷于黄山神，梦神以绿衣女子畀之，遂生”（李调元《雨村诗话》卷二），漂亮、聪明、贤惠，结婚后伉俪甚笃，结果30多岁病故。毕沅悲痛欲绝，曾作有《江雨山房》悼亡诗32首，追思夫妻感情。李调元于清乾隆三十六年（1771）路过西安时，见到这些悼亡诗，不禁赋诗称颂，其中有“云鹣连理恨无穷，伉俪凄然一卷中”之句。汪氏病逝时，毕沅还不到40岁，而他“终身不复娶”（王昶《赠太子太保毕公沅神道碑》）。

另一位苏州状元潘世恩对妻子的感情也笃深。潘世恩考中举人后结婚，燕尔新婚，小两口热热乎乎，同进同出，形影不离，潘世恩甚至打算放弃进京赶考的机会。潘家父母担心儿子过度沉溺于儿女私情，荒废学业，影响前程，便暗中说通儿媳妇，假装反目，遂使潘世恩发奋苦读，全力准备赴京会试。而等到潘世恩于清乾隆五十八年（1793）中状元回来时，爱妻却已经因抑郁而死去。他在妻子像前嚎啕大哭，责怪父母逼他赶考，失去爱妻。他痛悔欲绝，甚至打算出家做和尚，以示忏悔。后来，他岳父谢长源出面，另觅一汪氏女子，称是潘妻的妹妹，说服他续娶。开始他信以为真，同意成婚，后来发现上当，懊悔不已。尽管后来潘世恩有汪氏、有侧室，生了五子五女，但数十年如一日，始终不忘结发之妻，每当忌辰，总要祭奠一番，真可称作是一位有情有义的状元公。

翁同龢也很重夫妻情义，其爱妻汤孟淑是父亲翁心存师座汤金钊的孙女，聪明贤慧，两人感情笃深。清咸丰八年（1858），汤氏缠绵病榻，不幸撒手人寰。临终前，汤氏与翁同龢执手相看泪眼，劝翁同龢不要以己为念，早日续娶，并勉励翁同龢为臣当忠，为子当孝，不要因为自己的亡故而误了功名。翁同龢肝肠寸断，伤痛不能自抑，发誓终身不再娶。翁同龢天阉无子，嗣兄子曾翰。

民间珍闻　茶余谈资
——苏州状元的逸事

如果搞项社会调查，人们茶余饭后闲谈最多的苏州状元是谁？恐怕要数洪钧为第一。他年近半百时纳妓女赛金花（原名傅彩云）为妾，一时传为“艳事”，至今仍为人津津乐道。

清光绪十年（1884），洪钧因母亲去世，回家丁忧守孝。两年后复职回京，临行之前，友人请他到花船上吃花酒，巧遇傅彩云。傅彩云，亦叫赵彩云，原籍安徽，出生于苏州。她天生丽质，才姿俱佳，活泼伶俐，甚得洪钧欢喜。后经朋友牵线，洪钧出钱替傅彩云赎身。清光绪十三年（1887）正月十四日，洪钧正式将其娶进家门。是年，洪钧49岁，傅彩云年方16（一说24岁）。不久，洪钧出使俄、德、奥、荷等欧洲四国，傅彩云作为状元大使夫人出尽风头。洪钧曾带她拜见过德国国王与皇后，也曾见过欧洲“铁血宰相”俾斯麦。在德国时，傅彩云生了一个女孩，取名“德官”。他们曾游历过海牙、维也纳，到过法国巴黎、英国伦敦。洪钧与傅彩云一起生活了六年。清光绪十九年（1893）八月，年仅55岁的洪钧在京病逝，傅彩云被迫离开洪家，无奈之下到上海重操青楼旧业。消息传到苏州，状元陆润庠等苏州士绅认为傅彩云有损苏州人脸面，遂迫使她离开上海。无奈，傅彩云只得辗转天津、北京等地，先改名“曹梦兰”，后以“赛金花”之名闻名全国。

常熟籍作家曾朴以洪钧与赛金花的故事为素材，创作了一部小说《孽海花》，成为近代“四大谴责”小说之一。曾朴在小说第二回中写道：

民国版《孽海花》书影

胪唱出来，那一甲第三名探花黄文载，是山西稷人；第二名榜眼王慈源，是湖南善化人。第一名状元是谁呢？却是姓金名汮，是江苏吴县人。我想列位国民，没有看过《登科记》，不晓得状元的出色价值。这是地球各国，只有独一无二之中国方始有的；而且积三年出一个，要累代阴功积德，一生见色不乱，京中人情熟透，文章颂扬得体，方才合配。这叫做群仙领袖，天子门生，一种富贵聪明，那苏东坡、李太白还要退避三舍，何况英国的培根、法国的卢骚（梭）呢？

小说家之言虽然是为了吸引读者眼球，但是确实生动、形象地反映了曾朴及其所处时代的人们心态，对状元的羡慕、敬仰之情溢于言表；

状元的故事，始终为人津津乐道，且其乐无穷。

苏州状元多，留下的故事与古迹亦多。状元的故事及其留下的古迹已经成为苏州文化的重要内容之一。

一

南宋初年，苏州民间流传着两句谶语：一句是“穹窿石移，状元来归”，另一句是“潮至夷亭出状元”。

穹窿，指的是苏州城西 20 多公里处的穹窿山，海拔高度 340 余米，但是在一马平川的水乡平原已堪称是高大山峰，素有“吴中第一峰”之称。夷亭（后称唯亭，今属苏州工业园区），在苏州古城东边 15 公里、“昆山县西三十五里”（范成大《吴郡志》卷四十四）处，相传春秋时吴王阖闾带兵抵御东夷，曾在此安营建亭，由此得名。当时，此地虽然距离大海较近，但自古无江海潮汐光临。穹窿石移，潮至夷亭，似乎是不可思议的事情，但苏州城里城外的男女老少都有心无心地传唱着这两句谶语。其实，这却却是反映了苏州人对状元企盼的急切心情，同时也说明状元文化已深入苏州百姓之心。

宋代实行文官治国，扩大取士范围，所取进士数与唐代相比，平均每榜多出几倍，甚至几十倍、几百倍。据徐松《登科记考》统计，唐太宗在位 23 年期间，每榜平均录取进士仅 9 人。整个唐代每榜录取进士平均不到 30 名，最少的是唐永徽五年（654）甲寅科，仅录取进士 1 名，最多的是唐咸亨四年（673）癸酉科，录取进士 79 名。然而，宋代平均每榜录取进士达 360 名，最多的为宋宝庆二年（1226）丙戌科，录取进士竟多达 987 名，创下科举史上单榜录取人数最多之最。宋代科举还有一个特别奇怪现象，因害怕读书人因屡次考不中进士而犯上作乱，所以在正常取录之外，还有“特奏名”进士，优待多次落榜举子，以收买人心。宋淳祐四年（1244）甲辰科，吴江就出了一名“特奏名状元”魏汝贤。

北宋时，苏州井邑之富，过于唐世，冠盖之多，人物之盛，为东南冠。然而，北宋160余年间状元出了一个又一个，就是与苏州无缘。南宋偏安东南，给苏州文人带来千载难逢的好机会，但是数十年过去了，就是不见苏州人夺魁折桂，这怎能不让苏州人心焦着急。

宋淳熙八年（1181）春天，一场大雨，倾盆如注，没头没脑地下了好几天，穹窿山突然山洪暴发（民间俗称“出蛟”），山下的人听到响声，纷纷叫喊道：“山里出蛟啦！山里出蛟啦！”“蛟龙”将山上一块巨石冲走了好几里，“自东徙西，屹立如植”（范成大《吴郡志》卷四十四，下同），石块移动所经之处，茅草碾压偃伏，一直滚到茅蓬坞里才停止。说来正巧亦奇，是年辛丑科考试，平江府参加岁贡的举子全都落第，唯有吴县人黄由以“国学解”中式，殿试时，黄由一举夺魁，成为宋代220年以来的第一位苏州状元，终于圆了苏州人的状

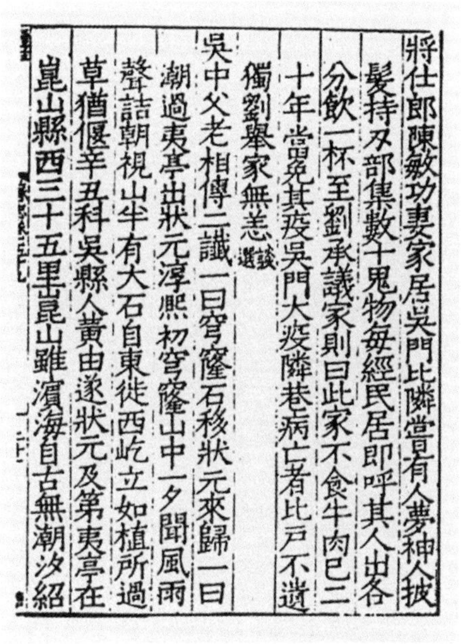
將仕郎陳畝功妻家居吳門比隣嘗見有人夢神人披髮持叉部集數十鬼物每經民居即呼其人出各分飲一杯至劉承議家則曰此家不食牛肉已三十年當免其疫吳門大疫隣巷病亡者比户不遺獨劉舉家無恙遯齋
吳中父老相傳二讖一曰穹窿石移狀元來歸一曰潮過夷亭出狀元淳熙初穹窿山中一夕鬬風雨聲詰朝視山半有大石自東徙西屹立如植所過草猶偃辛丑科吳縣人黃由遂狀元及第夷亭在崑山縣西三十五里崑山雖濱海自古無潮汐紹

《吴郡志》书影

元梦。以致有人将他当作是苏州第一位状元，范成大云："吴郡，自隋唐设进士科以来，未尝有魁天下者……辛丑科，吴县人黄由子由遂状元及第。"明洪武《苏州府志》、正德《姑苏志》都沿用此材料，均有"吴自设科以来，由始冠多士"的记述。

黄由大魁天下的消息传到苏州，苏州上下轰动，无不欢欣鼓舞。时任平江知府的韩彦质特为黄由竖立"状元坊"，以表其闾。这是苏州第一个状元坊，从此形成惯例，凡有人考中状元，苏州地方官便在其所居处立状元坊，旌表状元，激励乡里后学之士。

"穹窿石移，状元来归"之谶应了验，而"潮至夷亭出状元"迟迟不见兑现。宋绍兴年间（1131—1162），曾有潮水涌到过昆山城廓，但并没有出状元，人们开始怀疑此谶语。宋淳熙十一年（1184），即黄由中状元后的第三年，有一个道士云游至昆山，又诵唱起"潮至夷亭出状元"，正巧被定居昆山的侍御史李衡听到，便告知昆山县令叶自强。叶县令期才心切，便在距离昆山县城西南二里四十步的驷马桥水滨处、夷亭章家桥旁各建造了一座"问潮馆"。是年，大海潮水果真涌过夷亭。而这一年科考放榜，昆山卫泾考中状元，一时"天下传以为奇事"（范成大《吴郡志》卷四十四）。

东海涌来的这股潮水惠泽苏州大地几百年。"潮至夷亭出状元"的故事，跨逾了元代，在明代曾经激起了几朵浪花，弘治初连岁大水，潮涌过夷亭，毛澄、朱希周、顾鼎臣相继大魁天下，接连出了三个状元。其中顾鼎臣中状元还另有一段故事：明弘治五年（1492年）、弘治八年（1495）两年秋天，都有潮水涌过夷亭，毛澄、朱希周分别于第二年考中状元，人们已经称奇不已。到了明弘治十七年（1504）秋，潮水再一次涌过夷亭。消息很快传到了京城，已在朝廷做官的毛澄听闻此事很高兴，一次他出门邂逅少师李东阳，顺便谈及家乡潮水再现的事。李东阳听了哈哈大笑，说道："潮水数次应护昆山一邑，本朝已经连得了二个状元，怎么能再次应灵，再是你们昆山人中状元的啊？"不料，翌年春再次应验，顾鼎臣又状元夺魁。"于是，潮护益征信，传播天下，啧啧称奇事也。"（顾梦生《重建问潮馆记》）

据地方志记载，昆山问潮馆于宋淳祐年间（1241—1252）、明景泰三年（1452），知县项泽、吴昭分别缮葺、重修。明嘉靖年间（1522—1566），昆山知县宋伊又重建，并且在昆山县城东东门外新建"候潮馆"。

唯亭问潮馆旁边的章家桥，在卫泾中状元后改称"状元桥"，桥下那条河也改称为"状元泾"，桥亦因此又称"状元泾桥"。每年八月十五"元泾听潮"，成为唯亭当地一大习俗，并列为唯亭八景之一。明代文人归圣脉《元泾听潮》诗云：

状元桥畔有湖亭，八月潮来夜半听。
浪涌溪头来瀚海，名传宇内耀文星。
龙腾自是符天纪，鳌占应须识地灵。
百谷朝宗旋转至，滔滔雄荐绕王庭。

到问潮馆、状元泾桥参观游览的人络绎不绝，骚人墨客凭吊古迹，聊发思古之幽情。清代徐崧《唯亭问潮馆》诗云：

千年鸭脚树婆娑，亭畔行舟日夜过。
莫问海潮重到未，状元吾郡自来多。

朱瑢《唯亭问潮馆》诗云：

> 锁钥吴门此一丘，传闻谶语道家流。
> 淳熙以后潮常到，多少名流占状头。

清代，“潮到夷亭出状元”同样有几番精彩演绎。钱思元《吴门补乘》卷八记载：

> 吴中古谚云：“潮到夷亭出状元。”乾隆丙戌，潮至娄门，是科状元吴县张酉峰书勋，居枫桥。己丑，潮又至，状元元和陈永斋哲初，居葑门狮子口。至辛卯恩科，潮直进城，状元为黄小华轩，休宁籍，居潘时用巷。数里之间，三出大魁，诚为古今希有盛事。宋时，闽中诗云：“冲峰龟岭与龙屿，三处山川壮矣哉。相去其间只百里，七年三度状元来。”视此犹为稍逊矣。后，辛丑长洲家湘舲公棨、庚戌吴县石琢堂韫玉、癸丑吴县潘芝轩世恩，三人接踵抡元，俱有瑞潮之应。

不仅苏州本地人受惠得益，就连暂居在苏州城里的安徽人黄轩也得到了实惠。

古代科学不发达，人们常常会把大自然中的一些现象与人类联系起来。明宣德九年（1434），巡抚周忱、知府况钟出资在苏州通和坊新建吴县县学。明正统三年（1438）夏天，县学荷花池里一株荷花茎竟开出三朵鲜丽的花朵，十分罕见。是年秋乡试，吴县周郁、张璥、施槃同时考中举人，一时传为奇事。翌年，施槃考中状元，成为明代开科以来苏州府的第一位状元，距宋咸淳四年（1268）己丑科状元阮登炳115年，中间隔了整整一个元代。因此，吴中士大夫“相与具牲，设奠于先师，遂置酒合乐”（清道光《苏州府志》卷一百四十五），为郡守庆贺。苏州卫指挥谢钦、通判潘叔正、推官方矩、照磨赵中、知县吴复，以及邑人刑部主事赵伦、监察御史柳华、翰林院侍讲刘铉等都参加盛会，刘铉特地作诗纪此盛事。这首《贺况郡侯新建吴县学出状元诗并序》，由邹胤书写并勒石刻碑。此碑至今保存在苏州碑刻博物馆内。另有传说，明正统三年（1438）八月，太湖水忽涨四尺许，浸洞庭山麓。太湖不通海，本无潮涨潮落，而且八月是枯水期，出现如此大涨，人们认为必是异兆。果然，洞庭东山人施槃乡试中式，明年又状元及第。

可惜施槃中状元后不及一年，便突然病逝，年仅24虚岁。据钱溥《翰林院修撰施君宗铭改葬铭》记载，施槃得病原因及致死过程其实非常简单，是年五月十一日，施槃一朝去上班，途中遇到了一场大风雨，结果感寒生病，竟然一病不起，五天后就死了。可见按照现代医学，施槃的死是完全可以避免的，如果他那天带了雨具，如果他那天乘坐轿或马车，如果他生病后能有好医生及时治疗……而问题就出在这些十分简单的环节上。三更灯火五更鸡，十年寒窗无人问，好不容易考取了状元熬出了头，一场常见的风雨却断送了一个状元的性命，天下伤之！

明王锜《寓圃杂记》记载了一个施槃应梦的故事，传说殿试当天夜里，施槃做了一个奇怪的梦，梦见在他的前面有一口棺材，他用手抚着棺材，后面有99个人跟随而泣。次日传胪，施槃状元及第，而这一科录取的进士数正好是100名。其实，这梦与他的逝世没有一点关系。但释梦者解释为一年逝世是定数，因为一年、一百都是“一”字。这当然是牵强附会的，只能当作笑料谈资而已。

在古代笔记中，曾有许多类似这样的故事。明陆粲《庚巳编》卷六记载，明成化七年（1471），擅长方技之学的徐有贞偕太守入郡学，指着大成殿鸱吻说：“此处有青气，上彻重霄，文明之祥也。来年吴中举士有魁天下者!”该书卷九还记载，是年夏天，府学莲池中有一枝莲花，一茎同时开出二朵鲜艳的莲花。翌年春天，又有甘露降落府学桃树上。一茎开二花、桃李逢甘露，这是吉祥之兆，人们纷纷传说有人要中状元，“越两月，而吴文定公宽为状元”。

明陈洪谟《治世馀闻》下篇卷三记载，明弘治九年（1496）春节刚过，北京城里大街小巷便宣传：“今年状元仍在苏州。”据说，三年前有一位举子曾做梦，梦见苏州城里迎状元，结果这一科的状元真的被昆山毛澄夺得。而今这位举士又梦见苏州城里大街小巷盛张鼓乐，两人夹持两面旗帜，旗上书有“状元”二字，“二人持竿，遍身流血”。人们互相传说，越传越远，越传越玄。后来朱希周中状元后，人们回想两人浑身是血，乃是“朱”（红）的意思。陆粲《庚巳编》卷九还记载，朱希周中状元的前一年，穹窿山在大风雨中，曾有大石块移动。“穹窿石移，状元来归”，这句苏州古老的谶言自在黄由身上得到应验300多年后，又在朱希周身上验证。旧志上还有一则奇事：毛澄、朱希周、顾鼎臣“同年入泮，谒庙日，大雷雨，其后三人皆以状元为名臣，人传异之”（清道光《苏州府志》卷一百四十五）。

相传，清顺治十五年（1658）徐元文赴金陵（今南京）参加乡试，在苏州租了一条船，船户家有一个哑巴见他朝船走来便迎笑上去，并突然开口说道：“状元来了！状元来了!”（徐锡麟、钱泳《熙朝新语》卷一，下同）想不到此话成真，翌年徐元文果真中状元。后来，徐元文特地造了一艘新船送给哑巴，并且俾其温饱终身。

钱棨是清代第一位“三元”，围绕他的传说也有不少。据《明斋小识》记载，清乾隆四十四年（1779）己亥科乡试，江苏考场考到第二场的那天晚上，许多人们看见魁星（状元星）出现在至公堂（考场办公室），从东往西，一共转了三四圈，发出一道亮光，像白宇一样明亮。这是吉祥征兆，总监督马上摆上香案，向北叩头祈祷。乡试揭榜，钱棨考中了第一名“解元”。己亥科江苏乡试主考官是侍郎谢墉，连续阅卷，很是疲劳，阅着阅着竟打起了瞌睡，并做起梦来，梦中有一位神仙授给他一支巨笔，笔端饰以漂亮的孔雀羽毛，笔杆上刻有“经天纬地”四字，光焰夺目。一觉梦醒时，案上正好放着钱棨的试卷，谢墉心想梦中神仙所授“经天纬地”之笔必定就是此人，便把他的试卷置为“解首”（王豫《江苏诗征》卷三十六）。清乾隆四十六年（1781），钱棨公车北上进京参加礼部会试，长期的读书应考使钱棨十分疲倦，他在路上做了一个梦，梦见五色彩云从天空中飞来，云中有一条苍龙，在他面前翩然起舞，他奋力腾起，左手抓住龙角，右手取笔在龙头上写下“奎壁凝晖”四个大字，字刚写罢，龙即腾空而去。不久，他便摘得会元、状元桂冠（徐锡麟、钱泳《熙朝新语》卷十五）。其实“奎壁凝晖”四字，原本是江苏巡抚汤斌送给他曾祖父钱中谐的。

据钱泳《履园丛话》卷十三记载，清道光十二年（1832），元旦黎明，苏州正谊书院讲堂前突然飞来喜鹊数十只，飞鸣往来。书院山长朱兰友目睹这一吉祥瑞兆，非常开心。是年，壬辰科会试会元是吴县马学易、状元是吴钟骏，两人“俱肄业于正谊者”。

以上这些传说逸事，虽然大都为后来好事者附会之说，但人们茶余饭后谈论状元时，总是那么兴趣盎然。

二

虽然科举考试遵循公平竞争、择优录取的原则，但真如凡事不可能做到皆大欢喜、人人满意一样，总有人有遗憾，总有人伤心，总有人掉泪。在科举场上，几家欢乐几家愁的故事上演得淋漓尽致。相关资料显示，在明清两代，苏州曾经有多个举士由于种种原因与状元失之交臂、擦肩而过。我们不妨来看看，他们究竟是谁?

第一位是张和（1412—1464），字节之，昆山人。张和从小聪明好学，“读书数行俱下”。读书特别刻苦，生眼病时仍然夜读不止，结果瞎了一只眼睛（一说“目眚”，眼生翳）。他博览群书，才华出众，写得一手好八股文章。与弟张穆同治《尚书》，曾拜苏州张经、松江陈文璧、吉水尹凤岐为师。明正统四年（1439），张和与弟弟张穆同赴北京参加礼部会试，兄弟双双中式，张穆得第二名。廷试中，张和的对策做得特别好，非常符合明英宗的胃口，初步拟定为一甲第一名状元。当时有个不成文的规定，也不知从何时开始，钦点状元之前有“密探状元”的惯例，“凡鼎甲，圣上多密访而后定”（朱国桢《涌幢小品》卷七）。皇帝便派身边的太监偷偷来到张和住处侦探，结果发现张和是个“独龙眼”，有失大雅，英宗听了便将他改为二甲第一名“传胪”。不过还好，没有花落别人家，此科桂冠还是被苏州人摘得，状元是吴县施槃。

张和虽然身体残疾，但他仍励志图强，其精神的确值得学习，而且人品亦好，“为人廉介，权贵之门不一濡足，闻忠贤节义事喜跃如自己出，朋友有过面折不少贷”（明正德《姑苏志》卷五十二）。他自己曾说道：“吾已废一目，又肩厚薄，手大小，足长短；所至美而无丑，独此心耳。”（清康熙《昆山县志》卷十四，下同）后来，张和曾任浙江提学副使，他“以身率士，仪范肃然，所较毋论多寡，即第甲乙，人以大服”。生平以厚道著称，赵会喜欢议论别人得失，张和正色说道：“人当于有过中求无过，不当于无过中求有过。”（朱国桢《涌幢小品》卷七）在座者无不耸然。钱谦益《列朝诗集小传·乙集》说他“仪范肃然，侍诸生有恩义。殁后，浙士数百人，赙哭哀之如父。”他既有出众的才华，又有高尚的品德，的确是人们理想中的状元公。

第二位是王鏊（1450—1524），字济之，吴县人。他是位八股文“圣手”，博学有识鉴，文章尔雅，议论明畅，乡试、会试都为第一名，盛名当时。廷试对策第一，原本是顺理成章高中状元，并连夺三冠。但是，王鏊遭遇主考官商辂妒忌，借故硬将他“抑之置第三”，中了个探花，硬生生地被人压制，实在令人惋惜。

主考官为何要压制王鏊？原来主考官是兵部侍郎兼翰林学士、春坊大学士商辂。商辂是何许人？他在明宣德十年（1435）乡试中解元，然而在次年的会试中却名落孙山，后入国子监发愤苦读，十年之后终于连中乙丑科的会元、状元，成为明代开国以来同时也是明代近300年唯一的“三元”。也许是太了解“三元”的艰辛与价值，所以他怕王鏊与自己并列“三元”，抢去风头，于是借故将王鏊抑置第三名。此事，虽然也有人认为“未审确否”，但明代王世贞《弇山堂别集》等笔记中都有记载。明代张本《五湖漫闻》则云：“殿试时，众推公首，独少傅商不肯，置之第三。徐文靖公为之不悦，每与商公论文，则曰：‘翰林鲜有能逾王某者。’商乃俯首不答。”由此看来，商辂确实自有理亏之处。

《震泽长语》卷下还记载了一个相关故事：成化丁未会试，主考官徐溥当天夜里做了一个梦，“梦至一所，大浸茫茫”，忽然有一只像鼋一样的动物“昂首登岸”，他便“以三箭插其上”。当时王鏊家在太湖里的洞庭东山岛，新中解元，“公以为其应也”。次年会试又中第一名会元，“深以状元望之”。后来，王鏊官至一品宰相，徐溥曾对王鏊说：“我当时所梦插三箭，原来是个品字，这是一品之兆啊！”

第三位是魏校（1483—1543），字子才，昆山人，本姓李，后来移居苏州葑门庄渠，自号庄渠。著名政治家、文学家徐有贞的外孙。少有文名，明弘治十七年（1504）甲子科江南乡试“经魁”（明朝科举有以五经取士之法，每经各取一名为首，名为“经魁”。乡试中每科必于五经中各中一名，列为前五名。清亦沿称前五名为“五经魁”），次年参加礼部会试中式，殿试对策出色，考官拟定魏校为状元。弘治皇帝阅读其对策时，发现有“陛下一日之间，在坤宁宫时多，在乾清宫时少”“亲宦官、宫妾”之语（清光绪《昆新两县续修合志》卷二十六），认为这小子真不知天高地厚，竟然管到天王老子头上来了，便抑置二甲第九名。后来魏校官至国子监祭酒、太常卿，赠礼部侍郎。他“贯通诸儒之说，择执尤精”，是位有名的哲学家、文学家，归有光、唐顺之、王应电、王敬臣等名人都是他的弟子，著名地理学家、水利专家郑若曾是他的女婿。不过，幸好此科的状元是他同乡顾鼎臣，仍然花落昆山。

第四位是陆师道（1510—1573），字子传，吴县人。少有文才，20岁中乡试举人。明嘉靖十七年（1538）殿试时，主考官太傅李时

（一说夏言）读了陆师道试卷“绝赏之，称其文章贾、董，笔法钟、王”（清道光《苏州府志》卷九十九），称他对策文章有贾谊、董仲舒之才华；书法绝佳，有钟繇、王羲之功底，于是“阁臣拟陆师道第一”（朱国祯《涌幢小品》卷七）。李时是当朝大学士，曾以“务安静、惜人才”出名，他想要先认识一下陆师道，将来可罗致门下，也好为自己留个伯乐之名，派人传话邀请前往。然而，陆师道是个耿性耿直方正的读书人，不愿巴结权贵，更不肯上门讨好，坚决不去。这令李时大失面子，觉得此人是个“书呆子”，虽然文章做得不错，但不谙人情世故，必定缺少经世之才，于是将他改为二甲第五名进士（一说“御笔改为二甲第五，取袁炜第一”）。后官至工部主事，改礼部仪制司。“首揆必欲罗致门下，师道弗屑，以母老乞归，时年未三十也”（清乾隆《苏州府志》卷五十三），正直方刚，至老不改。

第五位是钱谦益（1582—1664），字受之，号牧斋，常熟人。以文才、诗歌著名于世。明万历三十八年（1610），参加庚戌科殿试，试卷文章做得非常出色。主考官、大学士叶向高对他很是赏识，拟定一甲第一名钱谦益，第二名马之骐，第三名韩敬。据说，钱谦益预

钱谦益像

先已经花钱买通“关节”，中状元可以说是胜券在握，板上钉钉的事。然而，浙江归安人韩敬也是一位八股文高手，又工书法，深受业师汤宾尹喜爱。在会试中，汤宾尹曾不顾一切地为韩争得会元，下一步的目标就是状元。韩敬家庭富裕，会试后用金钱铺路，“密輂四万金进奉内帑”，并买通权势煊赫的宦官。于是宦官临时唱名时，强行将两人“互易之”，结果状元被韩敬夺去，钱谦益屈居一甲第三名探花。对此，钱谦益耿耿于怀，从此埋下两人长达数十年的恩怨。

第六位是何兆清（生卒年不详），后改名谦贞，字圣征，吴县人。明崇祯十六年（1643）癸未科，以优异成绩拔为贡生。次年正月，清世祖福临（顺治皇帝）在盛京（今沈阳）登基，农民起义领袖李自成在西安建立大顺政权，两股势力正向北京扑来。为稳定人心，崇祯皇帝加开特科。何兆清廷试第一名，崇祯皇帝在其试卷上御批道：“策齐贾、董，字逼钟、王。”（清道光《苏州府志》卷九十九，下同）意思是说，其对策写得非常好，可与汉朝文学家贾谊、董仲舒相提并论，书法直逼著名书法家钟繇、王羲之。然而还没来得及发榜，三月十八日，李自成的军队就攻占北京城，崇祯皇帝从玄武门（今神武门）出逃，自缢煤山（今景山）。因此，志书说“欲用翰林，未果”。其实，此科后人根本不承认。南明福王时，补授国子监学正。

第七位是蒋元益（1708—1788），字希元，一字汉卿，号时庵，长洲人。蒋氏是吴中望族，科举世家，父亲蒋杲曾任廉州知府。蒋元益“少有夙慧，于书无所不窥”（清道光《苏州府志》卷八十六）。清雍正七年（1729），中己酉科举人。清乾隆二年（1737），通过选官考试，任内阁中书，入军机处行走。清乾隆十年（1745）参加乙丑科“明通榜”（正榜外续出一榜）会试，考官将其以第七名进呈，乾隆皇帝赏其三艺清真，御笔亲自改为第一名“会元”。乾隆皇帝的意思很是明确，想在他手上选拔一个“两元”。蒋元益自然信心十足地参加殿试，不知什么原因，试卷中“重写‘策’字，不得进呈”（钱泳《履园丛话》卷十三，下同），所以考官没有将他列进进呈的前十名。乾隆皇帝在最后钦点状元时，每拆一份试卷，必问：“会元在哪里？”边拆边问，拆了一份又一份，问了一遍又一遍，站在旁边的主考官阿文端公只好如实回答会元的卷子不在内，并讲明没有列其为前十名的理由。乾隆皇帝听了很是泄气，“自六卷以下，遂不复拆”。蒋元益被列为二甲第八名进士，但是在乾隆皇帝的眼里他就是状元，而且乾隆皇帝一直记得蒋元益。清乾隆三十九年（1774），蒋元益“典试浙江，陛辞请训”。乾隆皇帝问蒋元益：“你是状元吗？”蒋元益对答说：“臣是会元。”乾隆皇帝不无遗憾地说道：“你是很可以做状元的。”后来，苏州玄妙观道士李仙隐曾与蒋元益开玩笑说：“你啊，本来应该是三元，可惜你名（元益）与字（希元）已经占了两元。”

蒋元益富藏书，通经史，善诗文，有政绩，历任湖南、浙江乡试主考官，山西、山东学政，内阁学士、顺天府尹，官至兵部右侍郎。致仕后，历掌昆山娄东书院、苏州紫阳书院。清乾隆五十年（1785），赴京参加“千叟宴”，皇帝赐寿杖、貂皮、缎匹、朝珠等物 30 种。著述甚富，有《周易精义》《廿一史订误》《学吟集》《西园唱和集》《志雅斋诗钞》《清雅堂诗馀》《时庵自撰年谱》等。虽然自己与状元擦肩而过，却培养出了一个“三元”。钱棨“馆侍郎家最久”，是蒋元益的得意门生。

第八位是褚廷璋（？—1797），字左莪，号筠心，长洲人。少禀异质，以文章名列“吴门七子”之一。清乾隆十八年（1753），选拔为贡生，授太和县教谕。清乾隆二十二年（1757），高宗南巡迎銮献赋，召试钦赐举人，授为内阁中书。清乾隆二十八年（1763）癸未科殿试结束后，读卷大臣初步拟定褚廷璋为一甲第一名状元。褚廷璋与同乡朝廷要员曾有很深的矛盾，朝廷要员得知褚廷璋中状元的消息后很不是滋味，恰好碰到首席阅卷官刘统勋，便对刘主考说："你们确定我们苏州老乡褚廷璋是状元啦？外面已经有人在庆贺了。"耿直的刘统勋一听肺都气炸，这不等于说他们之间徇私舞弊吗？一气之下，把正准备呈送皇帝的前10名卷子全部搁下，把后面第11名至20名的卷子送了上去。结果，初定第11名的秦大成幸运地中了状元，褚廷璋则是二甲第八名进士，选庶吉士，授编修，累迁翰林侍读学士。

褚廷璋的确富有才华，深得皇帝赏识，"以文章受上知，三典省试，四校礼闱；视湖南学政，所至以得人称奇。丰额、熊枚皆出门下"（清道光《苏州府志》卷一百二）。他诗歌初学高启，既学元白，"舡阵所及，山水之胜，莫不发之于诗，王兰泉司寇谓过于宋之范文穆公"（钱泳《履园丛话》卷六），著有《筠心诗文稿》。"书法出入右军、大令间"（清道光《苏州府志》卷一百二，下同）。清嘉庆元年（1796年），曾经撰书《纲师园记》。褚廷璋是位难得的人才，曾充任《方略馆》纂修；潜心研究西域历史地理，于准夷回部山川风土最为熟悉，曾奉敕纂修《西域图志》，"书成赏缎二匹"；接着又奉旨纂修《西域同文志》；并且精通等音字母之学。

第九位是翁心存（1791—1862），字二铭，号邃庵，常熟人，是著名政治家、状元宰相翁同龢之父。自幼奇慧，人称"神童"，早年词赋伟丽，擅名于时。据说，翁心存本来是有可能成为状元的。陈康祺《郎潜纪闻初笔》中有则《翁心存不得状元》一文，云：清道光二年（1822）壬午科会试中式，主考官协办大学士英和对翁心存的文章很赏识，初定他为第一名。不巧的是殿试时，英和哮喘病发作，精神萎靡不振，而进卷的日期又很紧迫，于是只得请副手裁定首卷。结果，副手竟将翁心存卷抑置了下来，结果花落他乡，翁心存中了二甲第三名进士。为此，英和引为终身憾事。

三

在古代苏州数百座牌坊中，昆山城里的“人瑞状元坊”最为难得和珍奇。这座牌坊为状元毛澄与其祖父毛弼所立。毛弼 80 多岁时，儿子毛昇不幸病逝，留下一个 10 多岁的小孙子毛澄。白发人送黑发人，毛弼强忍悲痛，全心照护孙子。传说，有一天有位算命先生路过毛家门前，见 80 多岁的老翁在教十几岁的小孩，感到好奇，于是推门进去，问清情况后便主动为毛弼算起命来。算命先生对他说：“老先生还有 20 年坎坷，等到百岁以后就可以富贵了。”毛弼听了觉得很好笑，人生七十古来稀，我活了八十几，还在替儿子“还债”，100 岁怎么可能，富贵只能是下辈子的事啰，唯一的愿望就是盼望小孙子早早成长。算命先生见他不信，又坚决地说：“命中注定如此!”说来真是巧合，后来果真还应验。毛弼 97 岁那年，毛澄考中举人；100 岁（一说 104 岁）时，毛澄高中状元。百岁寿星，状元及第，真是旷世无双的奇事盛事。此事传至朝廷，弘治皇帝也特别高兴，以为这是天下太平、百姓安康的盛世之兆，于是传旨叫巡抚彭礼建造“人瑞状元坊”。相传，毛弼最后活到了 112 岁，去世后因毛澄而获赠礼部尚书衔。像毛弼这样百岁以后因孙子状元而得大富贵的人，也许是历史上绝无仅有的个例。

古代迷信盛行，人们遇到困惑或灾难，往往烧香拜佛，祈求神仙保佑；或请算命先生，预测命运前程。一代八股文宗师、清康熙十二年（1673）癸丑科会元、状元韩菼，早年因屡试不利，曾请星相先生算命，结果险被耽误前程。

据《清稗类钞》记载，清初苏州城里有位星相先生的本领十分高明，能预测人的前程凶吉，十测九中，因此很有名气。此人曾经为吴县缪彤测相，当时缪彤还是个生员，他说缪彤将来能够夺魁中状元。清康熙六年（1667），曾连考了10年的缪彤果真大魁天下。这样一来，人们更是把星相先生当作神仙看待。韩菼也因科场连连失利，去请他算命，测算下前程。星相先生经过一番掐算后，一脸严肃地说道："你啊，能中个举人已算万幸了，指望中进士是不可能的。最最重要的是，你的寿命已到，不久就将死去。"韩菼一听顿时毛骨悚然，脸色刷白，急忙请求先生是否有法术破解，以起死回生。星相先生双手一摊，说道："命相注定如此，我也没有什么办法解救。"韩菼听罢快快不乐，再也无心赶考了。

韩菼的朋友愤愤不平，多方劝说、极力冲淡他对星相先生的迷信，还准备出钱资助盘缠。就在此时，遇上了伯乐徐乾学，韩英才勉强上路进京。没想到，韩菼一去就考中北闱举人，次年又接连捷得会元、状元。那位姓张的星相先生听到风声，心想触犯了"文曲星"，既惊惶又惭愧，赶紧躲藏起来，从此再也不敢在苏州露面。

如果当年韩菼听信那位星相先生的胡言乱语，那么，韩菼只能得以一领青布衫终身，科举史上便失去一位"艺林楷模"、文章大家，整个清代的科举史也或将黯然失色。

韩菼破了这个迷信而没能战胜另一个迷信。据《香饮楼宾谈》记载：在未第时，他曾到木渎灵岩山寺求签，主要想问问自己几时能及第。签上写有“功名须到五门知”七个字。他百思不得其解：什么功名？自己问的是科举，八字还没一撇呢。后来，他及第中了状元，当了官，自然也就把这事给忘了。清康熙三十九年（1700），他被任命为礼部尚书之后，倒是有了争取入阁拜相的念头。有一天，顺天府把历科乡试试卷解送到礼部保存。他随手翻阅起来，忽然想起自己文章天下闻名，当年那份考卷想来一定不会差的，于是叫人找了出来。拿来一读，他大吃一惊，原来自己那份答卷里的“问”字全都误写成“门”字，阅卷官们竟然没有发觉。他仔细一查，刚好是五个“门”字，不禁心头一颤，吓出一身冷汗，忽然联想起几十年前灵岩山寺求的签，以为这是神的暗示，自己功名至此已是尽头，从此打消了入阁拜相的念头，办事消极。康熙皇帝对他由失宠到反感，他几次辞职未准，最后竟死于礼部尚书任上。

韩菼嗜好烟与酒，在当时朝廷大臣中是出了名的，人称他嗜酒有李太白之风。他烟瘾、酒瘾都很大，不管到哪里，一天到晚烟袋、酒瓶不离手。王士禛《分甘余话》卷二记载：清康熙十七年（1678），王士禛与韩菼一起主持顺天武乡试，韩菼竟把烟管、酒瓶带进了考场。王士禛开玩笑地问道：“烟、酒对你来说，就像《孟子》中所说的熊掌和鱼。不过，万不得已必须要丢掉一样，你拣哪一样？”韩菼低头沉思了片刻，答道：“那就丢掉酒罢！”众人听后，无不哈哈大笑。后来，王士禛从姚旅的《露书》中得知，烟草原产于吕宋（今菲律宾），本名“淡巴菰”。王士禛将这条记载资料告诉了韩菼。当时韩菼正任翰林院掌院学士，教习庶吉士，他竟以“淡巴菰”为题，命门人们赋“淡巴菰诗”。朝臣们闻讯后也纷纷凑起了热闹，写诗赋词，其中有首诗写道："细管通呼吸，微嘘一缕烟。味从无味得，情岂有情牵？益气驱朝雾，清心却昼眠。谁知饮食外，别有意中缘。"

韩菼性格豪爽、和易、幽默。他曾考得四等秀才，被人看不起，后来高中状元，于是在家门口灯笼上写上"四等秀才，一甲进士"字样。《清史稿》说他是"恬旷好山水，朋游饮酒，欢谐终日，而行制清严"。从许多笔记记载来看，他的确如此。许奉恩《留仙外史》中记载的他"智胜吊死鬼"的故事，其实是他洁身自好、抵制一漂亮女子勾引的事，正好证明他的"清严"。

四

明代状元吴宽也有洁身自好、律己清严的故事。相传，吴宽未第时，一度到一个大户人家当塾师，学生的母亲是个寡妇。那寡妇年轻且漂亮，因大户之家礼规很严，平时很少见到男子。她暗中偷看过吴宽几面，觉得他很有男子气概，长相英俊，为人又诚实厚道，心底里很是爱慕。于是，她每天亲自弄上几个好菜，还拿出好酒，让一个贴身侍女送去，并让侍女告诉吴宽"这是我家太太亲自做的，特意让我给您送来"之类的话。开始时，吴宽只是一心教学生，也没有注意。有一天侍女来牵线，说我家太太想与先生见见面。吴宽听罢大吃一惊，当即严肃拒绝，第二天就借故辞职。许多人对他的突然离开疑惑不解，但他始终没有说出真情。直到晚年，他在教育子孙时才偶尔提到此事，当时那位太太已去世多年。

吴宽是位谦谦君子，性格随和，虚怀若谷，并没有因为自己是状元、官至尚书而看不起人。明弘治、正德年间（1488—1521），他与长洲陈璚，吴县王鏊，常熟李杰、吴洪，以同郡、同时、同朝、同道、同志，组成“五同会”。公暇常聚会，吟诗唱和，越人丁綵曾绘图纪盛。

《古今谭概》中记载了吴宽巧助卖扇童的故事：明弘治八年（1495），时任吏部右侍郎的吴宽回乡为其母亲守丧。有一天，他送客出门，见一个卖扇子的小孩在路上嚎啕大哭。原来那小孩拿了扇子在路边出卖时，不知不觉打起瞌睡来，结果被人趁机偷走了几把扇子。小孩怕回去挨打，因此大声啼哭不已。吴宽十分同情，拍拍小孩的脑袋说：“我有办法叫你父母不打，你拿了扇子跟我来。”吴宽将小孩带到家里，研墨濡笔，挥毫在每把扇面上题了诗，然后说：“你拿去卖，包你能卖个好价钱。”小孩似懂非懂，还以为在作弄自己，撅着嘴巴走了出去，想想又哭了起来。旁人见他手中拿有吴宽题写的扇子，便教他叫喊：“吴状元题书的扇子，快点买！”有人一听是当代大书法家吴状元题书的扇子，平时想觅也不容易，于是纷纷出高价购买，不一会儿全部卖光。小孩回到家里，如此长短一说，父母把儿子大大夸奖了一番，马上又拿出一堆扇子，叫儿子第二天再去找吴宽。这回吴宽当然不会再题，笑着劝小孩离去。这个故事，后来被苏州评弹的说书先生搬到了唐伯虎身上。

科场考试无情，考了一世没有得到功名、或死在科举场上的也大有人在，像吴宽的朋友贺其荣、陆增祥的父亲陆树薰与哥哥陆如福等都是死在科名上的。因此科场上更不好以年龄大小、辈分长幼来区分。兄弟、父子同榜称“同年”的，屡见不鲜。吴县状元缪彤录取许伯父一事曾被传为一时佳话。《柳南随笔》卷二记载，缪彤曾拜淹贯经史的“词坛名宿”宋实颖为师，而宋先生与嘉定（原属苏州府）人许自俊先生关系相当密切。当时，许自俊年近六旬，每次到苏州访宋实颖，缪彤总是叫他“许伯伯”。清康熙六年（1667），缪彤中丁未科状元，大魁天下。而下一科即庚戌科会试，缪彤出任考官。许自俊参加此科的考试，正巧出在缪彤门下。后来，缪彤经常对嘉定籍的同僚说：“我录取了你们家乡的许伯伯!”按照师生关系，长辈许自俊大伯还得称缪彤为师座呢。

吴县状元吴钟骏少年时即以才子名冠吴中，但他科举从乡试到会试也足足考了 10 年。也许是深知举子之苦，吴钟骏格外同情举子，他任浙江学政时，曾发生过一桩仗义护秀才的故事。清道光二十三年（1843），吴钟骏出任浙江学政。这年秋天，余姚吴小涛等一批秀才到杭州参加乡试，被守关的巡丁拦住。巡丁敲诈未成，恼羞成怒，将他们扭送到附近的杭州织造署内。织造署与巡丁沆瀣一气，竟将其中五人捆绑起来，置于台阶下，并请浙江巡抚前来处理。巡抚大人推说：“这是有关考试的事，应该找学政处置。”吴钟骏接报后，立即赶到织造府。织造府里的官员恶人先告状，说：“今日众秀才大闹我们衙门。这还不要说，他们还砸毁贡品，打掉署内的匾额牌子，真是无法无天！请大人依例严惩!”吴钟骏边听他们讲述，边手持烟袋不慌不

吴钟骏像

忙地抽烟，眼睛则看着几个被紧绑着的秀才，见他们个个文质彬彬，一点没有狂暴好事之徒的样子，再加上到任后听到有关织造府的事情，心里明白了三分。待等那人讲完，吴钟骏便问巡丁道：“众秀才带些什么器具来署内闹事的？”巡丁毫无准备，慌忙答道：“他们是手持短烟筒来署闹事的。”并拿来一个短烟筒。吴钟骏哈哈大笑起来，说道：“这种短烟筒根本够不到匾额，怎能有毁匾之理呢？这都是你们诬告。告诉你们，考试是国家的大事，如果耽误了，本学政将会同巡抚如实奏明朝廷！现将这五人交给你们！”说罢，双手一拱，登轿而去。五个被捆绑的秀才在台阶下大喊救命。吴钟骏回头安慰道：“是非自有公论，你们不必担忧！”织造官与巡丁顿时慌了神，连忙飞马向学政、巡抚求情，请他们多包涵，别把事情闹大，并向秀才们赔罪。事情到此终于了结。“吴学使护士子”这个故事，记载在《清朝野史大观》卷十中。

钱泳《履园丛话》卷十三记载了一则石韫玉“扫黄打非”的故事。石状元诸生时，即以“辟邪说，挟名教”为己任。旧时苏州刻书业相当繁荣，因而有些刻书商为了赚钱，便刻些淫秽、违反名教的书籍，石韫玉见到淫词小说等一切得罪于名教的图书，便都出钱买下，拿到家里便“拉杂摧烧之”。他在家中院子里特地建了一个烧纸库，题名为“孽海”，先后曾收集烧毁此类图书几万卷。有一天，他在书摊上翻阅《四朝闻见录》，突然发现书中有弹劾宋代大儒朱熹的疏章，列举了朱熹逆母、欺君、窃权、树党以及闺阃中的许多“秽事”。他顿时拍案大怒，“思欲尽见此书，以付诸火”，然而苦于无钱。妻子蒋氏（会元蒋元益的侄孙女）申明大义，“欣然出奁中金钏助之”，当得银钱五十千，找遍城里的书坊、书摊，共搜买到此书 347 部，拿回家全部掷进“孽海”中烧毁。陈康祺在《郎潜纪闻初笔》卷三亦记载了此则故事。

石韫玉的确是个各方面都能严于律己的好状元，从另一个故事可以窥见。清道光初年，石韫玉在太湖之滨光福西碛山营造祖坟，对面正好是一座砖窑。风水先生认为，砖窑和作坊冲了好风水，对石家很不利。因此，有人建议出点钱，设法让砖窑、作坊搬走。依势而论，此事并不难办，他是朝廷三品官吏，与时任江苏巡抚梁章钜是好朋友，往来甚密；他儿子石同福又是浙江杭州太守。但是，石韫玉坚决不同意，他不肯去侵害那些无权无势的老百姓。他说：“损人利已的事，我不忍心干。再说，即使他们不搬走，也未必真的对我家不利。”当时，儿子石同福被风水先生鼓吹得十分不安，多次劝说父亲，要父亲慎重考虑。然而，石韫玉坚决不动摇。祖坟修好后，他亲自书写了一副对联，刻在墓两旁的石柱上，曰：“有地在心，不求风水好；无田亦祭，只要子孙贤。”不仅对风水有独到的见解，同时也含有对子孙后代的训诫勉励。封建社会几乎人人迷信风水，而石韫玉不偏信风水先生、不损人利已，被人们传为佳话。

旧时，人们普遍都讲究风水，大户人家尤其重视。相传，吴县潘世恩能大富大贵，就是得荫于祖坟的好风水。据《香饮楼宾谈》记载：潘世恩的父亲潘奕基生性好善，乐于施舍，人们有困难，只要开口，他都慷慨解囊，大家都叫他“善人”。一天，他到郊外游玩，见凉亭中有位老汉含泪准备上吊寻死。他急忙上前劝说，问老汉为何要寻短见。老汉诉说道：“儿子马上要成家娶亲，向村里人借了 30 两银子，今日进城打算买点东西，不料钱被小偷掏空，现在自已无法回去见家人，只有一死了之。”潘奕基一听，连连宽慰道：“这是小事一桩，不值得轻生，钱我送你，回去好好办喜事。”说完便拉着老汉进城，向平时熟悉的店铺借了30两银子给他。老汉感谢救命恩人，忙于叩头，连个姓名也没问。几年之后，潘奕基要为先人找块墓地，看了几个地方都觉得不理想。一天与风水先生来到太湖边的光福，看到西崦湖边有个荒土墩，左右两堤环绕，像两龙盘珠。风水先生说道：“这是块宝地！在此为先人建墓，后辈定能出状元宰相。”可是，他们不知这块地是谁家的，于是来到镇口的一家酒店打听询问。刚坐下，只见烧火的老汉像是前几年潘奕基救过的那位。老汉也认了出来，惊喜道：“啊呀，我的救命恩人，您怎么会到这里来?”潘奕基说明了来意，老汉更加高兴了，说道：“这块地就是我家的，因在湖边常荒废着。当年您搭救之恩，我也无以报答，现在您觉得有用，我当拱手相送。”潘奕基不肯接受，让老汉出个价，老汉怎么也不肯。风水先生见他俩互相推让，便来了个折中办法，将先前所赠的30银子作为地价，写了契据给老汉。钱泳《履园丛话》卷十七也有则与潘家的类似故事，不过没有明确是潘奕基。据《大阜潘氏支谱正编》记载，潘氏迁苏始祖潘景文夫人高氏的墓在光福东崦湖南御码头，“申山寅向”。潘景文长子潘兆鼎的墓在吾家山麓河亭桥（今司徒庙北），“卯山酉向”。后来潘家真的显贵起来，潘世恩中了状元，当上了宰相，以“大富贵亦寿考，著道德能文章”名扬天下。他的堂兄潘世璜也中了一甲第三名探花。潘世恩的孙子潘祖荫也是探花，并官至军机大臣，成为祖孙宰相。潘世恩当宰相数十年，由于性格温仁，无所建树，相业平平。有人批评他当宰相只是阿附承旨，曾以“著著著，主子洪福；是是是，皇上圣明”对联，讽刺他阿谀奉承之态，可谓入木三分。

五

中国古代戏曲发达，状元故事自然成为戏文演绎的重要内容之一。苏州状元中被演绎最多的是顾鼎臣、申时行二人，这大概与他俩的出身有关。

据《雍里顾氏族谱》记载，顾鼎臣七世祖由太湖之滨的光福聚坞迁到昆山雍里村。顾氏虽是江南名门望族，名人辈出，然而顾鼎臣祖辈都是碌碌无为、默默无闻之辈，只是后来顾鼎臣当了状元宰相，祖辈才得以赠官衔、列祀乡贤祠。

在整个苏州状元中，顾鼎臣出身地位最为低下。据明代于慎行《谷山笔麈》卷十五记载：顾鼎臣的父亲顾恂是吴家的上门女婿，在镇上开设一爿小店铺。妻子吴氏是个凶悍、好嫉妒的女人。顾家有个杨姓婢女，生得眉清目秀、楚楚动人，顾恂妻子对婢女防备严密，禁止顾恂与她接触往来。顾恂是个十分怕老婆的人，平时对婢女不敢正面看一眼。但是，一家人每天生活在一起，终有漏防时机。有一天，婢女去给顾恂送饭，刚到店铺就雷电大作，下起大雷雨，婢女不能马上回去。天下大雨，自然也没有人来买东西。顾恂与婢女眼睛对眼睛，望着那年轻、漂亮、温顺的女子，顾恂终于控制不住自己，与她发生了关系。天下真就有这样的巧事，杨氏竟然怀孕了，经过十月怀胎，生下了一个胖乎乎的男孩。这个男孩，就是后来中状元、做宰相的顾鼎臣。那年顾恂已经 57 岁，年近花甲，在古代绝对是老头子。

当时，顾恂与妻子吴氏已经生有两个儿子——顾式与顾宜之。因此，吴氏得知顾恂与婢女有个私生子，恼怒万分，多次搜索男孩要杀死。顾恂慑于妻子淫威，无可奈何，只得将孩子掷到隔壁磨房，想让拉磨的驴子踏死。幸亏磨房主人发现，将男孩救出并收养起来，并带到了太湖边的光福。顾鼎臣童年生活贫苦，近似流浪儿。养父家境十分贫困，顾鼎臣小时候常常吃了上顿没下顿，还要上山割草砍柴，有点像无人管教的野孩子。有一天，顾鼎臣与一群要饭的流浪儿偷盗了邻家的一条狗，一时找不到可烧的柴，便跑进一座破庙中搬出两尊罗汉佛像当柴；狗肉烧熟后，顾鼎臣得以饱餐一顿。沈德符《万历野获编》卷八亦说："父母不礼之，苦贫，读书古寺中。暇则与群儿无赖者，盗邻家狗烹之；薪尽，则析木偶罗汉供爨，至糜烂与诸稚共啖，人诮责之，不顾也。"可见，确有其事。

顾鼎臣聪慧不羁，丰神迥绝，但顾恂老婆吴氏始终不承认这个儿子，"从诸生受书，遂游邑庠，翁妪终不以为子数，而奴使其母如故"(于慎行《谷山笔麈》卷十五，下同)，对他生母杨氏像奴隶般虐待，更不许母子见面。明弘治十四年（1501），顾鼎臣参加应天府乡试，一举考中举人。顾恂妻子则不以为意，仍让他生母干脏活累活。明弘治十八年（1505），顾鼎臣状元及第后，吴氏"犹虐其生母，使之蓬跣执爨"，生母整天蓬头赤脚，烧火做饭，吴氏依然不允许母子相见。衣锦还乡的顾鼎臣坚决要求见生母，"遂介亲友入内，长立庭下，固求见母。妪复大恚，文康固不出。"顾鼎臣说道："即使能见一面，死也无恨！"最后在亲友的调解之下，吴氏才同意让顾鼎臣母子相见，"乃令自爨下出"。见生母衣服褴褛、蓬头垢面地从厨房间里出来，顾鼎臣抱住母亲放声痛哭，泪如泉涌，亲友皆为泣下。民间都称顾鼎臣是"顾大麻子"，但王世贞说他是一表人才的大帅哥，身高七尺，"虬须虎颧，目炯炯射人，声吐如钟"，声音雄厚，充满阳刚之气；"性跅弛，好声酒"，性格放荡，不循规矩，是个非常有个性的人。

苏州评弹《玉蜻蜓》在苏州乃至江南一带曾经是家喻户晓、妇幼皆知的传统曲目。说的是苏州南濠巨富申贵升（后改为金贵升）娶吏部尚书张国勋之女为妻，婚后感情不和。一日申贵升去虎丘游玩，偶遇法华庵尼姑志贞（一作智贞），两人一见钟情，于是申贵升就留宿庵中不思归家，最后不幸病死庵中。此时志贞已身怀六甲，最后产下一子，取名时行。志贞因畏人言，在儿子襁褓中裹上血书及申贵升遗物玉蜻蜓扇坠，让庵里干什活的婆婆深夜送子归还申府。但婆婆在路上受惊，竟将孩子弃于山塘街桐桥头。豆腐店店主朱小溪恰好路过，便将其抱回抚养。不久豆腐店毁于大火，因生活困苦，朱小溪无奈将孩子卖给苏州离任知府徐上珍，徐氏因无子而将其视为己出，即改名为徐时行，后又按徐氏排行取名为元宰。徐时行生性聪慧，在徐上珍的精心培养下，才华横溢，远近闻名。多年之后，徐时行得中乡试第一名，不久将赴京殿试，临行时徐上珍将其母志贞所书血书和玉蜻蜓扇坠交给徐时行，并告诉其身世。徐时行在血书中读出亲生母亲为法华庵尼姑志贞，遂在赴京途中转道法华庵，凭玉蜻蜓扇坠与亲生母亲相认。随后徐时行继续北上，在殿试中一举夺魁，状元及第。

除了苏州评弹之外，越剧、滇剧、闽剧、婺剧、锡剧、黄梅戏中都有同名剧目。另外，豫剧、评剧、推剧《桃花庵》，京剧《梨雨村》，汉调二黄《法华庵》，泗州剧《金锁记》，川剧《盘贞认母》均取材于《玉蜻蜓》。近人邓之诚《骨董琐记》卷六说，申时行与太仓王锡爵两家有私怨，王家请人创作弹词《玉蜻蜓》诋毁申时行，而申家为报复，便请人创作传奇《红梨记》。其实，完全是误导。大量文献可以证明，申、王两家关系非常好，申、王两人同乡、同科，又同朝，可谓缘分深厚。王锡爵去世后，申时行亲自为他撰写了墓志铭，情义非同一般。

《玉蜻蜓》中主角申贵升和徐元宰的身世行状，与申家申士章、申时行是否相似，是事实依托，还是子虚乌有，也许永远是个谜。不过，申时行的确原先姓徐。据《申氏世谱》载，申时行祖父从小过继于徐姓舅家，时行幼年则从舅家姓，因而状元榜上他的姓名为“徐时行”，后来才归宗复姓。父亲申士章，庠生。生母王氏，18岁生下申时行。申时行父亲是位商人，“游贾云间”，在松江一带经商（申时行《赐闲堂集》卷十）。申氏后人曾多次向官府控诉，《玉蜻蜓》诋毁名贤，理应禁止。民国时期，申时行后裔申振纲（早年留学日本，与蒋介石是校友；1936年国民政府授其少将军衔）做警察厅厅长时，曾经下令苏州禁演《玉蜻蜓》。

清乾隆三十一年（1766）丙戌科吴县状元张书勋，家庭贫寒，但刻苦力学，读书十分专心、用功。据《熙朝新语》记载，有一年秋天，张书勋的父亲将稻谷晒在家里的场上，叫他看管，不要让鸡鸭吃了。他在场角捧着书读了起来，越读越入迷，结果稻谷全被鸡鸭吃掉，他竟一点不知道。他因此被父亲打了一顿，全家人抱头痛哭了一场。他一心读书，不治产业，家庭越来越贫困。公车未发之时，他资斧无措，于是只得到一位亲戚家去商量借钱。亲戚家的老翁虽然十分客气，但家境亦不富裕，一时拿不出数百两银子。当时，老翁参加了“吴中七贤会”，每人各出银子若干两，“以六赤置盎中，复而三摇之，采胜者先收金，而后称息以偿，数月一举，遍七人而止”。这位老翁已参加过两次摇会，但没有得过彩。张书勋上门商量借钱时，正巧马上要到会期，老翁暗中想如果这次得彩可得银子百两，足以资济张书勋进京考试，但到底能否得彩，无法预料。摇会那天，老翁假装生病卧床不起，于是邀约同会的其他六人到他家里，预先准备了较丰盛的酒菜，朋友们饮酒到一半的时候，便开始摇会卜彩。老翁叫老夫人传言道：“主人怕风冷，卧睡在帐帏中，请各位客官到他卧榻前夺彩。”朋友自然同意。传筹轮到老翁名字，老翁急忙呼叫将盘子拿送到帐帏里，“客静听之响毕，持盎出帏外”，揭开一看：盘中六颗全都是红色，老翁得胜中彩，众人皆大欢喜一番。待到朋友散去后，老翁起床蹙然说道：“我生平从不作欺人的事，今天为了张孝廉进京考试，不得已才装病卧床，帏中摇签，实在是惭愧！”原来，老翁在帐帏中作了弊，老翁将会钱全部资助给了张书勋。张书勋因此得以动身进京参加礼部春闱。南宫取捷，以一甲一名状元大魁天下。人们都说他是“文星所照，神或助之”。

张书勋长得腰宽体胖，面黑多须，相貌不佳。据《扬州画舫录》记载，张书勋作为新科状元衣锦还乡，路过扬州时顺便游览，扬州城里的“街市妇女，聚而观之”，都想一睹新科状元之风采，然而“既见其面，一噱而散”，大失所望。而张书勋却不以为怪，仍我行我素，照常逛街寻胜。嗣后，张书勋去会晤进士李道南，与其讲起此事，李道南不禁开玩笑说：“先生为戏剧中状元所累耳！”张书勋听了开怀大笑起来。

张书勋是苏州状元中死得最离奇的一个。通籍后，他将母亲接到京城，可是没多久母亲病逝，他扶柩回家，丁忧守孝。他的书法写得很好，酷似元代赵孟頫，一天有人上门来请他书写寿幛，他铺纸挥毫还未写完，忽然掷笔而逝。可能是过度悲伤、劳累，而引起心血管病突发。好友范来宗特作《挽张西峰先生》二首：“丹旐仓黄潞水船，泷冈伫待表新阡。僦居故里归如客，绝笔崇朝去若仙。天上玉堂成一梦，人间华表漫千年。宣南坊邸曾相送，死别谁知竟各天。”“平生风义记根由，后果前因未便休。长路辟山依骥尾，盛朝物望奉鳌头。灯红九九传觞夜，月白年年校士秋。此日孤寒向何所？尽看洒泪过西州。”字里行间，充满惋惜悲伤。

常熟状元翁曾源是位离奇的神秘人物，中状元后不久，即因病归里，从此不再复出，20余年后卒于家乡常熟。翁曾源为何早早称病回家？民间有多种说法。传说，翁曾源生得十分漂亮，仪貌秀美，入翰林不久，即有旨传令召见，这是难得的荣幸。翁曾源接旨后，匆匆跑进大殿，见空荡荡的大殿里只有慈禧太后一人独自坐在殿上。谢恩结束，翁曾源跪在案侧，慈禧太后亲切而详细地询问他的学业及家人的近期状况，“母老虎”的态度十分热情。忽然，慈禧太后说道：“李义山有诗句‘身无彩凤双飞翼，心有灵犀一点通’，我嫌其未惬，欲改为‘灵犀一点心有通’，似胜原句，而上句苦难妥协，汝帮我改一下。”翁曾源听了浑身瑟瑟发抖，“战栗不知所对”，沉默了好久。慈禧太后哈哈大笑，叫内监将翁曾源拉出大殿。翁曾源回去后，将此事告诉了家人，全家都“皇然失色，曾源亦大惧，即日佯狂移疾归”。但传说只能是传说而已，当然不可信，实际另有隐情。翁曾源长期体弱多病，又患有癫痫，常要发作，“发则仆地吐沫，不省人事，手足抽搐”（徐凌霄、徐一士《凌霄一士随笔》卷七），因此只得离京归乡，免得丢人现眼，洋相出丑。

六

为了赶考科名，读书人真是“两耳不闻窗外事，一心只读圣贤书”，对外界的事情一点儿不知道。常熟状元归允肃在这方面还留下一桩笑话。王应奎《柳南随笔》卷三记载，归允肃出身大户人家，父母管教甚严，他自己也听话，从小刻苦好学，一切娱乐活动都不参加，什么乐器都不认识。有一次，他到扬州作客，主人书房里挂有笛、箫等乐器。他先是取下笛竖着吹，仆人告诉他：“少爷，这是笛子，应当横过来吹。”于是他把笛横过来胡乱地吹了一通。接着，他从墙上取下箫，也横着吹。仆人说：“少爷，这应该竖着吹。”归允肃认为笛和箫是一样的东西，便骂仆人：“你想拿我寻开心！刚才说是要横着吹，怎么这下又要我竖着吹呢?”仆人当然不敢还嘴，只是心里暗暗好笑：真是个书呆子！

也许人们受戏文的影响，总以为状元一定是风流倜傥、英俊漂亮的“奶油小生”。其实，状元与正常人一样，相貌也有不好看的“奇相”。明代顾鼎臣小时候出过天花，脸上留下了疤斑，这是事实，因此人们称他为“顾大麻子”。据说，清代韩菼相貌丑陋，须髯又硬又密，像刺猬一般。史书上说，徐陶璋“伏阴脉，须黑如漆”，一副凶相。汪应铨的相貌更是吓人，相传他中状元后，京城有位通文墨的陆姓女子，因平时最爱读小说、弹词曲本，羡慕状元的才华与风采，毛遂自荐，托人对汪应铨讲愿意为汪状元之妾。经人撮合，不久两人就拜堂结为百年之好。洞房花烛之夜时，新娘挑开头巾，不禁惊讶失声，发现自己的状元郎竟是一个腰粗背阔、身高体胖、年近半百的麻脸汉，与平时书中读到的英俊潇洒的风流才子相去竟如此之远，心里十分懊悔。再说，那天夜里，汪应铨因喜事高兴，同僚劝饮过量，回房后呕吐狼藉，沉醉不醒。陆女子一气之下，竟悬梁自尽。等汪状元醒来，已是香消玉殒。消息传出，一时街巷议论顿起。当时有人曾作诗讥嘲“国色太娇难作婿，状元虽好却非郎”。

如果说张书勋当年在扬州出了苏州状元的丑，那么 15 年之后，连中“三元”的钱棨则为苏州状元挽回了面子，出尽了风头。《扬州画舫录》载，歌妓顾四娘工词曲，解诗文，家住扬州姜家墩天心庵旁。清乾隆四十六年（1781），钱棨连中“三元”后衣锦还乡路过扬州，谢未堂设宴招待，叫来一批歌伎。歌伎顾四娘见钱状元英俊白面，潇洒倜傥，心为之动，于是上前请钱状元赐名，钱棨赠以“霞娱”二字。后来这帮文人宴席上竟以品题歌伎为乐，评选杨小宝为女状元，顾霞娱为女榜眼，杨高三为女探花。席上，著名文人赵翼曾赋诗纪胜，诗云：

酒绿灯红绀碧花，江乡此会最高华。
科名一代尊沂国，丝竹千年属谢家。
拇陈酣摧拳似雨，头衔艳称脸如霞。
无双才子无双女，并作人间胜事夸。

据说，后来妓女盛行花榜，以此为“鼻祖”。当时，京城梨园中有色艺者，士大夫往往与她们相狎，成为一种时尚。毕沅未中状元前，曾与宝和戏班中的李桂官（苏州人）特别亲密。他经济拮据，李桂官慷慨接济，两人常一同出入缙绅之间。后来，毕沅高中状元，人们便戏称李桂官为“状元夫人”。赵翼《李郎曲》中曾以“一个状元犹未遇，被郎瞥睹识英雄。每当舞散歌阑后，来伴书帏琢句工”之句，描写他们的情义。

苏州状元中，没有人娶宰相千金为妻，更没有出状元驸马。相反，受到村姑奚落的倒有一位，此人就是清乾隆己丑科（1769）状元陈初哲。据《谐铎》记载：陈初哲大魁天下后，南归省亲，行至一个叫“甜水铺”的小村附近，只见那地方绿树荫浓，桃红柳绿，野花遍地，风光秀美，大有赏心悦目之感。他看得非常高兴，就吩咐系马槐荫，稍事休息，自己则独自一人缓步向山村深处走去。走到村头尽处正想返身时，忽见一家茅屋的门半开半掩，一位美丽的村姑手里拿着一枝柳花在掌上搓弄，倚扉斜立，正好奇地朝着他微笑。陈初哲顿时心动了起来，便找话与村姑搭讪，并在村姑母亲面前大吹特吹状元如何如何，还拿出皇帝赐给他的金子作聘礼。然而，老妇人说道：“我家尚有桑树百来株，薄田数亩，粗茶淡饭，尚能生活。我们不要黄金，我家姑娘也不嫁状元郎!”陈初哲碰了一鼻子的灰，只得怏怏离去。据说，陈初哲一直没有忘记这位村姑，若干年后还派人去寻找过。寻找的人回来告诉他，甜水铺早已被江水吞没，他为此好不悲伤。

七

毕沅一生嗜好金石，当年他将所搜集的古代碑碣汇集于西安圣庙，建成了著名的西安碑林，真可谓功德无量。不过，他也因为爱好金石及古董而上过当、受过骗。相传，毕沅在陕西为官，曾严禁下属送礼行贿，独有一个县令投其所好，在他六十大寿那天，派人送来了20块古方砖，作为贺礼。毕沅见砖篆纹斑驳，古色古香，而且年号、款识都清清楚楚，认为此为秦汉古砖，爱不释手，于是破例收下了这份特殊的“寿礼”。毕沅亲自接待那位前来送砖的家丁，说道：“我早有通告，寿礼一概不收，现在你主人能留意古物，足以看出是非同一般的风尘俗吏。因所送礼物与寻常馈送不同，故暂且留下。你先回去替我谢你主人，待我隔数日再致函谢忱。”哪知家丁一听，喜极忘形，马上跪下，随口便将他家主人为了迎合毕沅所好，如何仿制这批古砖假古董的过程和盘托出。毕沅听了，感到十分尴尬与难堪。

常熟翁同龢也嗜古成癖，一生收罗大量的金石鼎彝。他当军机大臣时，碰到一位商人抱着一件古瓶在叫卖。他上前一看，那古瓶色彩斑斓，古色古香，从未见过，怀疑是秦汉时物。一问价钱，那人开口3000两银子。翁同龢与他讨价还价，那人死活不肯低卖。最后，那人见翁同龢实在心爱，便以2000两银子的“优惠”价格卖出。翁同龢拿回家里，心里十分高兴，急忙贮水插花，并摆在宴席上请人来观赏。酒过数巡，有人发现古瓶底下的桌面上有一汪水，古瓶周围都湿漉漉的，好像是渗漏，感到很奇怪，于是想捧起来看看瓶底，没想到刚捧起，古瓶便断裂粉碎。满桌来宾都惊慌起来，大家仔细一看，原来不过是经过巧妙熏染的硬纸板。翁同龢既尴尬又悔恨，抓起碎纸片拼命扔向窗外。

翁同龢才华卓著，多才多艺，但生不逢时。他生活的时代已是封建体制垂死挣扎的年代，整个中华民族多灾多难。翁同龢作为封建朝廷的主要大臣之一，未能给国家、人民带来好处，自然会受到人们的批评、指责，甚至痛骂。翁同龢自清光绪十一年（1885）至光绪二十四年（1898），当了十三四年的户部尚书。户部尚书，古称“大司农”，管理范围囊括了国家的一切经济部门。期间，天下灾荒，粮食歉收，而当时的宰相是合肥籍人李鸿章。有人便撰写了一副对联，讽刺嘲笑他们，联云：“宰相合肥天下瘦，司农常熟世间荒。”对仗工整，一语双关，讽刺辛辣，脍炙人口。不过，实事求是地讲，翁同龢与李鸿章不同。其一，他是因在中法战争中反对奕䜣、李鸿章等顽固派、主和派而从军机处贬到户部的；其二，他在户部任上应该说是尽心、尽力、尽职的，也相当清正，因此有点替人受过的味道。

翁同龢是著名的书法家，当时有一副讽刺他“访鹤”的对联。翁同龢喜爱鹤，曾养过两只仙鹤，没料到这对鹤飞失不返，他十分心痛，于是亲自写了张寻访仙鹤的招贴，张贴在北京正阳门瓮洞上，并以重金悬赏。但刚贴出去，转眼就被书法爱好者揭去。而翁同龢自己不知道，还以为是张贴不牢被风吹走了，于是揭了又写，写了又贴，贴了又揭，反复再三，一时轰动京城。而当时正值中日甲午战争，有人作诗讽刺道：“军书傍午正彷徨，唯有中堂访鹤忙。从此熙朝添故事，风流犹胜半闲堂。”说他不顾国难当头，忙于访鹤，这种风流故事超过了南宋贾似道建“半闲堂”的故事。而当时另一位苏州吴县人吴大澂在中日甲午战争爆发后，历陈出关交战之利，并主动请缨，亲自率领湘军三万出关御敌，由于训练无素，结果大败而归。有人撰联讽刺他喜纸上谈兵，云：“翁同龢三次访鹤，吴大澂一味吹牛。”其实，翁同龢访鹤也不是贪图享乐，什么都不管；吴大澂主动请缨，积极抗敌，也应该肯定赞扬。恐怕最主要的是翁同龢、吴大澂都是当时的主战派，所以遭到以慈禧为首的主和派的反对和排斥。“戊戌变法”失败后，翁同龢、吴大澂都被作为“新党”革职回乡，永不叙用。这样看来，对翁同龢的讽刺则是另有背景。

清代的苏州状元特别多，因而多名状元或相聚议事，或聚首雅集，成为一道独特的“风景”，也成为人们谈资逸事。清道光二年(1822 年）农历正月初三起，苏州纷纷扬扬地下了一场罕见的大雪，一片银装素裹，煞是美丽壮观。里居在籍的状元石韫玉顿起雅兴，踏雪前去邀请其他三位在籍状元殿撰——潘世恩、吴信中、吴廷琛，相聚于鹤寿山房，四状元痛饮欢唱，赋诗唱和，好不热闹。同郡四元相聚，一时传为盛事。著名刻书家黄丕烈曾将他们的诗汇刻成卷，题名为《四元唱和诗》（吴振棫《养吉斋丛录·余录》卷十）。清道光年间（1821—1850），状元石韫玉、吴廷琛发起组织的“问梅诗社”，参加人员有黄丕烈、尤兴诗、彭希郑、张吉安、彭蕴章、董国华、韩崶、朱琦、潘世璜、吴友篪、吴廷钻、吴嵰、潘遵祁、董国琛等名人，成为苏州很有影响的诗人社团，并结集留下《问梅诗社诗钞》四卷，成为苏州诗坛一则盛事佳话。

八

苏州状元的墓葬很多在苏州西部、南部山区，光福山中就有宋代黄由，明代顾鼎臣，清代韩菼、缪彤、彭定求、石韫玉等六位状元墓。其中顾鼎臣墓在“吴县十九都聚坞小潭山”，占地“共计山地二顷七十余亩”。昭位为顾鼎臣、原配朱夫人，及侧室薛孺人、张孺人，主位是生母杨夫人（诰封一品），穆位有高孺人，旁有庚月公陈孺人，穴外有志未公周孺人，及麟日公朱孺人。墓前有四柱牌坊、碑亭、飨堂、华表、翁仲、石兽，有丰碑四块：一块有明正德元年（1506）八月二十七日、明嘉靖八年（1529）五月十八日“诰敕”二道，一块有明嘉靖十五年（1536）十一月二十六日、明嘉靖十八年（1539）闰七月二十四日“诰敕”二道，一块为御祭文，一块为由华盖殿大学士严嵩撰、文渊阁大学士张治书、东阁大学士吕本篆额的《光禄大夫柱国少保兼太子太傅礼部尚书武英殿大学士赠太保谥文康顾公鼎臣神道碑》；墓志铭由谨身殿大学士翟銮撰书。四周遍植松柏梅桂，墓旁有祭祀祠堂。1966 年“文化大革命”中顾墓鼎臣遭毁。其墓志铭现藏吴中区文管会。

苏州状元墓规模最大的，要数明代大学士申时行之墓。该墓也是苏州地区最大的古墓葬，位于石湖边吴山东麓的横塘乡周家桥村西，规模宏大，原占地面积达200亩，墓门明间立有“明太师申文定公神道碑”，高近5米；享堂内列有明万历四十二年至四十四年（1614—1616）谕祭、赐谥、题奏等碑8块。墓前道两侧有华表、牌坊、石狮、石旗杆、石虎、石羊、石马、望柱、罗城、文臣与武士石像等。近人李根源曾称：“吴中古墓宏大恢皇，完善无缺，此为第一；置之全国，实罕其匹。”（李根源《吴郡西山访古记》卷一）“文化大革命”中，该墓遭受严重破坏。目前，墓门、神道碑、享堂、谕祭碑、照池及墓冢尚完整，为苏州地区保存较完好的古墓葬之一。1995年被列为江苏省重点文物保护单位。

从已经挖掘的状元墓葬看，随葬品多的数清代毕沅之墓，葬于木渎灵岩山背后的上沙村，1970年10月由南京博物院发掘清理。墓内构筑3个相连的墓坑，葬毕沅与妻妾7具棺木，出土随葬品达110件之多，大多是贵重的金银、珠宝、玉器。其中有重616.4克的嵌碧霞金凤冠，冠上缀金凤9只，牡丹顶花1朵，中嵌碧霞珠1颗，前带双龙珠纹抹额，金叶模压“恩荣”字牌及“日月奉天诰命朝冠”8字。还有三对嵌宝石花插，其一为宝石攒珠累金丝如意灵芝鬓花插，每支金花上攒珍珠43颗，嵌各色宝石14颗。另有黑斑巧色的白玉熊、翠座朝珠、连瓣绾髻玉冠、仿古玉斧等。

常熟籍的8位状元，其中7位都葬在虞山。现保存较完好的只有翁同龢之墓，位于常熟西郊约7公里的虞山鹁鸽峰麓，与翁同龢的父翁心存之墓毗邻。墓有罗城、坟冢、拜台、墓道等，墓碑上刻有“皇清诰授光禄大夫特谥文恭协办大学士户部尚书曾祖考叔平公诰封一品夫人曾祖妣汤夫人诰封淑人庶曾祖母陆淑夫人之墓”字样，系曾孙翁之廉、翁之循所立。墓道口有花岗石冲天式单间墓坊一座，额题“翁氏新阡”。现为省级文物保护单位。

苏州历代状元中，状元府第最多的是申时行，在苏州城里就有八处之多。据顾震涛《吴门表隐》记载：八处宅第分为金、石、丝、竹、匏、土、革、木，申衙前与胥门百花巷各四大宅。庭前均植有白皮松，青石石阶。西宅有御书“同心匡辟”匾、明神宗所赐的严嵩故物大鼓。宅前东西街牌坊，东曰“台衡盛世”，西曰“师柱清朝”。他的“赐闲堂”在苏州城黄鹂坊桥东慕家花园，地名叫申衙前（今景德路苏州中医院博物馆、苏州刺绣研究所一带），其建筑规模宏伟，有宝纶堂、蘧园、来青阁等。娄门外接官亭下牵埠头有“大学士坊”，

申时行旧宅

清嘉坊有“状元坊”，胥门皇华亭有“状元宰辅坊”；雍熙寺桥西有“荣光奕世坊”，为他曾、祖、父（申周、申乾、申士章）三代而立。胥门日晖桥，有申时行创办的休休庵及义庄。申时行在购置这些宅第过程中，不仅霸占了一批民居，连原吴县衙门也占为己有，并改建成家祠。名胜虎丘剑池旁也有他的寓舍，虎丘后山有申家庄，原吴县县治西北休休庵里有申氏家祠。申家米栈有山塘、新桥、冶坊浜三处。

历史沧桑变化，昔日规模巨大、建筑豪华的“状元府第”，大多已不复存在了，但幸运的是还有多处保存。目前，苏州城的状元府第保存较完好的是潘世恩的故居留余堂，位于苏州临顿路钮家巷 3 号，建于清嘉庆十四年（1809）。它坐北朝南，原有三路六进，称“太傅第”，现保存三路四进，占地约 2100 平方米。中路建筑全为三间，依次为门厅、轿厅、大厅、客厅。大厅两侧为西路第三进纱帽厅，面阔三间。整个建筑保存基本完好，现为省级文物保护单位，已辟为“苏州状元博物馆”。

陆肯堂、陆润庠故宅位于苏州城区阊门内崇真宫桥下塘里 7 号至 12 号。整座状元府分东、中、西三个部分，共有五进，陪弄西边是陆肯堂所建的状元府，人称“老状元府”，西边为陆润庠所建，人称“新状元府”，即怀鸥舫。故居坐北朝南三路。中路六进，末进楼厅面阔五间 17.5 米，进深 9.85 米，扁作梁浅雕，落地罩精细。

彭定求故居在十全街 67 号。现仅存西侧正路门厅、楼厅及其东路书厅等零星建筑，21 世纪初残存建筑被东移数十米，整修成一路。现宅北向临十全街，占地约 760 平方米，存四进：门厅、轿厅、大厅、楼厅，均面阔三间。门厅将军门式。大厅前有廊，廊设鹤颈轩，轩梁扁作，圆作四界梁。楼厅前廊亦设鹤颈轩，有雀宿檐，竹节撑及垂篮制作较细，楼前天井内存清水牌科砖雕门楼额“紫阳世德”。住宅西有小花园。

吴廷琛故居在白塔西路 80 号，现存东、西两路。东路大厅面阔三间 12.85 米，进深 12.7 米，前后均有翻轩，脊檩和四界大梁饰彩绘，棹木雕刻精细。1985 年维修。厅后有楼三进。

吴钟骏故居，在潘儒巷 79 号至 81 号。坐北朝南，二路五进。东路门厅有双翻轩。第二进大厅面阔三间 12.4 米，进深 10.8 米，扁作梁架间垫小斗，存山雾云。楼厅前门楼额“毓秀□臻”，清乾隆三十二年（1767）款。

洪钧故居位于苏州临顿路悬桥巷，建于清光绪十七年（1892），占地 3000 余平方米。原后门临河（已于 20 世纪 50 年代填没），有廊桥，过桥即蒹葭巷。故居坐北朝南，三路建筑保存也基本完好，1998 年被列为苏州市文物保护单位。

常熟翁同龢故居位于虞山镇翁家巷 2 号。原有五进，其中古屋彩衣堂为明代建筑，雕梁画栋保存着昔日的彩绘，现为省级文物保护单位。翁同龢祖母 75 岁寿辰时，适值清嘉庆帝皇后钮祜禄氏 60 大寿，江苏巡抚陈銮书“彩衣堂”匾额相赠，以表国恩家庆。彩衣堂现被辟为“翁同龢纪念馆”，溥杰题书馆名。进门有“状元第”匾。馆内陈列翁同龢生平事迹、雕像、书画、著述、实物等。

苏州文盛出状元，遗闻逸事亦盛。从民间谶语到舞台戏曲，从风流雅事到个人爱好，从状元府第到牌坊、坟墓、祠堂……处处都有浓浓的状元文化。

苏州状元名录

姓名	字号	籍贯	及第科分
陆　器	祖容	常熟	唐文宗开成五年（840）庚申科
归仁绍	□□	长洲	唐懿宗咸通十年（869）己丑科
归仁泽	□□	长洲	唐懿宗咸通十五年（874）甲午科
陆　扆	祥文	吴县	唐僖宗光启二年（886）丙午科
归　黯	□□	长洲	唐昭宗景福元年（892）壬子科
苏　检	□□	吴县	唐昭宗乾宁元年（894）甲寅科
归　佾	□□	长洲	唐昭宗天复元年（901）辛酉科
归　系	□□	长洲	唐哀帝天祐二年（905）乙丑科
朱起宗*	□□	吴县	宋孝宗乾道八年（1172）壬辰科
黄　由	子由	吴县	宋孝宗淳熙八年（1181）辛丑科
卫　泾	清叔	昆山	宋孝宗淳熙十一年（1184）甲辰科
林　嘌*	□□	吴县	宋孝宗淳熙十一年（1184）甲辰科
周　虎*	叔子	常熟	宋宁宗庆元二年（1196）丙辰科
刘必成*	与谋	昆山	宋理宗嘉熙二年（1238）戊戌科
魏汝贤	□□	吴江	宋理宗淳祐四年（1244）甲辰科特奏名
阮登炳	显之	吴县	宋度宗咸淳元年（1265）乙丑科

施　槃	宗铭	吴县	明英宗正统四年（1439）己未科
吴　宽	原博	长洲	明宪宗成化八年（1472）壬辰科
毛　澄	宪清	昆山	明孝宗弘治六年（1493）癸丑科
朱希周	懋忠	昆山	明孝宗弘治九年（1496）丙辰科
顾鼎臣	九和	昆山	明孝宗弘治十八年（1505）乙丑科
沈　坤	伯载	昆山	明世宗嘉靖二十年（1541）辛丑科
申时行	汝默	长洲	明世宗嘉靖四十一年（1562）壬戌科
陈大猷 *	□□	吴县	明神宗万历十四年（1586）丙戌科
文震孟	文起	长洲	明熹宗天启二年（1622）壬戌科
孙承恩	扶桑	常熟	清世祖顺治十五年（1658）戊戌科
徐元文	公肃	昆山	清世祖顺治十六年（1659）己亥科
缪　彤	歌起	吴县	清圣祖康熙六年（1667）丁未科
韩　菼	元少	长洲	清圣祖康熙十二年（1673）癸丑科
彭定求	勤止	长洲	圣祖康熙十五年（1676）丙辰科
归允肃	孝仪	常熟	清圣祖康熙十八年（1679）己未科
陆肯堂	邃升	长洲	清圣祖康熙二十四年（1685）乙丑科
汪　绎	玉轮	常熟	清圣祖康熙三十九年（1700）庚辰科
王世琛	宝传	长洲	清圣祖康熙五十一年（1712）壬辰科
徐陶璋	端揆	长洲	清圣祖康熙五十四年（1715）乙未科
汪应铨	杜林	常熟	清圣祖康熙五十七年（1718）戊戌科
彭启丰	翰文	长洲	清世宗雍正五年（1727）丁未科
毕　沅	湘蘅	镇洋	清高宗乾隆二十五年（1760）庚辰科
张书勋	在常	吴县	清高宗乾隆三十一年（1766）丙戌科
陈初哲	在初	元和	清高宗乾隆三十四年（1769）己丑科
钱　棨	振威	长洲	清高宗乾隆四十六年（1781）辛丑科
石韫玉	执如	吴县	清高宗乾隆五十五年（1790）庚戌科

潘世恩	槐堂	吴县	清高宗乾隆五十八年（1793）癸丑科
吴廷琛	震南	元和	清仁宗嘉庆七年（1802）壬戌科
吴信中	阅甫	吴县	清仁宗嘉庆十三年（1808）戊辰科
吴钟骏	吹声	吴县	清宣宗道光十二年（1832）壬辰恩科
陆增祥	魁仲	太仓	清宣宗道光三十年（1850）庚戌科
翁同龢	声甫	常熟	清文宗咸丰六年（1856）丙辰科
翁曾源	仲渊	常熟	清穆宗同治二年（1863）癸亥恩科
洪　钧	陶士	吴县	清穆宗同治七年（1868）戊辰科
陆润庠	凤石	元和	清穆宗同治十三年（1874）甲戌科

注：加＊者为武状元。

主要参考文献

一、正史、传记、地方志

1.《二十五史（百衲本）》，浙江古籍出版社，1998 年 5 月。

2.《清史列传》王钟翰点校，中华书局，1987 年 11 月。

3.《吴郡图经续记》朱长文撰，江苏古籍出版社，1986 年 8 月。

4.《吴郡志》范成大撰，江苏古籍出版社，1986 年 10 月。

5.《姑苏志》林世远修，吴宽、王鏊等纂，书目文献出版社，1988 年 10 月。

6. 乾隆《苏州府志》雅尔哈善、傅椿修，习寯、王峻等纂，江苏古籍出版社，1991 年 6 月。

7. 道光《苏州府志》宋如林等修，石韫玉纂，江苏古籍出版社，1991 年 6 月。

8. 同治《苏州府志》李铭皖等修，冯桂芬纂，江苏古籍出版社，1991 年 6 月。

9.《扬州画舫录》李斗著，江苏广陵古籍刻印社，1984 年 10 月。

10.《吴门表隐》顾震涛撰，江苏古籍出版社，1986 年 8 月。

11.《吴门补乘》钱思元辑，上海古籍出版社，2015 年 1 月。

12. 崇祯《常熟县志》龚立本编，凤凰出版社，2021 年 12 月。

13. 雍正《昭文县志》苏必达修，陈祖范纂，广陵书社，2023 年 8 月。

14. 乾隆《吴县志》姜顺蛟、叶长扬修，施谦纂，凤凰出版社，2014 年 5 月。

15. 乾隆《长洲县志》李光祚等修，沈德潜、顾诒禄纂，江苏古籍出版社，1995 年 6 月。

16. 乾隆《元和县志》许治修，施何牧等纂，江苏古籍出版社，1991 年 6 月。

17. 康熙《昆山县志稿》盛符升、叶奕包等纂，江苏科技出版社，1994 年 5 月。

18. 道光《昆新两县志》张鸿等修，王学浩等纂，江苏古籍出版社，1991 年 6 月。

19. 光绪《常昭合志稿》郑钟祥等修，庞鸿文纂，江苏古籍出版社，1991 年 6 月。

20. 光绪《昆新两县续修合志》金吴澜等修，汪堃、朱成熙等纂，广陵书社，2015 年 11 月。

21. 弘治《太仓州志》桑悦纂，广陵书社，2022 年 4 月。

22. 民国《吴县志》曹允源、李根源等纂，江苏古籍出版社，1991 年 6 月。

23.《宋平江城坊考》王謇撰，江苏古籍出版社，1986 年 11 月。

24.《清代碑传全集》钱仪吉、缪荃孙等编，上海古籍出版社，1987 年 11 月。

25. 民国《重修常昭合志》张镜寰、潘一尘等修，丁祖荫、庞树森等纂，上海社会科学院出版社，2002 年 5 月。

二、笔记、诗文集

1.《中吴纪闻》龚明之撰，上海古籍出版社，1986 年 10 月。

2.《寓圃杂记》王锜撰，中华书局，1984 年 6 月。

3.《松窗梦语》张瀚撰，中华书局，1985 年 5 月。

4.《治世馀闻》陈洪谟撰，中华书局，1985 年 5 月。

5.《四友斋丛说》何良俊撰，上海古籍出版社，2012 年 12 月。

6.《万历野获编》沈德符撰，中华书局，1997 年 11 月。

7.《涌幢小品》朱国祯撰，上海古籍出版社，2012 年 1 月。

8.《牧斋初学集》钱谦益著，上海古籍出版社，1985 年 9 月。

9.《列朝诗集小传》钱谦益著，上海古籍出版社，1983 年 10 月。

10.《柳南随笔续笔》王应奎撰，中华书局，1983 年 10 月。

11.《登科记考》徐松撰，中华书局，1984 年 8 月。

12.《清朝野史大观》小横香室主人编，上海书店，1981 年 6 月。

13.《郎潜纪闻初笔二笔三笔》陈康祺撰，中华书局，1984 年 8 月。

14.《明诗别裁集》沈德潜、周准编，上海古籍出版社，1979 年 9 月。

15.《清诗别裁集》沈德潜等编，上海古籍出版社，1984 年 3 月。

16.《巢林笔谈》龚炜撰，中华书局，1981 年 8 月。

17.《履园丛话》钱泳撰，中华书局，1997 年 12 月。

18.《清稗类钞》徐珂编撰，中华书局，1984 年 12 月。

三、近人著述及史料

1.《近代苏州的人才》潘光旦编，清华大学出版社，1935年10月。

2.《清代科举考试述录》商衍鎏著，生活·读书·新知三联书店，1958年5月。

3.《明清进士题名碑录索引》朱保炯、谢沛霖编，上海古籍出版社，1980年2月。

4.《中国画家大辞典》孙濌著，中国书店，1983年3月。

5.《清诗纪事初编》邓之诚撰，上海古籍出版社，1984年2月。

6.《江苏历代书法家》刘诗著，江苏古籍出版社，1984年2月。

7.《丹午笔记　吴城日记　五石脂》陈去病等著，江苏古籍出版社，1985年5月。

8.《中国美术辞典》沈柔坚编，上海辞书出版社，1987年12月。

9.《清代野史》巴蜀书社编辑部编，巴蜀书社，1987年11月。

10.《苏州史志笔记》顾颉刚著，江苏古籍出版社，1987年12月。

11.《清诗纪事》钱仲联主编，江苏古籍出版社，1989年4月。

12.《翁同龢》谢俊美著，上海人民出版社，1987年3月。

13.《晚晴簃诗汇》徐世昌辑，中国书店，1989年10月。

14.《科举制度与中国文化》金诤著，上海人民出版社，1990年9月。

15.《中国绅士》张仲礼著，上海社会科学院出版社，1991年7月。

16.《状元史话》萧源锦著，重庆出版社，1992 年 1 月。

17.《科举史话》王道成著，中华书局，1988 年 6 月。

18.《明代状元奇谈 · 明代状元谱》周腊生著，紫禁城出版社，1993 年 12 月。

19.《清代状元奇谈 · 清代状元谱》周腊生著，紫禁城出版社，1994 年 5 月。

20.《苏州状元》李嘉球著，上海社会科学院出版社，1993 年 10 月。

21.《苏州名人故居》王仁宇编，西安地图出版社，2001 年 5 月。

22.《苏州名门望族》张学群等编著，广陵书社，2006 年 7 月。

后记一

苏州文盛出状元。

状元是苏州的“土特产”，是苏州社会、政治、经济、文化等相结合的最终“产品”，是苏州历史文化的一个重要组成部分。讲苏州，不可不讲苏州的状元；每个想要了解苏州的人，不可不了解苏州的状元。

搜集整理苏州状元的有关资料，研究并介绍苏州状元，曾是我致力多年的一个课题和目标。1993 年 10 月，28 万言的拙著《苏州状元》（纪传体）由上海社会科学院出版社正式出版发行，并赢得了意想不到的荣誉和效果。1994 年，拙著荣获苏州市第三次哲学社会科学优秀成果一等奖、江苏省地方志（地情书）优秀成果一等奖。1995 年，又获江苏省历史学会优秀研究成果二等奖。

其实，这些荣誉不是我所想得到的。因为我清楚地知道，这不是我聪明、本领大、水平高，主要是苏州文化本身好，我只是花了点时间与精力，多读了点书，多熬了几个夜而已。我相信在我之前肯定也有人想做这项工作，甚至也做过，只是由于种种客观原因而没有能做成，我则是个幸运儿。因此，我由衷地感谢改革开放后社会的好环境。

当初写《苏州状元》(纪传本) 的目的，主要是想让人们了解一下苏州状元，这样好的“特产”，真正了解的人却很少；又可为人们进一步研究苏州状元与苏州的历史文化提供一些资料。因为有的资料我寻找得很不容易，别人可以不必再去吃这个苦。

实事求是地说，拙著《苏州状元》(纪传体) 只是有关资料的整理，还谈不上是什么研究，至多只能说是研究的第一步。加上《苏州状元》(纪传本) 采用的纪传体的写法，缺少横向剖析的深度与广度。苏州为什么会产生这么多的状元？其深刻的背景是什么？这些状元出身于怎样的家庭？苏州状元的科场、官场情况如何？苏州状元到底是不是以前人们常说的“绣花枕头”？苏州状元到底有哪些方面的成就？……人们想了解的东西有好多好多。这次，苏州大学出版社的编辑老师约我重写一本有关苏州状元的书籍，为我提供了一个进行新尝试的好机会。于是，我采用横向分类、纵向叙述的方法，主要从苏州的社会与文化背景，状元的家庭、科举、官场、成就以及品行等方面，对苏州状元作一个简单的介绍，以有利于人们从整体上把握并加深对苏州状元的了解。

苏州状元是苏州历史文化研究中的一个重大课题，其中有许多状元一个人的内容就足以成一部数十万言的书，我目前所做的工作仅仅是起了个“开头”的作用。由于本人学识、水平有限，尽管在原来的基础上补充了不少新资料，但这种研究仍是十分肤浅的，这不全是时间等客观上的原因。书中差错与谬误肯定难免，敬请专家、读者不吝批评指正！

借此机会，对关心、支持我的家人、朋友、读者一并表示深深的感谢！潘家荣同志承担了本书的部分校对工作，在此也一并表示感谢！

欣闻苏州市有关部门正在积极规划筹建状元博物馆，这是一件功德无量的事。愿有越来越多的人加入到关心和研究苏州状元的行列中来！

李嘉球

1999年3月草成

5月改讫于青旸书屋

后记二

时光荏苒，日月如梭。

1999 年 8 月，苏州大学出版社出版了这本《苏州状元》，至今已经 25 个年头。

这本小书，自第一次出版至 2021 年 5 月前后四次重印。作为作者看到拙著能一次又一次重印，就像看到自己的孩子一次次被人喜欢一样，自然感到由衷的高兴。在苏州大学出版社领导以及全体同志的努力下，拙著还漂洋出海。大约是 2005 年，朋友到新西兰探亲访友，竟然在当地华文书店见到了拙著，还特地打来越洋电话，我内心的愉悦不言而喻。

然而，与此同时内心又有一种愧疚感，主要是因为这本小书写得比较匆忙、仓促，存在多处差错和不少令人不太满意的地方。

1997 年 5 月，本人离开生我养我、工作十多年的吴县，调到苏州日报社工作。调离的原因，是为了保留职称。本人于 1994 年获得副编审职称资格，如果继续留在机关，职称将被取消，当一名公务员。虽然本人当时已担任吴县党史办公室与地方志办公室副主任、吴县政协文史委员会主任，也算是个科级干部，但是本人对职称比较看重，权衡再三，决定到事业单位，接受新的挑战。当时《苏州日报》正好扩版，需要人员。众所周知，史志工作与新闻工作是两个性质完全不同的工种，它们的工作方式、工作节奏是完全不同的。本人在适应新环境、新节奏的同时，抽空撰写了这本书稿。其次，那时寻找文献、查阅资料方法还很陈旧，没有电脑，全靠手一笔一笔地写。查阅资料必须跑图书馆，没有电子文档，更没有什么网上检索，要一本一本地看、一页一页地翻。幸好本人撰写第一本书稿时做了许多卡片，家里还有一定的藏书。再次，在书稿排版出来校对时，本人骨折了。在一次采访回家途中，路过一个建筑工地，那天正好刮大风下大雨，建筑工地成片的脚手架轰然倒塌，本人避让不及，造成左腿股骨骨折；还算命大，如果逃避慢一点便一命呜呼了。于是绑上石膏，在床上直挺挺地躺了整整一百天，只能仰面看书稿。尽管有家人帮忙，但校对还是带来较多的困难，明明知道资料在哪里，仍无法去核对，只能全凭记忆，因而留下多处差错，留下了不少遗憾。

搜集整理苏州状元的有关资料，研究并介绍苏州状元，这是本人既定并长期致力的目标、研究的课题。在这二三十年间，本人看了不少的相关书籍，积累了不少的相关资料。其间，曾经撰写出版了《殿甲逸事》《苏州科举那些趣事》。2005 年科举制度废止 100 周年时，北京《新京报》曾派记者专门来苏州采访本人。2009 年第 6 期《中华遗产》杂志“特别策划——状元之路”，曾组织全国四位科举研究专家笔谈，本人也厕身其间。还曾应邀到苏州博物馆、中国人民大学国际学院（苏州研究院）等多家单位作过苏州状元的相关讲座。此次，书稿修改框架保持原来的结构，主要是修正错误、补充资料、充实内容，但几乎是重写。应该说，重新修改后的拙稿内容上较此前更加丰满，可读性也更强了。

最后，还要再说一下苏州状元人数的问题。苏州到底出过多少状元？有几种不同的说法。有关唐代的几个状元，本人在撰写《苏州状元》（纪传体）时作过考证，并在“后记”中作了说明。这里主要涉及唐代状元陆器，《姑苏志》根据《常熟县志》补充，列为“年份无考”的最后一名，云：“陆器，状元，见常熟志。”此后，府志均沿用此说。有人在《陆氏宗谱》找到了陆器登科的确切年份，为“唐朝开成五年状元”。根据老友徐祖白提供的《常熟县志》《陆氏宗谱》，以及有关“土人掘地得墓砖，其上刻古篆云‘唐状元陆器妾李十三娘之墓’”文献记载，2003 年 2 月第 2 版《苏州状元》（纪传体）所附《苏州状元名录》中已经添加了陆器，此次也添加上。还有宋代状元莫俦，孙觌《宋故翰林学士莫公墓志铭》说他“今为平江吴县人”，“试庭中，徽宗皇帝推为第一，授承事郎，越日特奏名士第一人”。《吴郡志》《姑苏志》以及历代《苏州府志》均有“政和二年莫俦榜”，然而都没有将他作为吴县人收录，故也不录。

中国科举是个极其复杂、深奥的课题。苏州状元人数众多，跨越时间千余年，而且每个状元又都与社会、家庭有着紧密的联系。本人学识浅薄，书中差错与谬误肯定难免，敬请专家、读者不吝批评指正！感谢李昉先生特地绘画了多幅状元像；感谢出版社领导和责任编辑为之付出的辛苦工作！

李嘉球

2023 年 10 月于上海浦东